BASTEI
LÜBBE
TASCHENBUCH

Titel auch als E-Book erhältlich

Über die Autorin:

Annette Herfkens wurde in Venezuela geboren, sie wuchs in den Niederlanden auf und studierte an der Universität Leiden Jura. Nach einem Praktikum in Santiago de Chile wurde sie Management Trainee bei der ING Bank und begann eine beeindruckende Karriere im Bankenwesen, mit Stationen in London, New York und Madrid. Nur wenige Monate nach dem Flugzeugabsturz im Jahr 1992 nahm sie ihre Arbeit wieder auf. Heute lebt sie mit ihrer Familie in New York.

Annette Herfkens

Als mein Leben vom Himmel fiel

Ich überlebte einen Flugzeugabsturz und bekam eine zweite Chance

Aus dem Amerikanischen von
Ulrike Strerath-Bolz

BASTEI LÜBBE
TASCHENBUCH

BASTEI LÜBBE TASCHENBUCH
Band 61045

Dieser Titel ist auch als E-Book erschienen

FSC
www.fsc.org
MIX
Papier aus verantwortungsvollen Quellen
FSC® C083411

Vollständige Taschenbuchausgabe
der bei Lübbe unter dem Titel DER TROPFEN, DER MICH
ZUR QUELLE FÜHRTE erschienenen Paperbackausgabe.

Titel der niederländischen Originalausgabe: Turbulentie

Originally published by Matter and Mind, LLC: Turbulence –
A True Story of Survival

Für die deutschsprachige Ausgabe:

Textredaktion: Sylvia Gredig, Köln
Fotos im Innenteil: privat
Liedfragment auf Seite 123 aus »Garcias la vida«/Violeta
Liedfragment auf Seite 211 aus »American Tune«/Paul Simon
Titelillustration: © Annette Herfkens und
© REAL TIME IT02794870960/shutterstock
Umschlaggestaltung: © Thomas Krämer
Satz: two-up, Düsseldorf
Gesetzt aus der Bembo
Druck und Verarbeitung: CPI books GmbH, Leck – Germany
ISBN 978-3-404-61045-7

1 3 5 4 2

Sie finden uns im Internet unter www.luebbe.de
Bitte beachten Sie auch: www.lesejury.de

Für Jaime, Joosje und Maxi

Inhalt

Vorwort

Ich verlor den Menschen, den ich am meisten liebte. Was für ein unfassbarer Verlust! Ich lag nach einem Flugzeugabsturz schwerverletzt auf einem Berg mitten im Dschungel von Vietnam und überlebte. Als Einzige. Was für ein unglaubliches Geschenk! Trauer und Freude, Unglück und Glück, Schmerz und Segen – das eine gibt es ohne das andere nicht. Ich überlebte, weil mich der Monsunregen vor dem Verdursten bewahrte. Noch Jahre lang danach trug ich immer eine Flasche mit Wasser bei mir. Ich überlebte, weil ich den hässlichen Tod um mich herum nicht ansah. Mein hilfloser Blick versank ganz im Grün des Dschungels; ich nahm die Schönheit und die Kraft wahr, die darin lag. Und ich fand diese Kraft auch in mir. Ich überlebte, weil mir fremde Menschen von dem Berg hinunterhalfen und alte und neue Freunde und meine Familie sofort für mich da waren. Erst allmählich konnte ich auch auf die Trümmer, auf das Verlorene, schauen, und da spürte ich die ganze Liebe, die mich umgab: Wir alle sind Teile des großen Ganzen. Wie ein Tropfen, der mich zur Quelle führte … so sehe ich das Erlebte heute. Und es hilft mir immer wieder, mit Offenheit und Mut das Leben anzunehmen – mit allem, was es mir schenkt.

Erster Teil

Der Absturz

1979–1993

Das Schönste, was wir erleben können,
ist das Geheimnisvolle.

ALBERT EINSTEIN

Kapitel 1

Verloren

Vietnam 1992

»Wach auf, los, wach auf! Es ist fünf Uhr, wir müssen los! Mein Fahrer holt uns in einer halben Stunde ab.«

Fünf Uhr? Fahrer? Was für ein Fahrer? Wovon redet der Mann? Von dem aalglatten Typen, der ihm ständig folgt wie ein Wachhund?

Ich wache auf, verwirrt und erschöpft, und nehme meine Umgebung langsam wahr. Pasje steht am Fußende des Bettes.

Ich bin zum ersten Mal zu Besuch in Vietnam, bei Pasje. So nenne ich Willem, der seit dreizehn Jahren mein Liebster ist. Vor sechs Monaten ist er hierhergezogen, um zwei Filialen der IQG-Bank aufzubauen. Mr. Hung hat uns ins Hotel gefahren, nachdem ich gestern Abend auf dem Flughafen von Ho-Chi-Minh-Stadt gelandet bin. Pasje hat ihn mir als »Mr. Bringt-alles-in-Ordnung« vorgestellt.

Jetzt reicht mir Pasje mit schuldbewusstem Lächeln eine Tasse Kaffee. Er weiß, wie ungern ich früh aufstehe. Und schon gar mit einem Jetlag. *Fünf Uhr? Was denkt er sich eigentlich?* Ich sehe Pasje in seinem Morgenrock an, den seine Mutter hat besticken lassen. Auf dem Rücken steht »Breda, Leiden, Santiago«. Ho-Chi-Minh-Stadt ist noch nicht dabei. Das wird sie dann wohl selbst von Hand draufsticken, sie wird ja vermutlich monatelang hier zu Besuch sein. Aber irgendwie ist es auch ein gutes Geschenk; Pasje macht in diesem Morgenrock schon was her. Ich mag die entspannte Trägheit, die von ihm ausgeht, wenn er sich langsam auf den Tag vorbereitet. Sein Kaffee-Ritual: eine Tasse für mich im Bett, eine für ihn selbst am Tisch. Er ist immer gern frühzeitig am Flughafen. Meine engen Zeitpläne, wenn er mich besucht, sind nichts für ihn. Er bereitet sich gern langsam und gründlich auf alles vor, bei mir geht es eher schnell und salopp zu. Vor allem, wenn ich dafür eine halbe Stunde Schlaf geschenkt bekomme. Aber ich liebe ihn. Und den Kaffee.

Ich nehme mir Zeit für den Kaffee und habe danach noch etwa acht Minuten zum Duschen und Anziehen. Pasje versucht, seine Gereiztheit und sein Reisefieber zu verbergen. Als wir superpünktlich das Hotelzimmer verlassen, küsst er mich zärtlich.

»Gut gemacht«, sagt er.

In der Lobby wartet der pflichtbewusste Mr. Hung und schenkt uns ein verstohlenes Lächeln. *Warum mag ich den Mann nicht?* Willem schlägt ihm in seiner herzlichen Art auf die Schulter. Seltsam, wie entspannt Pasje in einer Umgebung ist, die mir so fremd vorkommt. Er fühlt sich hier offensichtlich zu Hause, und dass ich hier bin, spielt dabei keine Rolle. Ich fühle mich fehl am Platze. *Bin ich eifersüchtig?*

Draußen ist es noch dunkel, genau wie gestern Abend, als wir in die Stadt kamen. Wir fahren an Menschenmengen auf Fahrrädern vorbei, alle mit diesen dreieckigen Strohhüten und bedruckten Tüchern über den Gesichtern. Eine Mischung aus Vietnamkrieg-Film und Western. Unsere Frontscheinwerfer beleuchten die Kleidung der Leute, die für mich eher nach Pyjama aussieht. Meistens sehen wir Fünfergruppen. Ganze Familien scheinen zusammen unterwegs zu sein, manchmal mehrere Personen auf einem Gefährt.

Jetzt sind weniger Menschen auf den Straßen als gestern Abend; trotzdem sind es mehr als während der Rushhour in Amsterdam.

Hung setzt uns am Flughafen ab, und Pasje gibt ihm eine Liste mit Aufträgen, die er in seiner Abwesenheit erledigen soll. Kurz darauf betreten wir den Flughafen, der ganz nach Sechzigerjahren aussieht. Wie immer kümmert sich Pasje um die

Formalitäten beim Einchecken. Mich parkt er in einem kleinen Café, und ich habe Zeit, mich ein wenig umzusehen. Jetzt, da wir beide unterwegs sind, bin ich auch wieder entspannter. Darin sind wir geübt. Endlich gelingt es mir auch, die fremde Kultur mit Wohlwollen wahrzunehmen. Neben mir schlürft ein Mann geräuschvoll seine Suppe. *Wie die chinesischen Börsenmakler in New York, wenn wir in Chinatown frühstücken.*

Pasje kommt mit unseren Bordkarten in der Hand auf mich zu. »Wir müssen zu Fuß zum Flugzeug gehen«, sagt er. »Es gibt hier keine Busse.« Ich folge ihm die Treppen hinunter auf den Asphalt. Wir gehen an ein paar Militärflugzeugen vorbei, die wie in Kampfbereitschaft aufgereiht stehen. So etwas habe ich noch nie gesehen. Als wir endlich vor unserem Flieger stehen, verlässt mich plötzlich der Mut. Unglaublich, wie klein er ist!

»Da steige ich nicht ein!«, rufe ich erschrocken. »Auf keinen Fall! Du weißt, dass ich das nicht kann!«

Pasje war darauf offenbar vorbereitet. »Ich weiß schon. Aber ich bin sicher, du schaffst es. Anders kommen wir nicht dorthin.«

»Was soll das heißen, anders kommen wir nicht dorthin? Können wir nicht mit dem Auto fahren?«

»Der Dschungel ist dort sehr dicht, und die Straße ist fürchterlich. Wir würden Tage brauchen, und wir müssten umkehren, kaum dass wir angekommen sind. Bitte!«

»Na gut, ich versuch's«, sage ich widerwillig. Dann zwinge ich mich, die Stufen zum Hintereingang des Flugzeugs hochzusteigen, und trete ein. Mein Kopf stößt beinahe an die Decke. Sofort drehe ich mich um. »Lass mich raus!«, bitte ich. Pasje stellt sich vor die Tür. »Bitte, ich kann das nicht!«, flehe ich. Voller Panik schlage ich Pasje mit beiden Fäusten auf die Brust. Er nimmt meine beiden Hände in einen festen Griff und zwingt mich, ihm in die Augen zu sehen.

»Doch, du kannst das, ich weiß es. Und du musst. Für mich und für uns. Es dauert nur zwanzig Minuten.«

Ich habe Todesangst, aber ich zwinge mich, in dem Flugzeug zu bleiben, obwohl es so klein ist. Mein Herz schlägt mir bis zum Hals, als ich Pasje zur dritten Sitzreihe folge. Fünfzehn sind es insgesamt, zähle ich. Ich sitze am Gang, könnte den chinesischen Fluggast auf der anderen Seite mühelos berühren. Die Decke kann ich erreichen, ohne auch nur den Arm ganz auszustrecken. Meine Knie berühren den blauen Sitz vor mir. Pasje legt seinen Sicherheitsgurt an, der über die Brust geführt wird wie im Auto. Ich winde mich aus meinem Gurt wieder heraus, es ist ohnehin schon so eng. Die Stewardess, eine kleine, hübsche Vietnamesin, lässt mich gewähren und führt ihre Sicherheitseinweisung durch. Ich versuche, mich zu konzentrieren, denke aber die ganze Zeit nur an Flucht. Ich rezitiere Literatur im Kopf, um mich abzulenken. Was mir gerade einfällt. Homer: »Nenne mir, Muse, den Mann, den vielgewandten …« Oder so. Wie wäre es mit der Loreley? »Ich weiß nicht, was soll es bedeuten, dass ich so traurig bin?« Die Lieblingsstrafarbeit meines Deutschlehrers. »Ein Märchen aus uralten Zeiten, das kommt mir nicht aus dem Sinn.« Wir starten. Oder jedenfalls bewegen wir uns.

Ich halte den Blick fest auf Pasjes Uhr gerichtet, die 1940's Rolex, die ich ihm letztes Jahr in Washington gekauft habe. Als er mir gesagt hat, dass er mich endlich heiraten will, und mir eine Frist gesetzt hat. Ich war so erleichtert, als er gleich wieder darüber lachte, dass ich ihm die Uhr geschenkt habe. Sein sehnsüchtiger Blick im Laden war mir nicht entgangen.

Ich versuche, mich auf diese USA-Reise zu konzentrieren. In New York waren wir zu einer Hochzeit eingeladen. Pasje kam von Chile geflogen, wo er damals arbeitete, ich aus Madrid. Meine Eltern waren auch da, und meine große Schwester, die in Washington lebt. Die Sache mit der Frist war ihre Idee, stellte sich heraus. Sie hat selbst keine Kinder und wünscht sich mehr Nichten und Neffen, sagt sie. Nach Pasjes Antrag machte ich mir schreckliche Sorgen, nahm fünf Kilo ab und übte, »Ja, aber dann sofort« zu sagen. Aber es kam mir ganz sinnlos vor, jedenfalls zu diesem Zeitpunkt. Es ging uns doch so gut. So viel Karriere, so viel Geld, das wir noch verdienen könnten, bevor wir uns an einem gemeinsamen Ort niederlassen.

Die Zeit schleicht. Die zwanzig Minuten sind um, aber es fühlt sich nicht so an, als würden wir runtergehen.

»Warum landen wir nicht?«, frage ich die Stewardess.

»Der Flug dauert fünfundfünfzig Minuten«, antwortet sie mit ihrem Gewohnheitslächeln. Ich drehe mich zu Pasje um, der jetzt jeden Blickkontakt vermeidet.

»Ich wusste, anders bringe ich dich nicht dazu«, sagt er schuldbewusst. Ich will aufstehen und flüchten, aber mir wird schnell klar, dass ich mir dabei nur den Kopf stoßen würde. Ich kann nirgendwohin, außer in die Toilette, und da ist es noch enger. Ich höre meinen Herzschlag dumpf in den Ohren. Pasje streichelt mir über den Arm, aber ich schüttle ihn ab.

»Wie kannst du mir das antun?«, zische ich ihm zwischen zusammengebissenen Zähnen hindurch zu. »Du hast mich ausgetrickst!« Ich konzentriere mich wieder auf seine Uhr. Und auf die dröhnende Maschine.

Neunundvierzig Minuten. Noch sechs. Ich starre immer noch auf die Uhr. Dann gehen wir plötzlich runter. Sehr schnell. Pasje sieht mich an.

»Das gefällt mir gar nicht«, sagt er nervös.

»Ist doch klar, dass ein beschissenes kleines Flugzeug wie dieses solche Bocksprünge macht«, erwidere ich. »Ist nur ein Luftloch, mach dir keine Sorgen«, füge ich leise hinzu, als ich die Furcht in seinen Augen sehe.

Wir sacken wieder ab. Weiter diesmal. Jemand schreit. Pasje greift nach meiner Hand, ich nach seiner.

Dann wird alles schwarz.

Die Yak

Die Yak, kurz für Yakolev 40, ist ein kleines dreimotoriges Flugzeug. Sie wird oft als erstes regionales Transport-Düsenflugzeug bezeichnet, und die ersten Exemplare kamen im September 1968 bei der russischen Fluglinie Aeroflot zum Einsatz. Sie ist vergleichbar mit der Boeing 727, und ihre maximale Reisegeschwindigkeit beträgt 550 Stundenkilometer.

Auf Flug VN 474 waren vierundzwanzig Fluggäste, drei Stewardessen, zwei Piloten und ein Bordingenieur unterwegs. Beim Anflug an den Küstenort Nha Trang kam sie von ihrer vorgeschriebenen Flugroute ab und geriet dann in einen steilen Sinkflug, den die Mannschaft nicht gleich bemerkte. Man vermutet, dass der Pilot einen Navigationsfehler beging, und glaubte, die Küste sei nur noch 20 Kilometer entfernt. Es waren aber noch 43 Kilometer bis dahin.

Dem Flugprofil zufolge, das Vietnam Airlines zur Verfügung stellte, wurde das Wetter am Morgen des 14. November 1992 plötzlich sehr schlecht, sodass es zu heftigen Turbulenzen kam. Die Mannschaft von VN 474 hatte offenbar Mühe, das Flugzeug unter Kontrolle zu halten.

Die Yak flog mit knapp 500 Stundenkilometern Geschwindigkeit in einen Berghang. Der Aufprall wurde gedämpft, das Flugzeug verlor nur einen Flügel und flog weiter. Aber ein Flugzeug ohne Flügel wird zu einer Rakete, in unserem Fall zu einer halben Rakete. Als es also in den nächsten Berg hineinraste, war der Aufprall umso heftiger.

Ich saß in dem Teil der Kabine, der als der unsicherste gilt, in dem man also am wenigsten damit rechnen kann, einen Aufprall zu überleben. Der Gangplatz in der dritten Reihe, vor den Flügeln. Aber es erwies sich als vollkommen unerheblich, wo ich saß, weil ich meinen Sicherheitsgurt nicht angelegt hatte, im Gegensatz zu allen anderen. So ein Gurt ist darauf ausgelegt, einen Zug von etwa 1500 Kilo auszuhalten, 17 G bei einem

85-Kilo-Mann. Experten behaupten, wenn man richtig fest angeschnallt ist, kann man das überleben. Die anderen waren fest angeschnallt, ich nicht. Ich flog durch die Luft. Pasje starb, weil seine Rippen brachen und seine Lunge durchbohrten. Ich flog von meinem Sitz, krachte durch die Kabine wie ein einsames Wäschestück in einem Trockner, schlug mit Kopf und Gliedmaßen gegen die Decke, gegen Gepäckfächer und Sitze. Irgendwann muss ich gelandet und mit den Füßen zuerst unter einen Sitz gerutscht sein. Dort blieb ich stecken, und das schützte mich vor dem zweiten, stärkeren Aufprall, bei dem das Flugzeug in drei Teile zerbrach: das Cockpit, der verbleibende Flügel und der Rumpf. Wir waren 30 Kilometer von unserem Zielort Nha Trang entfernt, 16 Kilometer vom nächsten Dorf.

Den Haag und Leiden 1979

»Es schien immer, als wärst du unter einem Glücksstern geboren«, sagte ein früherer Mitschüler zu mir, als ich vor Kurzem mit ihm über unsere Schulzeit sprach. »Ich weiß, du hast diesen schrecklichen Unfall gehabt«, fuhr er fort, »aber wenn du mich fragen würdest, ob ich mir je hätte vorstellen können, dass dir ein schreckliches Schicksal drohte, hätte ich gesagt, eher im Gegenteil. Du hattest immer so was Leichtes an dir, warst immer fröhlich. Du hattest ältere Brüder, deshalb konntest du ganz entspannt mit den großen Jungs umgehen. Du warst hübsch, eine gute Schülerin, warst gut in Sport, Musik, ja sogar im Zeichnen und Malen. Du warst die Anführerin deiner Clique, kamst aber auch mit allen anderen gut zurecht. Was soll ich sagen?«

Ein Glückskind. Glücklich und privilegiert. Ich wuchs in einer schönen grünen Gegend auf, hatte eine große Familie. Sehr behütet, aber mit den Freiheiten, die man in den Niederlanden schätzt. Mit dem Fahrrad konnte ich fahren, wohin ich wollte, meine Eltern wollten nur wissen, wo ich war. Nach der Schule spielten wir in einem der schönen alten Parks oder fuhren zum Tennisclub, wo wir zwischen zwei Spielen unseren Spaß hatten. Als Teenager war ich Mitglied im Sportverein und spielte wettkampfmäßig Feldhockey und Tennis. Mein Leben drehte sich um den Club, wo wir rumhingen, den anderen beim Spielen zusahen oder auf Partys tanzten.

Mit meinen Freunden ging ich in eins der kleinen Cafés in der Altstadt, oder wir sangen in der »Roaring Twenties«-Bar. Ich trank ein bisschen, aber nicht viel. Das hatte ich nicht nötig. Meine Brüder und Schwestern waren schon mal da gewesen, das machte viel aus.

Nach dem Abitur ging ich zum Jurastudium an die Universität Leiden, die älteste Uni in den Niederlanden. 1575 hat Wilhelm I. von Oranien der wunderschönen alten Stadt das Recht verliehen, eine Universität zu gründen, zur Belohnung für den tapferen Widerstand gegen die Spanier im Achtzigjährigen Krieg. Mehr noch als durch mein Studienfach war die Zeit dort von der Studentenvereinigung geprägt, der ältesten im Land. Sie hatte einflussreiche Alumni, engagierte Ehemalige, residierte in einem tollen Gebäude mit Bibliotheken, Bars, einem Restaurant und sogar einer Diskothek, und es gab einige ziemlich feudale und exzentrische Unterabteilungen. Für einige von uns war es einfach selbstverständlich, dass wir dazugehören wollten. Die Tradition wurde von Generation zu Generation weitergegeben. Jeder konnte Mitglied werden, aber letztlich taten es nur wenige. Man entschied sich bewusst dafür oder dagegen, es war gar nicht nötig, Leute abzulehnen.

Das Leben als Mitglied war ein Stück weit ein Überlebenskampf, der, wenn man ihn bestand, mit einer Führungsposition in der Vereinigung belohnt wurde. Und daraus ergaben sich dann ziemlich sichere Jobs nach dem Studienabschluss – dafür sorgte das Netzwerk der »Alten Herren«, die in Firmen und Anwaltskanzleien das Sagen hatten. Es gab unendlich viele komplizierte, nie hinterfragte Verhaltensregeln. Sie gefielen mir bei Weitem nicht alle, aber ich hatte trotzdem eine großartige Zeit dort.

Das Nachtleben drehte sich um den Club, den man nachmittags um fünf betrat und erst zwölf Stunden später wieder verließ. Wenn man drin war, wurde man in Gespräche verwickelt. Oberflächliche Unterhaltungen, bei denen man den anderen aufzog, oder ernsthafte Gespräche, oft mit Angehörigen des anderen Geschlechts. Für mich hieß das: Gespräche, kein Sex. Damals machte man sich als Mädchen mit Sex den Ruf kaputt.

Die »richtigen« Mädchen wohnten in »richtigen« Schwesterhäusern, die Jungs in entsprechenden Bruderhäusern im Stadtzentrum an den wunderbaren Grachten. Gemischte Häuser waren nicht gern gesehen, es gab eigentlich nur eins, das einigermaßen akzeptiert wurde. Dort wohnte ich. Und dort wohnte auch Willem van der Pas, den alle Pasje nannten.

Das Erwachen

Als ich erwache, höre ich die fremdartigen Geräusche des Dschungels. Ich sehe wilde Vegetation durch das riesige Loch im Flugzeugrumpf. Es ist gleichzeitig unheimlich still und sehr laut.

Ich bin noch im Flugzeug, stecke unter einem Sitz fest. Das Gewicht eines Toten hält mich am Boden fest. Ich versuche, ihn wegzuschieben, aber es gelingt mir nicht. Mühsam ziehe ich meine Beine unter dem Sitz hervor und schürfe sie mir dabei auf. Dann sehe ich Pasje auf der anderen Seite des Ganges. Er liegt in seinem Sitz, der nach hinten gekippt ist. Ein Lächeln auf seinen Lippen. Ein freundliches kleines Lächeln. Er ist tot.

Ich muss einen Schock gekriegt haben, denn in meiner Erinnerung sitze ich gleich darauf außerhalb des Flugzeugs auf dem Boden, unter mir zahllose kleine Zweige. Mitten im Dschungel. Alles tut mir weh, ich kann mich nicht bewegen. Ich schaue an meinen nackten Beinen hinunter. Mein Wickelrock ist weg, über meinem linken Knie klafft eine große Wunde. Mein rechter Fuß ist blutverschmiert, die Haut am Knöchel scheint wie abgerissen. Aber am schlimmsten sieht mein Schienbein aus: Ich kann den Knochen sehen. Zehn Zentimeter bläulicher Knochen, die aus dem Muskel herausragen. Wie im Biologiebuch. Ich zucke zusammen und spüre einen entsetzlichen Schmerz in meiner Hüfte. Ich versuche mich aufzusetzen, aber der Schmerz in meinem Brustkorb stoppt mich. Ich kann nur ganz flach atmen. Gedanken stürmen auf mich ein. Was ist passiert? Wo bin ich?

Ich sehe mich um. Ich sitze auf einem Berghang unter den Bäumen im dichten Unterholz. Überall um mich herum liegen Wrackteile. Das Flugzeug hat keine Flügel mehr, das Cockpit ist abgebrochen. Eine unheimliche, unwirkliche Wirklichkeit. Alles ist grün. Und die Geräusche! Je länger man hinhört, desto lauter werden sie.

Ein paar Leute liegen unter den Wrackteilen am Berghang. Aus dem Flugzeug höre ich jemanden stöhnen. Drei Meter rechts von mir ein vietnamesisches Mädchen, das laut stöhnt. Etwas weiter oben der leblose Körper eines Mannes. Dann merke ich, dass ich neben jemandem sitze: ein Vietnamese. Er lebt, und er spricht mit mir.

»Keine Sorge, man wird uns suchen«, sagt er auf Englisch mit einem schweren Akzent, der mich an meinen japanischen Kollegen Numachi erinnert. Plötzlich wird mir bewusst, dass ich in Unterhosen dasitze. Ich schaue beschämt an meinen Beinen herunter auf den bläulichen Knochen, der steil aus meinem Unterschenkel ragt. Der Mann öffnet einen kleinen quadratischen Koffer, an dem er sich regelrecht festklammert, und reicht mir eine Hose, Teil eines Anzugs. *Polyester*, denke ich unwillkürlich, aber ich danke ihm überschwänglich. Es tut höllisch weh, die Hose über meine Wunden zu ziehen. Als ich bei meinen Hüften ankomme, wird mir klar, dass etwas mit mir ganz und gar nicht in Ordnung ist. Es tut so unglaublich weh, dass mir die Luft wegbleibt. Meine Knochen fühlen sich an, als wären sie vollkommen zertrümmert. Aber meine gute Erziehung siegt. Ich beiße die Zähne zusammen und ziehe die Hose langsam, mühsam über meine Hüften. Dann schließe ich schnell den Reißverschluss und bedanke mich noch einmal bei dem Mann. Er lächelt. »Ich bin sehr wichtig«, sagt er. »Man wird nach mir suchen.«

»Das will ich hoffen«, erwidere ich. Natürlich hoffe ich das, aber seine Worte sind mir auch ein Trost. Seine Worte und seine Anwesenheit. Wir ziehen uns beide wieder in unsere Verletzungen zurück. Die nächsten paar Stunden sprechen wir einige Male miteinander. Die Initiative geht immer von mir aus. Wann er glaubt, dass die Rettungskräfte kommen? Ich sehe, dass er schwächer wird. »Nicht sterben!«, flehe ich ihn an. »Wir sollten versuchen, Wasser zu finden.«

»Ich habe schon was getrunken«, sagt er mit schwacher Stimme.

Na, ist ja reizend, denke ich. Mein Mund ist furchtbar trocken und klebrig, ich habe einen schrecklichen Geschmack auf der Zunge. »Kann ich was haben?«, frage ich. Er schließt die Augen in einer Weise, dass ich denke, er wird sie nicht wieder öffnen. Ich flehe ihn an: »Bitte nicht sterben. Verlassen Sie mich nicht!« Aber er antwortet nicht. »Bitte lassen Sie mich hier nicht allein!« Jetzt schreie ich fast. Aber er hat Schwierigkeiten mit dem Atmen. Ich sehe, wie das Leben aus ihm verschwindet. Ein letzter Atemzug, dann ist es vorbei. Auch das vietnamesische Mädchen, das vorhin noch so heftig gestöhnt hat, ist nicht mehr zu hören. Kein Geräusch mehr, keine Bewegung der anderen Fluggäste. Alle sind tot. Alle, außer mir.

Pasje studierte auch Jura, und wir wurden im gleichen Jahr in die Studentenvereinigung aufgenommen. Er war mit den richtig guten Jungs befreundet. Sie waren cool und konservativ, aber Pasje war anders. Er war nicht nur älter als die meisten hier, er war ein richtiger Mann, in seinem ganzen Verhalten und Aussehen. Breite Schultern, kräftiger Körperbau, braune Locken und ein männliches, aber freundliches Gesicht. Er hatte sanfte braune Augen und einen Bartschatten und Haare auf der Brust. Ganz anders als die meisten niederländischen Jungs, die groß und dünn waren, blaue Augen hatten und eher spärlich behaart waren. Außerdem vertrat er seine eigenen Ideen, nicht die seines Vaters. Ganz andere, gut durchdachte und formulierte Ideen, was Religion, Politik und die Welt als Ganzes anging. Er bezeichnete sich selbst als autonomen Denker – und wenn er betrunken war, als Anarchisten. Und er verabscheute Konformität. Trotzdem mochten ihn alle, weil er so herzlich und tolerant war.

Zuerst betrachtete ich ihn nur als Aushängeschild für unser Haus. Als gemischtes Haus brauchten wir ein paar der besten Jungs aus unserem Jahrgang. Und er schien selbstsicher genug, um mit dem Makel eines gemischten Hauses klarzukommen. Also sprach ich ihn in unserer Diskothek an, ignorierte seine Versuche zu flirten, ließ ein Riesenplädoyer für unser Haus los und schwärmte ihm von der fantastischen Lage an der Rapenburg-Gracht vor, mitten im Zentrum des gesellschaftlichen und akademischen Lebens. Einen Monat später zog er ein und brachte sogar noch einen Freund mit. Damit war das Image unseres Hauses gesichert.

Ich musste meine nördlichen Vorurteile gegen seinen südlichen Akzent überwinden, aber dann wurden wir dicke Freunde. Echte Kumpel. Wir lernten zusammen, gingen zusammen einkaufen, kochten uns was und schauten fern. Abends gingen wir zur Studentenvereinigung, aber dort machte jeder sein eigenes Ding. Er behauptete, ich hätte nur Augen für die älteren Jungs, was auch stimmte. Viele von ihnen kannte ich, weil sie Freunde meines Bruders waren, und für einen von ihnen schwärmte ich regelrecht. Am nächsten Tag diskutierte ich meine Fortschritte regelmäßig mit Pasje, alle Hoch- und Tiefphasen einer Beziehung, die zu Ende war, bevor sie richtig begonnen hatte. An Pasjes breiter Schulter weinte ich mich aus.

Wie daraus Liebe wurde, wussten wir beide nicht. Wir behaupteten beide, der andere hätte angefangen. Jedenfalls waren wir eines Abends auf einmal allein in seinem Zimmer, unterhielten uns, und ich sagte, ich würde mich vor gar nichts fürchten. Er sah mir in die Augen. Plötzlich war die Spannung mit Händen zu greifen. »Ich weiß was, das traust du dich nicht«, sagte er, und seine dunklen Augen leuchteten erwartungsvoll. Also traute ich mich …

Er war mein erster Liebhaber. Die wenigsten hätten das geglaubt, weil ich eine ziemlich große Klappe hatte und sehr selbstbewusst auftrat, »unbefangen« würde ich heute sagen. Mehr auf die Außenwelt konzentriert als auf mich selbst. Und ich war daran gewöhnt, mit Jungs zusammen zu sein. Pasje wusste das, und er wusste noch mehr. Im Rückblick ist mir heute klar, wie klug er war.

Wir hatten den Jackpot gewonnen, es war die große Liebe. Am Anfang mussten wir sie geheim halten, weil die Hausordnung in einem gemischten Haus so etwas nicht zuließ. Wenn wir allein sein wollten, spazierten wir über die Rapenburg-Brücke zur Uni und kletterten über die Mauer des Botanischen Gartens, eine Flasche Wein in der Hand. Die Wochenenden, an denen er heimfuhr, waren endlos und sehnsuchtsvoll. Wenn er Sonntagabend wiederkam, zeigte er mir die Gedichte, die er in der Zeit unserer Trennung geschrieben hatte.

Unsere ersten gemeinsamen Ferien verbrachten wir in Paris. Er zeigte mir voller Stolz die Stadt, die er gut kannte, weil seine Exfreundin dort lebte. Von dort aus trampten wir in die Normandie, wo seine Eltern ein Ferienhaus hatten. Das Haus war leer, weit und breit niemand zu sehen. Es fühlte sich an wie Flitterwochen.

Als wir unsere Beziehung bekannt machten, musste Pasje ausziehen. So waren nun mal die Regeln. Er entschied sich für das größte Bruderhaus in Leiden, groß genug, damit er seine eigenen Wege gehen konnte. Er hatte Charakter und Zeit genug, mit mir zusammen zu sein und trotzdem zu den Jungs zu gehören. Und er beugte sich nie irgendeinem Gruppendruck, wenn es um die drei Dinge ging, in denen er radikale Ansichten vertrat: ich, sein Musikgeschmack und seine politischen Anschauungen.

Zwischen uns herrschte eine enorme Intimität, und wir kannten keine Scham voreinander. Er nannte mich seinen Delfin, manchmal auch Flipper, »wegen dieses Lächelns mit den vielen kleinen Zähnen«. Und ich nannte ihn Seehund, wegen seiner Augen. Diese herrlichen braunen Augen, die ich morgens immer küsste, wenn wir wach wurden. Dreizehn Jahre lang, immer wenn wir zusammen waren. Jeden Zettel unterschrieb ich mit einem gezeichneten Mund, einem Pfeil und einem Auge.

Aber so wie sich andere Mädchen nach der großen Liebe sehnen, so hatte ich Sehnsucht nach der Welt. Der großen Welt. Vielleicht, weil ich die Liebe schon hatte, vielleicht war ich auch einfach so programmiert oder es war mein Schicksal. Zwei Jahre nachdem ich Pasjes Herausforderung angenommen hatte, als die meisten unserer Freunde anfingen, sich für Management-Jobs in der Studentenvereinigung zu interessieren, wollte ich schon raus, nach Lateinamerika. Vorzugsweise mit Pasje, aber wenn das nicht möglich wäre, dann eben ohne ihn.

Sie sind alle tot. Ich sitze hier. Im Dschungel. Hier bin ich. Allein. Im Dschungel. Ich bewege die Augen, sehe die Blätter, das zerschmetterte Flugzeug, die Toten. Ich lausche auf meinen Atem. Er klingt genauso mühsam, wie er sich anfühlt. Meine Brust schmerzt so sehr! Aber ich atme. Laut und deutlich.

Wieder beobachte ich: die Geräusche, den Dschungel, die Blätter, das Flugzeug, die Toten. Und mich, wie ich auf einem Bett aus Zweigen liege. Spitzen kleinen Zweigen. Ich bewege mich ein bisschen, aber das tut weh. Meine Hüften tun weh. Alles tut weh. Hilf mir, lieber Gott! Hilf mir!

Meine Stirn fühlt sich an, als würde jemand mit dem Hammer darauf schlagen. Ich kann meine Beine nicht richtig bewegen, sie fühlen sich verkrampft und leblos an. Ich bleibe auf dem Rücken liegen und schaue meine Arme an, die blutverschmiert sind. Zwei klaffende Wunden an meinem rechten Ellbogen, sehr empfindlich. Wenn ich mit dem Finger darüberfahre, könnte ich schreien vor Schmerz.

Ich begebe mich außerhalb meines Körpers, konzentriere mich auf die Blätter. Auf das zerschmetterte Flugzeug und die Toten. Das vietnamesische Mädchen ist mit geballter Faust gestorben. Der Mann neben mir sieht tot aus, aber auch, als würde er friedlich schlafen. Wie Pasje mit seinem freundlichen Lächeln … Nicht an Pasje denken! Bloß nicht an Pasje denken! Ich sehe den Mann neben mir wieder an. Er macht mir keine Angst, er ist nur tot. Ich weiß, wie Tote aussehen, ich habe schon einige Leichen zu Gesicht bekommen. Ich denke an sie. An Herrn Bongaerts, meine Großmutter, Manuel in Chile. Man muss sie nur ansehen, dann weiß man, dass sie tot sind. Und dass sie uns keine Angst einjagen wollen. Ich schaue auf die Uhr des Mannes. Komisch, dass sie immer noch geht. Es ist zehn Uhr.

Ich schaue den Himmel über den Baumkronen an. Wolken ziehen darüber, aber sie sehen nicht so aus, als würde es gleich regnen. Ist jetzt eigentlich Regenzeit? Ich hätte mich besser auf diese Reise vorbereiten sollen. Keine Ahnung, wo ich hier eigentlich bin. Ich weiß nur, der Dschungel ist endlos. Und ich sehe keine Flugzeuge. Wo ist eigentlich das nächste Flugzeug? Das nächste Flugzeug würde uns doch sicher sehen! Wir liegen hoch oben an einem Bergrücken, wer weiß, wie weit von allem anderen entfernt? Ich habe mir nicht mal die Landkarte angesehen, hatte keine Ahnung, wohin wir eigentlich fliegen. Pasje ist mein Kompass. Nicht an Pasje denken!

Ich sehe der Sonne zu, die durch die Bäume dringt. Was für eine schöne Palette von Licht und Schatten. Die Blätter leuchten. Das würde meiner Mutter gefallen. Meine Mutter sagt immer, sie macht sich keine Sorgen um mich, wenn ich mit Pasje zusammen bin. Nicht an Pasje denken! Denk an Mammie. Sie wäre froh, wenn sie wüsste, dass ich mich habe impfen lassen. Gut, dass sie mich daran erinnert hat. Sogar Tetanus. Alles gegen meinen Willen, mit Jaime als Komplizen. Er hat dafür gesorgt, dass ich am Flughafen in Schiphol noch geimpft wurde, bevor ich nach Tokio flog. »Was soll das?«, habe ich sie gefragt. »Ich will doch nicht in den Dschungel!« Ha!

Ich schaue meine Füße an, die aus den geliehenen Hosen ragen. Sie sind ganz geschwollen. Meine Lieblingsschuhe, graublaue geflochtene Kroko-Mokassins aus dem Kaufhaus Corte Inglés, schneiden in das bläuliche Fleisch, das nicht zu mir zu gehören scheint.

Ich nehme meine Handtasche. Komisch, dass ich sie immer noch bei mir habe. Der Inhalt besteht aus einigen wenigen Reiseutensilien. Kein Geld. Pasje hat das Geld. Keine Uhr. Pasje hat die Uhr. Nicht an Pasje denken! Kein Handy. Ich habe doch immer ein Handy, um Jaime anzurufen. Ich denke an Jaime. Was würde er wohl sagen, wenn er wüsste, wo ich bin? Zum ersten Mal, seit wir zusammenarbeiten, waren zwei Tage geplant, ohne dass ich ihn anrufen kann. Erst am Mittwoch wieder. Am Mittwoch wollten Pasje und ich zurück nach Ho-Chi-Minh-Stadt.

Jaime erwartet, dass ich ihn sofort anrufe, wenn ich im Hotel bin. Ich rufe ihn immer an, egal wo ich bin, um mit ihm über die Märkte zu sprechen und Entscheidungen zu treffen. Wenn er bis Donnerstag nichts von mir hört, wird er Krach schlagen. Sehr viel Krach, wie ich ihn kenne.

Was ist noch in meiner Handtasche? Ein Schminktäschchen, eine Kamera, drei Packungen Philip Morris Super Light und ein Feuerzeug. Das Schminktäschchen ist von Loewe, schönes weiches spanisches Leder, ein Beweis für meinen letzten Aufstieg bei Banco Santander. Jetzt habe ich keine Verwendung dafür. Die Kamera habe ich mit Numachi in Tokio gekauft. Numachi mit seiner Engelsgeduld. Mein toter Nachbar hat mich an ihn erinnert, so wie er sprach oder eben auch nicht. Und die Fürsorglichkeit, mit der er mir eine seiner Hosen gab. Ich bin ihm sehr dankbar dafür, sie schützen mich ein wenig vor den schrecklichen Insekten. Ich hoffe, er hatte recht mit der Behauptung, man würde bald nach ihm suchen. Mich wird man vor Mittwoch nicht vermissen. Und heute ist Samstag. Samstag, Sonntag, Montag, Dienstag. Noch vier Tage, dann ist Mittwoch.

Ich komme nicht auf die Idee, Fotos zu machen oder den Koffer des Mannes zu öffnen. Und ich bewege mich auch nicht zurück zum Flugzeugrumpf, wo die Toten sind, wo es aber vielleicht auch etwas zu essen und zu trinken gibt. Ich wage nicht einmal einen Blick über meine Schulter. So liege ich dort, schaue den Berghang hinunter und sage mir, dass das alles Wirklichkeit ist. Dass ich hier bin. Dass ich kein Wasser habe. Lieber Gott, hilf mir, das hier durchzustehen. Mein Mund ist so trocken. Ich denke daran, eine Zigarette zu rauchen, aber ohne Essen und Trinken beschließe ich, dass jetzt der richtige Moment gekommen ist, um mit dem Rauchen aufzuhören. Pasje wäre stolz auf mich. Er würde es gar nicht glauben. Nicht an Pasje denken! Schau dir an, wie die Sonne durch die Blätter scheint. Wunderschön! Ich mag normalerweise den Wald gar nicht so sehr, Sonne auf dem Wasser ist mir viel lieber. Aber das hier ist wirklich schön.

Die Sonne geht unter. Irgendwo. Durch die Bäume kann ich es nicht sehen. Es wird schnell dunkel, sehr schnell. Ein Blick auf die Uhr: sechs Uhr. Zeit zum Schlafen, ja, warum nicht? Ich habe keine Angst und weiß nicht, warum. Noch nie war ich so allein.

Chile 1983

Die meisten meiner Freunde gingen noch ganz in ihrem Universitätsleben auf, da setzte ich mir ein Praktikum in Chile in den Kopf. Das Land schien alles zu umfassen, was ich entdecken wollte, ökonomisch und politisch – und dann auch noch die Diktatur. Mit eiserner Faust setzte Augusto Pinochet die Herrschaft des freien Marktes durch. Und ich, mit meiner kämpferisch sozialistischen Schwester im einen Ohr und meinen konservativen Freunden im anderen, hatte das Gefühl, ich müsste selbst herausfinden, wo ich stand.

Die Vorstellung von Lateinamerika gefiel mir, ich liebte die Musik und die Geschichten. Ich bin in Venezuela geboren, aber meine Familie ging zurück nach Europa, als ich noch ein Baby war. Und wie Geschwister so sind, schwärmten meine ältere Schwester und meine Brüder immer von dieser Zeit. Sie erzählten mir auch, ich sei als Baby vertauscht worden und die echte Annette würde immer noch in Maracaibo leben. »In einem Slum«, fügte meine linke Schwester hinzu, »wo sie sich fragt, ob sie heute wohl noch etwas zu essen bekommt.« Ich hingegen bekam eine gute Ausbildung, sauberes Wasser und durfte im Winter Skiurlaub machen. Jahrelang hatte ich an diese Geschichten geglaubt. War es da nicht logisch, dass ich zu meinen Wurzeln zurückkehren wollte?

Im Hauptfach studierte ich Internationales Recht mit Schwerpunkt Wirtschaft. Ich wusste, einer meiner Professoren konnte mir helfen, einen UNO-Job in Chile zu bekommen. Er hatte in einer Fachzeitschrift für eine Synthese der Wirtschaftstheorien geworben, eine Zusammenschau des geizigen Friedman und des großzügigen Keynes. Den ganzen Sommer schwitzte ich über einem Referat über seine Thesen, dann ließ ich mir einen Termin bei ihm geben. Zu meiner Erleichterung gefiel ihm das Referat, vielleicht fühlte er sich auch geschmeichelt, jedenfalls besorgte er mir tatsächlich mein Traumpraktikum im Büro der ILO, der UN-Arbeitsorganisation, in Santiago. Zum Glück beschloss Pasje, mich zu begleiten und in dieser Zeit für seine Abschlussarbeit über den Andenpakt zu recherchieren.

Wir suchten Kontakt zur »anderen Seite«, darunter einer Exilchilenin in Amsterdam, Noemi Baeza, die nach dem Militärputsch 1973 zusammen mit vielen ihrer linken Freunde verhaftet worden war. Sie hatte im berüchtigten Fußballstadion von Santiago und später in einem Lager gesessen, wo sie so schrecklich gefoltert worden war, dass sie keine Kinder mehr bekommen konnte. Ihr Mann hatte sich von ihr getrennt, lebte im Exil in einem anderen Land und hatte eine Frau geheiratet, die Kinder bekommen konnte. Trotz all dieser schlimmen Erfahrungen war Noemi eine warmherzige, offene Person, und wir schlossen Freundschaft. Als Pasje und ich abreisten, vertraute sie uns die Adressen einiger Freunde an, die in Chile für den Untergrund arbeiteten.

Im September fuhren wir los, nachdem wir uns ausgiebig von all unseren Freunden an der Universität verabschiedet hatten. Meine Mitbewohner verkleideten sich als Undercoveragenten, eine freundliche Erinnerung daran, dass ich mich in einen Polizeistaat begab. Große Reisen waren damals noch etwas Besonderes. Meine Freundinnen schrieben sogar ein Lied mit dem Titel »Missing Herf«. Neun Jahre später sollten sie sich schmerzlich daran erinnern.

In Santiago lebten Pasje und ich offiziell zusammen. Wir lernten Spanisch und fanden bald viele sehr verschiedene Freunde. Wir verbrachten die Zeit sowohl in der Oberstadt in trendigen Restaurants als auch in der Unterstadt auf Demonstrationen gegen Pinochet.

Das Gebäude, in dem die United Nations Economic Commission for Latin America (ECLA) untergebracht war und wo wir beide arbeiteten, war traumhaft schön, eine Art Guggenheim im Kleinformat mit einem spiegelnden Teich. Es lag in einer wohlhabenden Gegend am Fuße der Kordilleren, jener Bergkette, die den Kontinent von Venezuela bis zum Süden Chiles durchzieht. Nachmittags verfärbten sich die Berge rosa und bildeten einen herrlichen Hintergrund für die kühne Architektur unseres Arbeitsplatzes.

Pasje saß in der Bibliothek und schrieb an seiner Abschlussarbeit, ich machte einen Kurs in Beschäftigungspolitik, der vom regionalen Beschäftigungsprogramm für Lateinamerika und die Karibik organisiert wurde, das im Gegensatz zu Pinochet einen starken öffentlichen Sektor bevorzugte. Meine Studienkollegen waren etwa zwanzig Wirtschaftswissenschaftler aus ganz Südamerika, alle Angestellte ihrer Regierungen. Der Kurs überzeugte mich nicht. Ich war der Meinung, die Regierung sollte gerade die Schaffung von Arbeitsplätzen dem privaten Sektor überlassen. Aber ich genoss die Gelegenheit, Leute aus ganz Lateinamerika kennenzulernen. Nachts zogen wir durch die Penas, die chilenischen Musikcafés, die Leute wünschten sich Lieder aus ihren Heimatländern, und wir sangen sie alle zusammen.

Als der Kurs zu Ende war, reisten Pasje und ich Richtung Norden durch die größte Wüste Südamerikas nach Peru, um auf dem Inka-Trail zu wandern. Aber nachdem ich bei einem Bekannten unterwegs ein Omelett gegessen hatte, wurde ich so krank, dass wir die Tour abkürzen mussten. Immerhin schafften wir es bis zur Ruinenstadt Machu Picchu. Ein schöner, majestätischer und überwältigend friedlicher Ort, der uns mit seiner rauen Spiritualität beide zutiefst berührte.

Zurück in Chile beschloss Pasje, der vier Jahre älter war als ich, es müsse zurück nach Hause und sein Studium beenden. Ich wollte noch ein halbes Jahr in Santiago bleiben und reifer werden. Allein.

Bald darauf bekam ich ein eigenes Büro bei den Vereinten Nationen, um einen Bericht zu schreiben, mit dem ich meine Ausbildung abschließen würde. Dieser Bericht war gleichzeitig auch die Abschlussarbeit für mein Studium. Jeden Morgen um halb elf saßen die *funcionarios* zusammen um einen großen Tisch, tranken Kaffee und diskutierten über die Weltlage. Natürlich hatte diese Lage großen Einfluss auf die lateinamerikanischen Länder, die hohe Zinsen auf ihre Dollarkredite zahlen mussten. Der Eifer, mit dem jeden Tag die Wechselkurse in der Tageszeitung gecheckt wurden, hatte allerdings auch mit der Tatsache zu tun, dass die Gehälter der *funcionarios* in Dollar gezahlt wurden. Ein starker Dollar sorgte für bessere Kaufkraft in Pesos. Allmählich begriff ich, dass sich in Lateinamerika wie überall alles ums Geld drehte. Es war schon ein bisschen frustrierend, revolutionäre Träume zu hegen, wenn die gesamte Umgebung von steuerfreien BMWs schwärmte.

Manchmal spielte ich nach der Arbeit mit meinen Kollegen Tennis oder wir gingen zum Essen in eines der Restaurants in der Oberstadt. Aber viel häufiger führte mich der Weg mit der U-Bahn in die Unterstadt. Ich hatte mich Noemis Freunden angeschlossen, und sie nahmen mich regelmäßig mit zu Protestaktionen gegen Pinochet. Die ganze Atmosphäre gefiel mir sehr.

El pueblo unido jamas sera vencido – Ein vereinigtes Volk wird niemals besiegt! So stand ich rufend in der Menge vor der Universität und betrachtete staunend die erhitzten Gesichter um mich herum. Nie zuvor hatte ich solche starken Gefühle kennengelernt. Sie hatten so viel mehr unmittelbaren Grund dazu als die Leute, die sich über Wohnungsmangel in Amsterdam oder die US-Atomwaffen in Europa aufregten. Nach den Demonstrationen gingen wir in den *Taller*, um etwas zu essen. *Taller* ist das spanische Wort für Atelier, und der Taller Amistad war das Haus und Atelier von Pablo Madero, einem warmherzigen kommunistischen Maler mit rundem Gesicht.

Er malte ähnlich wie Picasso, mit leuchtenden Farben, blau, rot und gelb. Und er hatte ein Herz aus Gold, obwohl er auch genau wusste, wie er seine Bekannten aus linken Kreisen in den Niederlanden um Geld anpumpen konnte. Mich behandelte er anders, als wäre ich eine von ihnen. Vielleicht erkannte er die Opportunistin in mir. Er sagte immer, ich sei eher Latina als Holländerin. Und das stimmte insofern, als ich gern die Zeit vergaß. Und mich selbst. Ich genoss es, an den Demonstrationen teilzunehmen, bis spät in die Nacht hinein zu essen, zu singen und zu trinken. Ich genoss es, mit Pablos Schwager Manuel über Politik und Ökonomie zu diskutieren. Manuel war der Gebildetste in der ganzen Truppe. Oft übernachtete ich auf dem kleinen Sofa in der Diele und zog nach einer eiskalten Dusche am nächsten Morgen wieder in mein Büro in der Oberstadt. Ich mochte meine Gastgeber, als Menschen. Und natürlich verstand ich, worum es ihnen ging, wenn ich ihre Geschichten über das Leben in den Slums hörte.

Ich erfuhr, wie bedingungslos die Chilenen ihre Freundschaft verteilten, und zwar in beiden Teilen der Stadt. Sie gaben und halfen einander, ohne darüber Buch zu führen.

Meine Abschlussarbeit beschäftigte sich mit der chilenischen Forstwirtschaft. Die Pinochet-Regierung war stolz auf ihre Laissez-faire-Politik, subventionierte aber entgegen ihren Prinzipien die Forstwirtschaft, und dieser Wirtschaftszweig wuchs und gedieh. Ich hoffte, diesen Widerspruch nutzen zu können, um etwas Kritisches über die Regierung zu schreiben, nicht nur im Zusammenhang mit den Menschenrechten, sondern auch auf wirtschaftspolitischem Gebiet. Also plante ich eine Forschungsreise in ein Arbeitsgebiet in den Wäldern weit im Süden.

Ich wusste, dass die Arbeiter dort immer nur Kurzzeitverträge bekamen, um flexibel auf die Nachfrage reagieren zu können. Ich wollte diese Arbeiter interviewen, und dazu musste ich zehn Stunden nach Süden fahren, dazu zwei Stunden auf Pisten durch den Wald. Mitfahrgelegenheiten und Autostopp würden meine Transportmittel sein. Meine Kollegen fragten sich, warum ich nicht einfach einen Mietwagen nahm. Das hatte einen ganz einfachen Grund: Ich konnte nicht Auto fahren.

Die erste Etappe bis hinunter nach Valparaiso fuhr ich eingezwängt auf der Rückbank eines Fiat mit drei linken Ingenieuren. Wir übernachteten in einer entsetzlich armen Bergbaustadt, in der es keine Elektrizität, aber viele schreckliche Geschichten gab. Von dort aus reiste ich allein weiter, hauptsächlich mit Lastwagen, die zu den Stellen fuhren, wo Bäume gefällt wurden. Ich wusste, dass es riskant war, allein in die Wälder zu fahren, aber ich vertraute auf meinen Instinkt. Und tatsächlich hätte ich mir keine Sorgen machen müssen. Die Fahrer und ihre Kumpane waren freundliche Leute und erzählten mir bereitwillig die wildesten Geschichten über die Not, in die Pinochets Wirtschaftspolitik sie gestürzt hatte.

Einer der Arbeiter nahm mich auf seinem Traktor mit nach Hause, damit ich auch seine Frau interviewte. Stolz zeigte er mir seine zwei Hühner, seine Ziege und seine fünf niedlichen Kinder. Er erklärte mir, wie er Holzkohle herstellte, um das Haus zu heizen, das aus Lehm errichtet war. Trotzdem war es im Inneren eiskalt. Er bekam nur drei Monate im Jahr Lohn, die anderen neun Monate musste er vom Wald, den Hühnern und der Ziege leben. Seine Frau sagte, er sei Alkoholiker geworden, weil die Firma ihren Arbeitern sehr viel Wein zur Verfügung stellte, quasi als Betäubungsmittel. Wenigstens schlug er sie nicht. Viele Arbeiter hatten in den langen Phasen, die sie zu

Hause eingesperrt waren, angefangen, ihre Frauen zu verprügeln.

Zurück in meinem schicken Büro konnte ich mich einfach nicht auf meinen Bericht konzentrieren. Zu sehr war ich in die Wirklichkeit der Menschen eingedrungen, und ich war auch viel zu beschäftigt mit meinem Doppelleben. So nahm ich schließlich das ganze Material mit nach Holland und formulierte in den kalten, feuchten Universitätsmauern der alten Stadt Leiden meine widersprüchlichen Schlussfolgerungen. Die Forstwirtschaft war durch die staatlichen Subventionen tatsächlich gestärkt worden, aber die chilenische Wirtschaft insgesamt reagierte jetzt viel empfindlicher auf die Schwankungen der Weltwirtschaft. Das war allerdings zu dieser Zeit kein Nachteil, weil sich die Weltwirtschaft im Aufschwung befand.

So dankbar ich für das Praktikum war, beschloss ich doch, keine Karriere bei den Vereinten Nationen anzustreben.

Tag zwei

Als ich erwache, scheint die Sonne. Ich mache die Augen auf, und eine fremde Wirklichkeit umgibt mich. Dichter Pflanzenbewuchs überall. Unheimliche Insekten. Die Geräusche! Der Durst. Alles umfassender, überwältigender Durst. Ich sehe den toten »Numachi« neben mir, dessen Augen halb geöffnet sind. Ich bewege mich, aber das tut weh. Ich versuche, mich hinzusetzen, lasse mich aber wieder zurücksinken. Meine Hüften brennen wie Feuer. Diese Zweige! Ein Blick auf die Uhr: halb sieben.

Weiter rechts sehe ich den Körper des vietnamesischen Mädchens. Das Haar leuchtet in der Sonne. Ich schaue weiter. Da unten liegt der Flügel des Flugzeugs. Jetzt fällt mir alles wieder ein. Ich bin in Vietnam. Ich mache Urlaub hier, mit Pasje. Wo ist Pasje? Nein, ich kann nicht an Pasje denken. Pasje ist tot. Tot. Mein Pasje ist tot! Ich habe ihn gesehen. Tot … Und dann? Was habe ich gemacht? Wie bin ich aus diesem Flugzeug gekommen? Ich kann mich nicht erinnern. Aber an Pasje kann ich mich erinnern. Tot. Festgeschnallt in seinem Sitz. Lächelnd. Wie eine freundliche Mumie. Ich gerate in Panik. Warum hilft mir denn keiner?

Wieder stoppt mich der Schmerz in meiner Brust. Ich kann kaum atmen. Wieder muss ich mich beruhigen. Nicht an Pasje denken. Langsam atmen. Nicht an Pasje denken. Nicht weinen. Weinen macht noch mehr Durst. Nicht über die Schulter schauen. Schau in die Blätter.

Ich lasse den Kopf nach hinten sinken und starre auf die Blätter. Spüre, wie der Schmerz in Wellen kommt und geht. Ich blinzle, spiele mit dem Sonnenlicht, das durch meine Wimpern dringt. Hübsch sieht das aus, wie das gefilterte Sonnenlicht den Tau auf den Blättern aufleuchten lässt.

Ich konzentriere mich auf die Geräusche. Eine Kakofonie, ein Wettstreit von Tönen. Die Geräusche des Dschungels. Ich versuche sie zu identifizieren. Sind das schreiende Affen? Was zum …

Immer wieder sage ich mir, dass das hier echt ist. Kein Radio, kein Film. Kein Vietnamfilm, von denen ich so viele gesehen habe. Der letzte war *Platoon*. Wo habe ich den gesehen? Das ist lange her, es muss gewesen sein, als ich in New York lebte, im Yale Club, wo dieser Typ immer mit mir ausgehen wollte. Man muss sich das vorstellen, all die jungen amerikanischen Soldaten, die hier durchmarschiert sind, vollgepackt mit Waffen, und damit rechnen mussten, dass sie jederzeit ein Vietnamese anspringen konnte, der hinter einem Baum gelauert hatte. So viele Bäume.

Mich verfolgt niemand, ich bin ganz allein. Lächerlich allein. Ich erinnere mich, wie Pasje und ich über die Mauer des Botanischen Gartens in Leiden kletterten, um »allein« zu sein.

Einmal wurden wir von meiner Freundin Jet erwischt, die aber keine Ahnung hatte, was los war. »Ich weiß, was ihr macht!«, schrie sie. »Ihr raucht Gras!« Lächerlich. Haben wir nie gemacht. Wir hatten nur eine Flasche Wein dabei, und dass wir ein Paar waren, ahnte sie nicht. Kein »wir« mehr. Kein Pasje mehr. Ich bin allein, ganz allein. Nicht denken! Ich bin hier und am Leben. Im Dschungel, nicht im Botanischen Garten. Sollte es hier nicht schwül und heiß sein? Warum ist mir so kalt?

Ich schaue auf meine Hände. Was sind das das für schwarze runde Dinger? Ist das Schorf? Mein Gott, das sind Blutegel! Ich reibe meine Handrücken aneinander, um sie zu entfernen, aber sie lassen nicht los. Nicht hinschauen!

Ich blicke wieder in die Blätter. Fast kann ich sie spüren. Ich habe schon immer gern Blätter angeschaut, allerdings eher in der Stadt, durchs Fenster. Sie waren so anders als das, was ich hier sehe.

Zu viele Blätter erinnern mich ans Wandern. Und Wandern lässt mich ans Essen denken. Aber ich habe keinen Hunger, nur schrecklichen Durst.

Plötzlich fängt es an zu regnen. Und wie! So heftig, dass es richtig auf mich einschlägt, auf meine Wunden und in mein Gesicht, als ich mich mit geöffnetem Mund dem Regen zuwende. Ich muss fast würgen, aber ich bin glücklich: So viel Wasser, das ich schlucken kann! Die Sonne kommt so schnell wieder heraus, wie der Regen angefangen hat. Mein T-Shirt ist durchnässt. Ich sauge daran, was für eine Erleichterung. Die schwachen Sonnenstrahlen, die durch die Blätter bis zu mir vordringen, wärmen mich ein wenig. Aber mir ist kalt. So kalt.

Ich schaue auf meine Habseligkeiten, die ordentlich neben mir aufgereiht liegen. Alles ist klatschnass. Die Kamera, das Schminktäschchen, das Feuerzeug. Feuerzeug? Natürlich, ein Feuerzeug! Ich kann Feuer machen, wie Robinson Crusoe. Ich probiere, ob das Feuerzeug noch geht, aber es gibt nicht einmal einen Funken von sich. Es ist zu nass, genau wie die Zweige.

Ich habe oft genug Feuer gemacht, um zu wissen, dass es nicht funktionieren wird. Außerdem, wofür brauche ich ein Feuer? Um mir etwas zu kochen? Hier gibt es nichts zu essen, ich kann nicht gehen, nicht mal aufrecht sitzen. Und alles, was ich sehe, sind Büsche und Pflanzen. Soll ich Rauchsignale machen? Wie der berühmte Hiawatha. Damit hat mich Pasje geneckt, als ich diese grünen Stiefel trug, wie das Indianermädchen Minnehaha. Nicht an Pasje denken.

Stattdessen denke ich über die Anleihemärkte nach. Wo jetzt wohl MYDFA aus Brasilien steht? Aber es ist Wochenende, da gibt es keinen Anleihehandel. Ich denke an Jaime. Was er jetzt wohl macht? Vermutlich ist er mit seinem Sohn zusammen, spielt Computerspiele mit ihm oder »Wer kann am weitesten pinkeln?«. Ich muss lächeln. Alberner Jaime. Er wird sich ernsthafte Sorgen machen, wenn er bis Mittwochnachmittag nichts von mir hört. Donnerstagmorgen wird er Krach schlagen. Ich gestehe ihm ein paar weitere Tage zu, bis er mich findet, und entspanne mich. Jaime. Ich schaue immer wieder auf die Uhr, warte und warte und konzentriere mich auf die Blätter.

Aus der Brusttasche meines toten Nachbarn ragt eine Fünfzigdollarnote. Die könnte ich brauchen, um jemanden zu bezahlen, damit er mir hilft. Noch nicht. Ich fürchte allerdings, es wird bald ziemlich unangenehm sein, neben diesem Mann zu sitzen. Dann muss ich irgendwie ein Stück weg von ihm. Hoffentlich bekomme ich keinen Appetit auf ihn wie diese Rugbymannschaft, die in den Anden abgestürzt ist. Die haben einander aufgegessen. Ich habe Durst, aber blutrünstig bin ich nicht.

Eine Woche gebe ich ihnen. Dann brauche ich richtiges Wasser und etwas zu essen, sonst sterbe ich. So wie die anderen, so wie Pasje. Nicht an Pasje denken. Denk an all die anderen, die uns lieben. Seltsam. Es gibt so viele Leute, denen wir etwas bedeuten, und keiner weiß etwas.

Ich denke an meinen Bruder Bernard. Was er jetzt wohl macht? Wahrscheinlich fliegen. Ich versuche, ihn mir in seiner Luftwaffenuniform vorzustellen, und muss lächeln. Wo er auftaucht, steht er immer im Mittelpunkt. Was würde er sagen, wenn er hier wäre? Würde er mir einen guten Rat geben? Er hat mir durch den gesellschaftlichen Dschungel geholfen, mir immer gesagt, ich solle den Mund halten oder wenigstens das Gehirn einschalten, bevor ich etwas sage. »Erzähl nicht von deinen Reisen, wenn du nach Hause kommst. Es interessiert die Leute nicht, sie wollen nichts davon wissen.« Hoffentlich schaffe ich es diesmal bis nach Hause.

Wenn bis Samstag niemand gekommen ist, krieche ich in den Dschungel. Das ist mein Plan: bis Samstag zu überleben. Noch sechs Tage.

Leiden und Chile 1984

Als ich aus Chile zurückkam, war ich diejenige mit den ältesten Rechten im Haus und bekam das größte Zimmer mit Blick über die Rapenburg-Gracht, Leidens bekanntesten Kanal. Von meinem Fenster aus blickte ich auf das Hauptgebäude der Universität, das der großzügige Oranier gestiftet hat. Aber meine Gedanken waren meilenweit von Holland und den Oraniern entfernt.

Seit meiner Rückkehr aus Chile plärrte ständig chilenische Protestmusik aus meiner Anlage. Ich hatte Heimweh nach Chile und war auch richtig krank, mit hohem Fieber. So hoch, dass ich zu Hause blieb, als Pasje und alle anderen das 170. Jubiläum der Studentenvereinigung feierten.

Das Fieber stieg weiter, und als ich in die Küche ging, um mir etwas zu trinken zu holen, wurde mir so schwindelig, dass ich umkippte. Das Nächste, woran ich mich erinnere, ist Pasje, der mich hochhob und in ein Auto setzte. Er brachte mich zu meinen Eltern, aber die waren übers Wochenende weggefahren.

Er legte mich in ihr Bett und sagte, er würde uns etwas zu essen holen. McDonald's.

Ich aß den Big Mac und übergab mich später in der Notaufnahme. Kurz darauf wurde ich wieder ohnmächtig. Diesmal erwachte ich in einem Krankenhauszimmer, in dem auch noch drei ältere Damen lagen. »Kind, Sie haben uns so erschreckt mit Ihrem Geschrei«, sagten sie mir im Chor. »Die ganze Nacht haben Sie geschrien, auf Spanisch und Holländisch. So Sachen wie: ›Ich verrate nichts, und wenn ihr mir alle Fingernägel ausreißt!‹ Was ist denn los?«

Man behandelte mich auf Malaria, ohne Erfolg. Weil ich immer kränker wurde, landete ich schließlich auf der Intensivstation. Ich hatte einen ganzen Cocktail von Krankheiten, die ich monatelang unterdrückt hatte: Typhus, Amöbenruhr und Hepatitis. Man trennte mich blitzschnell von den alten Damen und gab mir ein Einzelzimmer. Freunde aus Leiden kamen zu Besuch, meine Mutter brachte mir Essen von zu Hause mit. Allmählich erholte ich mich. Pasje war die ganze Zeit bei mir. Ich liebte ihn so!

Nach drei Wochen konnte ich das Krankenhaus verlassen, im Rollstuhl. Ich brauchte noch drei weitere Wochen, um wieder gesund zu werden. Fast gesund, muss ich sagen, die Empfindlichkeit blieb. In den nächsten Jahren wurde ich immer wieder ohnmächtig, wenn mir alles zu viel wurde, körperlich oder geistig. Für ein paar Minuten verdrehte ich die Augen nach hinten und zog mich ins Nirgendwo zurück. Wahrscheinlich hätte ich auch nicht gleich wieder zurück an die Uni gehen sollen. Viel studieren konnte ich sowieso nicht, die Buchstaben tanzten beim Lesen vor meinen Augen.

Ich versuchte, wieder unter Leute zu gehen, mehr als mir vermutlich guttat. Doch ich war einfach glücklich, wieder mit Pasje zusammen zu sein, und bald war es, als wäre ich nie fort gewesen.

Bis ich eines Tages ein Flugzeugticket im Briefkasten fand.

Meine wohlhabenderen Freunde in Chile hatten für mich gesammelt, weil sie wussten, die ärmeren Freunde konnten es sich nicht leisten. Aber sie alle meinten, ich sollte wieder nach Chile kommen, um ganz gesund zu werden. »Die saubere Luft und das warme Klima sind doch sicher besser für dich als die Kälte und der Regen in Holland.«

In Santiago de Chile hatte sich das Klima aber auch anderweitig sehr verändert. Pinochet beschnitt viele neu gewonnene Freiheiten, um die verschiedenen politischen Bewegungen zu unterdrücken, die im Untergrund murrten. Parteien von der Linken bis zur Mitte hatten sich gebildet, weil man an eine nahe demokratische Zukunft glaubte, aber Pinochet hatte es sich anders überlegt und widerrief alle Reformversprechen. Er war noch nicht bereit, seine absolute Macht aufzugeben. Das würde noch sechs Jahre dauern.

Meine Freundin Noemi hatte die Erlaubnis bekommen, nach Hause zurückzukehren. Aber nach dreizehn Jahren im Amsterdamer Exil und trotz all der Sehnsucht nach ihren alten Freunden in Santiago musste sie feststellen, dass es ihr schwerfiel, die Verbindung wieder aufzunehmen. Viele neideten ihr den wirtschaftlichen Wohlstand, den sie in Holland gehabt hatte. Sie hatten angesichts der Wirtschaftspolitik des Pinochet-Regimes, die die Reichen reicher und sie noch ärmer gemacht hatten, ums Überleben kämpfen müssen.

Außerdem hatte Noemi Angst, schreckliche Angst. Sie schaute ständig hinter sich, sprach leise und vorsichtig. Sie warnte mich, dass viele meiner Freunde jetzt in Gefahr seien, darunter auch Manuel Guerrero, der College-Professor, mit dem ich viel Zeit im Taller Amistad, dem Haus und Atelier von Pablo Madero, verbracht hatte. Als er bei einer verbotenen Protestveranstaltung an der Universität zu den Leuten sprach, trafen wir uns kurz und umarmten uns. Es war das letzte Mal, dass ich ihn lebend sah.

Eine Woche später rief mich Noemi an, vollkommen hysterisch. Manuel war verschwunden. Man hatte ihn vor zwei Tagen aus dem Vorlesungssaal heraus verhaftet, und es gab keine Nachricht von ihm. Sie wagte nicht mehr, in ihrem Haus zu bleiben, weil sie fürchtete, auch sie würde man wieder verhaften. Ob sie wohl bei mir unterkommen könnte? Aber das ging nicht, meine chilenischen Gastgeber hatten zu viel Angst. Schließlich bot uns ein ehemaliger Kollege von den Vereinten Nationen sein Gästezimmer an, und wir zogen beide dort ein.

Nach einer Woche voller Angst und Schrecken wurde Manuels Leiche zusammen mit den Leichen zweier weiterer *Subversivos* an der Straße zum Flughafen gefunden. Man hatte ihnen die Kehle durchgeschnitten.

Wir besuchten seine Familie, um den Toten zu sehen. Es war gespenstisch. Man hatte ihm eine dicke Schicht Make-up aufgetragen und einen Verband um den Hals gelegt. Als wir um den Sarg herumgingen, bemerkte ich, dass er keine Fingernägel mehr hatte. Seine Finger, die man in traditioneller Weise über der Brust verschränkt hatte, waren blutverschmiert und blau. Sie hatten ihm die Fingernägel ausgerissen!

Aber mir blieb keine Zeit, diese Erkenntnis zu verdauen. Seine Familie sagte mir, es sei ein großer Trost, eine Ausländerin als Zeugin zu haben, die sah, was man ihrem Sohn, Ehemann, Vater angetan hatte. Sie steckten mir ein Video zu. Ich sollte der Welt davon erzählen.

Bei der Beerdigung ging ich gleich hinter dem Sarg. Der Friedhof lag am anderen Ende der Stadt, und ich schritt neben der Familie an der Spitze einer großen Menschenmenge, die immer mehr anwuchs. Ich konnte sehr weit sehen, weil ich so viel größer war als die anderen und regelrecht herausstach. Aus der Beerdigung wurde ein Protestmarsch, aus dem Protestmarsch eine Massendemonstration. Es war wirklich beeindruckend. Als wir an der breiten Auffahrt zum Friedhof ankamen, waren wir Tausende.

Ich bewegte mich wie in einem Nebel. Ich konnte nicht glauben, dass eine Regierung so etwas absichtlich tat. Eine Militärregierung, die sich doch so zivil gab.

Wir betraten den Friedhof. Leute überall. Ich erwartete Gräber, aber wir gingen zu einer Mauer. Die Leute riefen: »Manuel! Manuel! Manuel!« Unzählige Hände schoben den Sarg in eine Öffnung in dieser Mauer. So etwas hatte ich noch nie gesehen. Die Menschen weinten, schrien, es wurde dunkel. Und plötzlich war der Friedhof von Busladungen voll Soldaten umstellt. Schnell zerstreute sich die Menge. Nichts wie weg! Noemi griff nach meiner Hand, und widerwillig, aber eilig liefen wir zur nächsten U-Bahn-Station.

Manuels Schwester ging in einer Kirche in der Stadtmitte von Santiago in den Hungerstreik. Mit zwei anderen Sympathisanten besuchte ich sie; das machte man so, um seine Solidarität zu zeigen. Die Atmosphäre war unbehaglich. So viele gebildete, zivilisierte Leute, die von ein paar Polizisten, sogenannten »Pacos«, bewacht wurden. Wo zieht ein solches Regime seine Grenzen? Wann beschließt es einzugreifen? Das würde ich bald herausfinden.

Eine Gruppe junger Männer hing in der Kirche herum. Sie sahen alle aus wie Che Guevara: Bärte und längere Haare, das Klischee des bösen Jungen. Draußen waren noch mehr von ihnen, mit Plakaten und Slogans. Sie machten Lärm, und sie setzten sich mit ihrem ganzen Leben für ihre Sache ein. Ich gab Manuels Schwester ein bisschen Wasser und umarmte seine Familie. Als ich gerade den Kirchhof verlassen wollte, fuhr ein Militärbus vor. Fünf Pacos sprangen heraus und umstellten die Protestierenden, schoben sie zum Bus. Sie hatten Gummiknüppel und sahen aus, als würden sie nicht zögern, sie zu benutzen. Die Protestierenden schrien, aber alle gehorchten und ließen sich wie Vieh in den Bus treiben.

Ich stand wie angewurzelt da und beobachtete die Szene, als

plötzlich ein Paco auf mich zukam, mich am Arm packte und wegzerrte. Erst war ich zu verwirrt, um überhaupt zu reagieren, und ließ mich zum Bus schieben. Ich war schon fast auf der ersten Stufe, als ich ihn auf Spanisch fragte: »Sehen Sie nicht, dass ich Ausländerin bin?«

»Señorita, wir wissen ganz genau, wer Sie sind«, antwortete er und schob noch heftiger. Seine Augen sagten mir überdeutlich, dass er nicht mit sich reden lassen würde. Instinktiv schubste ich ihn, so fest ich konnte, und lief weg. Über meine Schulter sah ich sein verwirrtes Gesicht. Ich lief so schnell ich konnte, als ginge es um mein Leben. Mindestens eine Viertelstunde rannte ich durch den belebtesten Teil der Stadt bis zur Vicaria, der katholischen Kirche, die der Demokratiebewegung freundlich gesinnt war. Dort schnappte ich nach Luft und berichtete dem Priester, was ich gesehen hatte.

Sosehr mir das alles am Herzen lag, das hier war nicht mein Weg. Doch wenigstens das Video wollte ich außer Landes bringen. Manuels Familie hatte mich gebeten, es mit nach Amsterdam zu nehmen und der chilenischen Exilbewegung zu übergeben. Mein Herz klopfte heftig, als ich an den Zollbeamten vorbeiging, aber sie ließen mich durch.

Tag drei

Als ich aufwache, ist es wieder Morgen geworden. Es regnet! Ich bin so durstig, dass ich meine Zunge herausstrecke. Das hilft ein wenig. Ich öffne den Mund so weit wie möglich, genieße jeden Tropfen. Dann kommt die Sonne heraus, und das finden Holländer immer gut, unter allen Umständen.

Ich schaue mir wieder meine Umgebung an. Alles ist grün, so grün, dass ich fast darin versinke. Nadelbäume, dickes Gras, Moos und Pflanzen überall.

Heute ist Montag. Jaime ist auf dem Weg von New York zurück nach Madrid. Er wird spät ins Büro kommen, direkt vom Flughafen. Wie sehen die Märkte aus? Mich geht das gerade gar nichts an, erst am Mittwoch wieder. Dann wird Jaime Berge versetzen. Das weiß ich. Ich vertraue ihm.

Ich schaue auf die Uhr, es ist sieben. Ich sehe den Mann an, nicht freiwillig, aber er sitzt nun mal da neben mir. Was ist das für ein kleiner weißer Faden, der da aus seinem Augenwinkel kommt? Eine weiße Made? Ja, natürlich! Er beginnt zu verwesen. An einem so heißen, feuchten Ort verwesen Leichen besonders schnell. Verwesung? Mein Gott! Als ich genauer hinsehe, bemerke ich die Maden überall. Und man riecht es auch. Verwesung! Ein entsetzlicher, Übelkeit erregender Geruch, widerlich. Mit einem Ruck bewege ich mich von ihm weg. Der Schmerz in meiner Hüfte flammt wieder auf.

Ich schaue auf meine Hand. Keine Maden, nur die Blutegel, die sich an mir gütlich tun. Ruhig bleiben. Nicht hinschauen.

Ich atme tief durch. Alles ist, wie es sein soll. Das hier ist eine Art Gewächshaus, ein riesiger Mutterleib für alle Arten, die darin leben. Alles ganz natürlich, Geburt und Wiedergeburt, der Kreislauf des Lebens. Die Schönheit des Lebens. Schau nicht auf die Maden, sondern auf die Schönheit! Ich blicke zu den Bäumen, den Pflanzen, den Blättern. Als könnte ich sie einatmen und nicht diesen üblen Geruch. Es hilft, ich beruhige mich wieder.

Aber ich beschließe auch, dass es jetzt an der Zeit ist, von diesem Mann wegzukommen. Schnell schnappe ich mir die Fünfzigdollarnote aus seiner Tasche. Dann ein Blick auf die Uhr. Kann ich die nehmen? Dazu müsste ich seinen kalten Arm anfassen, trotz der Maden, und das Armband lösen. Das kann ich nicht. Als Teenager habe ich ein Buch über einen Bauernjungen gelesen, der einen Toten im Fluss findet. Er schaut auf die Uhr des Toten und sagt: »Geh weg, sonst nehme ich dich.« Und dann nimmt er sie doch. Aber das kann ich nicht. Ich muss an die Szene aus *Les Misérables* denken, wo der Wirt die Toten in den Katakomben von Paris ausplündert. Das Musical habe ich sowohl am Broadway als auch in Covent Garden gesehen. Fremde Welten.

Ich bewege mich auf meinen Ellbogen, aber das tut richtig weh. Ich habe eine große offene Wunde an meinem rechten Ellbogen, und jetzt spüre ich bei jeder Bewegung Zweige und Erde, die daran reiben. Aber ich kann nicht anders, meine Hüften fühlen sich an, als wären sie ausgerenkt. Und meine Beine sind gebrochen. Ich muss mich mit den Armen fortbewegen, vorbei an dem toten Mann, vorbei an dem toten Mädchen, das jetzt nicht mehr die Faust ballt. Sie hat eine Leinentasche. Offenbar ist nichts so schrecklich, dass wir dafür unsere Taschen loslassen würden. Tatsächlich haben wir alle unsere Taschen festgehalten, das Mädchen, der Mann neben mir und ich. Was sagt das über uns Menschen aus? Ich beschließe, die Tasche mitzunehmen, hänge sie mir über die Schulter und bewege mich bergab zu dem abgerissenen Flugzeugflügel. Mein Körper tut höllisch weh. Hölle! Nicht zurückschauen. Nicht an Pasje denken. Ich lasse mich bei dem Flügel nieder. Hier kann ich bleiben.

Ich sehe mich um, hier habe ich ein weiteres Blickfeld. Die Aussicht ist genauso schön wie oben, aber es gibt viel Neues zu sehen. Zu meiner Rechten der riesige Berg, das Flugzeug hat Bäume zerschmettert und eine Art Lichtung geschaffen. Ohne die Baumkronen dringt die Sonne bis zum Boden vor, und ich wärme mich zufrieden an ihren Strahlen.

Ich öffne die Tasche des Mädchens, eine Leinentasche, wie man sie bei Barnes & Noble bekommt. Ein vietnamesisch-deutsches Wörterbuch und ein blaues Regencape sind darin, das Cape mit spitzer Kapuze und langer Vorderseite. Ich kenne diese Form, sie ist für Fahrradfahrer gedacht, die Vorderseite kann man über den Lenker ziehen. In Holland tragen die Zeitungsboten so etwas. Und sie brauchen sie ständig. Ich ziehe mir das Cape über, vielleicht kann es mich trocken und warm halten.

Ich bleibe, wo ich bin. Mir ist immer noch schrecklich kalt. Ich zittere richtig. Erschöpft lasse ich den Kopf sinken.

Der Mond geht neben dem Berg auf, er ist fast voll. Ein paar Wolken sind auch zu sehen, wie in einem Disneyfilm. Echte Natur, nur Mondlicht. Was bin ich doch für ein Stadtkind! Es ist Zeit zum Schlafengehen. Ich träume vom Büro, von Ana Botin, Helen, Jaime, den Märkten …

Amsterdam 1986

Nach unserem Abschluss zogen Pasje und ich nach Amsterdam. Mein Schwager war gerade Bürgermeister geworden. Meine Schwester war Abgeordnete im Parlament in Den Haag und hatte weder Zeit noch Lust, die Bürgermeistersgattin zu spielen. So ging ich oft mit zu offiziellen Empfängen, Konzerten, Fußballspielen und Preisverleihungen. Pasje kam manchmal mit. Wir waren gerade mit dem Studium fertig und hatten nichts anderes zu tun als Bewerbungen schreiben.

Wie meine Schwester und ihr Mann lebten Pasje und ich zwar zusammen, wohnten aber getrennt. Er teilte sich ein Haus mit ein paar guten Freunden, ich hatte mich mit zwei anderen aufs »Warmwohnen« verlegt. In den Achtzigerjahren liefen leere Häuser, die zum Verkauf standen, immer Gefahr, von Hausbesetzern übernommen zu werden. Und da kamen wir ins Spiel. Wir lebten auf Bitten der Eigentümer für die Übergangszeit in diesen Häusern. Oft waren es sehr schöne Häuser in bester Lage. Wenn sie verkauft waren, zogen wir weiter. Durch reinen Zufall wohnte ich einmal für sechs Monate gleich neben dem Bürgermeister – gelegentlich war meine Schwester auch da.

Allerdings verbrachte ich einen Großteil meiner Zeit mit

Pasje bei ihm zu Hause, weil er besser ausgestattet war. Er zog ja auch nicht dauernd um. Das Haus lag an einer schönen Gracht nicht weit vom Rotlichtbezirk, wir kauften im selben Supermarkt ein wie die Damen in den Schaufenstern, scherzten und plauderten mit ihnen. Amsterdam eben.

Als Amsterdam sich als Austragungsort für die Olympischen Spiele bewarb, halfen wir meinem Schwager beim Besuch des IOC. Bei einem Grachtenausflug auf dem offiziellen Boot der Stadt fuhren wir durch eine der kleineren Grachten im Rotlichtbezirk. Eine unserer Bekannten war gerade dabei, ihre Tür abzuschließen. Als sie sah, wer da auf dem offiziellen Boot saß, leuchtete ihr Gesicht erfreut auf. »Hey, Willem!«, rief sie. Alle sahen Pasje und mich an.

Ich hoffte, einen Job bei der ING-Bank zu bekommen, weil sie bekannt waren für ihren Anlagehandel: Swaps auf lateinamerikanische Staatsschulden. Am Ende kamen Pasje und ich beide dort unter, allerdings in verschiedenen Abteilungen. Pasje galt als zu alt für das Traineeprogramm für Manager im Auslandsbereich. Dabei war er eigentlich der richtige Banker. Er passte da rein, ich nicht.

Vielleicht hatte die Abneigung meiner Kollegen – alles Männer – in meinem ersten Jahr wirklich nicht nur mit der Tatsache zu tun, dass ich die erste Frau im Traineeprogramm war. Vielleicht sagte ihnen ihre Intuition ganz richtig, dass ich am falschen Ort war. Ich brauchte ganz andere Fähigkeiten, und sei es nur, um als erste Frau dort zu überleben.

Die ersten sechs Monate verbrachte ich in einer Bankfiliale in Nordholland, genau wie Pasje. Wir pendelten mit dem Zug dorthin, und der Kulturschock war für mich größer als während meiner Zeit in Chile. Die Leute im Norden waren sehr reserviert und altmodisch. Ich war ein fremder Vogel aus der Großstadt. Zu weltzugewandt, zu respektlos, zu … was weiß ich.

Ich musste einige Zeit in jeder Abteilung verbringen. An der

Kasse fing es an, und am Ende landete ich in der Kreditanalyse, also im Kerngeschäft. An meinem ersten Tag dort sagte mir der Abteilungsleiter geradeheraus, er würde versuchen, mir das Geschäft beizubringen, hätte aber wenig Hoffnung, dass eine Frau überhaupt irgendetwas analysieren könnte.

Den ganzen Tag musste ich Geschäftsberichte lesen, sie auf ein oder zwei Seiten beschreiben und ein Begleitformular ausfüllen. Meine Untersuchungen waren nicht so toll, und die Formulare brachten mich fast um. Ich war zu schlampig mit den Details und musste sie immer ein zweites Mal ausfüllen.

Kunden bekam ich überhaupt nicht zu sehen, das war den leitenden Angestellten und dem Filialleiter vorbehalten. Dann jedoch passierte etwas Ungewöhnliches: Der größte Kunde der Filiale wünschte sich mich als Betreuerin. Bis zu diesem Augenblick hatte er immer nur mit dem Filialleiter gesprochen. Er war zwar ein wenig ungeschickt im gesellschaftlichen Umgang, aber er war einer dieser Holländer, die aus unserem Land eine führende Handelsnation gemacht haben: sparsam, ohne Schnickschnack, ganz und gar uninteressiert an Äußerlichkeiten, aber voll von gesundem Menschenverstand. Irgendwie gelang es ihm immer, große Geldsummen in die richtigen, aufsteigenden Firmen zu investieren. Meine Kollegen waren reichlich pikiert, als er mich einlud, ihn zum Cocktailempfang einer Geschäftsfrau am Ort zu begleiten, die einen Preis bekam. »Mädchenbonus«, spotteten sie. Der Mann war Ende fünfzig, lebte zwar noch bei seiner Mutter, flirtete aber überhaupt nicht mit mir. Er gab mir einen guten Rat: »Folgen Sie immer Ihrem Instinkt.«

Als meine Zeit in der Filiale zu Ende war, kam ich in die größere Kreditabteilung am Hauptsitz in Amsterdam, und zwar in den Bereich Bauindustrie. Ob man mich absichtlich dort einsetzte, um auszutesten, wie ich mit dem ganzen Testosteron zurechtkam? Keine Ahnung. Ich arbeitete in einem riesigen Großraumbüro, wo immer mehrere Schreibtische zusammengeschoben worden waren. Lauter Männer. Meine einzige Ablenkung war der Gang zur Kaffeemaschine. Dann spürte ich ihre Blicke. Das war ihre Ablenkung.

Einen Jahresbericht nach dem anderen zu analysieren, war entsetzlich langweilig. Ich hatte nur die Möglichkeit, eine positive oder negative Empfehlung auszusprechen, Grauzonen gab es nicht. Und eigentlich ging man davon aus, dass ich positive Empfehlungen aussprach, denn es drehte sich im Wesentlichen um die Verlängerung bereits existierender Kredite. Eines Tages jedoch schaute ich mir einen Kreditantrag an und las ein paar Zeitungsausschnitte über die Firma des Antragstellers, bei denen mir nicht wohl war. Ich wusste nicht genau, was es war, aber der Geschäftsführer gefiel mir gar nicht. Die Firma hatte ihren Sitz in Eindhoven, also rief ich meinen Cousin an, der bei Philips arbeitete und die Stadt gut kannte. Alle Kollegen hörten mir zu, während ich telefonierte. »Arbeitest du jetzt für ein Detektivbüro?«, fragten sie mich, als ich auflegte. Wenig später rief mich mein Cousin zurück und sagte, der Geschäftsführer sei bekannt für seine riskanten Pferdewetten. Ich stempelte eine Ablehnung auf den Antrag. Später kam der Abteilungsleiter zu mir und fragte, ob ich die Ablehnung detaillierter begründen könnte. Er würde sie beim Vorstand verteidigen müssen.

Nach der Arbeit ging ich mit Pasje zu Hoppe, einer beliebten Banker-Kneipe in Amsterdam, um meinen ersten Erfolg zu feiern. Später an diesem Abend, als wir uns bei Pasje zu Hause zum Essen hingesetzt hatten, kam ein Anruf des freundlichen Barmannes. Ich hatte doch tatsächlich meine Handtasche in der Kneipe vergessen. Mit der streng vertraulichen Akte darin.

Einmal im Monat trafen sich die Management-Trainees – sieben Jungs und ich – im Hauptsitz der Bank, um über unsere Fortschritte zu diskutieren. Danach ging John, unser Betreuer in der Personalabteilung, mit uns bei Hoppe etwas trinken. Er war immer auf der Suche nach neuen Entwicklungsmöglichkeiten für das Programm und wollte mit uns über seine Ideen diskutieren. Wir waren sozusagen seine Meerschweinchen, um nicht Laborratten zu sagen.

In der Kneipe erzählte uns John, die AMRO-Bank hätte ihre Trainees gerade zu seinem Survivalkurs in die Ardennen geschickt. »Rafting, übernachten im Wald und so weiter. Sollten wir so was mit euch auch mal machen?«

Die Jungs fanden die Idee großartig. Eine gute Möglichkeit, die eigenen Fähigkeiten zu entdecken, Charakterbildung und so weiter. Aber John, der immer sichtlich Spaß am »Teile und herrsche« hatte, meinte, in Wirklichkeit ginge es darum, herauszufinden, wer von uns eine natürliche Führungspersönlichkeit sei. Und dann sah er mich mit süffisantem Blick an. »Was meint denn unsere Dame dazu?«, fragte er.

Ich zuckte bewusst langsam mit den Schultern. »Von mir aus! Vielleicht wärt ihr überrascht, wie gut ich damit zurechtkomme.« Ich sah meine Mit-Laborratten an. »Aber das heißt noch lange nicht, dass ich ein guter Banker bin.«

Wir gingen nicht zum Rafting, aber mit der Zeit wurde der Wettstreit unter uns immer härter. Nach zwei Dritteln der Traineezeit sollten wir erfahren, wo unser erster Auslandseinsatz stattfinden würde, und alle brachten sich in Stellung. Der gefragteste Ort war New York. Ich war mir wie alle anderen sehr bewusst, dass ich, sofern ich das Programm überlebte, der erste weibliche Trainee sein würde, den eine niederländische Bank ins Ausland schickte.

Ich habe keine Ahnung, ob ich es verdiente, aber sie schickten mich nach New York.

Tag vier

Ich wache an meinem neuen Standort auf. Keine toten Nachbarn mehr. Auch keine Uhr, aber es scheint noch früh zu sein. Ich schaue in die Sonne. Der Berg zu meiner Rechten steht wie ein riesiger Kegel neben mir. Die Schlucht zwischen mir und dem Berg ist voll mit wilder Vegetation, wie in Tarzans Dschungel. *Ich Jane. Genau.*

Ungefähr drei Meter unterhalb meiner Füße endet die Schneise, die das Flugzeug geschlagen hat, und der Dschungel beginnt. Ich muss ziemlich hoch auf dem Berg sein. Wenn ich allein da runtermuss, wird das eine heftige Wanderung. Hoffentlich muss ich das nicht. Meinem Plan zufolge habe ich noch vier Tage zu warten. Ich blättere in dem vietnamesisch-deutschen Wörterbuch des Mädchens und lese eine Seite über Beugungen. Ich habe nie richtig Deutsch gelernt, aber vielleicht nützt mir ja das Vietnamesisch? Ich kann mich nicht konzentrieren, mir ist schwindelig, es fühlt sich an, als läge eine Wolke über meinem Gehirn. Vergiss es. Ich kehre in mich selbst zurück und warte.

Der Blick hier ist schön. Ich vermisse die Blätter, aber ich kann in die Schlucht rechts von mir schauen, wo der Dschungel so dicht ist wie eine riesige grüne Wand. Und hey, von hier aus kann ich die Suchflugzeuge sehen, wenn sie kommen. Und sie können mich sehen.

Plötzlich wird mir klar, wie wichtig es ist, dass ich hier bin, dass ich lebe und bei Bewusstsein bin. Mein Verstand wird benebelt und entschlossen zugleich. Wasser! Ich brauche unbedingt Wasser. Meine Wahrnehmung wird gleichzeitig schärfer und enger. Ich schaue mir den abgebrochenen Flugzeugflügel an und sehe, dass das Isoliermaterial aus Papier oder Schaum besteht. Eine Idee schießt mir durch den Kopf: Die Isolierung könnte wie ein Schwamm funktionieren, mit dem ich Regenwasser aufsauge. Ich muss da hin! Irgendwie zwinge ich mich, langsam auf meinen gebrochenen Beinen aufzustehen. Ich greife nach dem Flugzeugflügel. Ein entsetzlicher Schmerz fährt mir in die Hüfte. So geht das nicht. Ich bewege mich näher an den Flügel heran, versuche es wieder. Ein stechender Schmerz in meiner Brust, aber ich versuche mit aller Kraft, zu dem Flügel zu gelangen. Endlich kann ich in das Isoliermaterial hineingreifen. Ich reiße kleine Stücke heraus und lasse sie auf den Boden fallen. Als ich denke, jetzt ist es genug, lasse ich mich irgendwie, mit noch mehr Schmerzen, wieder auf den Boden nieder. »Aaah!«, schreie ich vor Schmerz. Als ich wieder liege, sammle ich die Schaumstücke auf und mache sieben kleine Bälle daraus. Die lege ich hin und warte. Jetzt muss es nur noch regnen. Ich habe solchen Durst! Und ich bin entsetzlich müde. Das Stehen hat mich erschöpft. Ich lasse den Kopf sinken.

Als ich wieder aufwache, regnet es. Nein, es gießt! So sehr, dass ich das Regencape mit beiden Armen ausbreite, um das Wasser aufzufangen und zu trinken. *Vintage Veuve Clicquot!*

Zufrieden beobachte ich, wie die Schaumkugeln das Wasser aufsaugen. Ich gratuliere mir selbst: Gut gemacht! Das wird mich durch die nächsten Tage bringen.

Die Sonne geht unter. »Geh schlafen«, sage ich mir. »Nicht denken, einfach schlafen.« An meinem neuen Standort ist es heller, und ich schlafe unruhiger. Deutlich sehe ich, wie meine Freundin Helen den Berg herunterkommt. Helen ist in New Jersey aufgewachsen, als zweites von vier Kindern, und hat in Madrid die Angewohnheit, mich zu »füttern«. Jetzt bietet sie mir einen Lipton Iced Tea an, eins ihrer amerikanischen Getränke. Aber dann sehe ich, wie sie wieder zum Berg geht.

»Hey, geh nicht weg!«, schreie ich. Ich weiß, dass ich schlafe und dass sie da drüben nicht herumlaufen kann, aber ich will, dass sie zurückkommt. Ich schreie ihren Namen, immer wieder. Mein Eistee!

New York, Amsterdam, London
1987–1989

»Ich werde Sie zum Weinen bringen«, sagte der Abteilungsleiter von LDC Trading (LDC steht für »Less Developed Countries«), als ich in seine Abteilung in New York versetzt wurde. »Ich bringe jeden zum Weinen. Lap hat erst vor einer Stunde geweint.« Er sprach von einem der Junior-Händler, einem smarten Amerikaner chinesischer Herkunft.

Ich sah ihn ungläubig an. Ich hatte zwei Jahre Traineeprogramm überstanden, ohne zu weinen, und das hier konnte wohl kaum schlimmer sein. Ich war endlich, wo ich sein wollte, im Tempel von LDC Trading. Deshalb hatte ich mich ursprünglich bei der ING beworben. Die Abteilung war klein, aber sie befand sich mitten im Herzen dieses jungen Marktes.

Tatsächlich biss der Abteilungsleiter niemanden, aber er konnte ziemlich kräftig bellen. Und er hatte recht damit. Seine Begeisterung war großartig. Die Leute in dieser Abteilung waren allesamt jung und intelligent, und ihr Antrieb war weniger das Geld als der Spaß, Lösungen für die Schuldenkrise zu finden.

In den Siebzigerjahren war die Welt von Petrodollars überschwemmt worden. Die auf Gewinn bedachten Banker hatten sich beeilt, das überschüssige Geld an die Entwicklungsländer zu verleihen, die man heute »Emerging Markets« nennt. In den frühen Achtzigerjahren jedoch führte die Ölkrise fast zu einer Verdoppelung der Zinsen, und damit gerieten die Entwicklungsländer unter Druck. Sie hatten keine Dollars mehr, um ihre Kredite zu bedienen. Und so wurde ein zweiter Markt geboren: ein exotischer, neuer, sehr sexy Markt.

Die Sache lief folgendermaßen: Wir kauften einer Bank in, sagen wir, Deutschland, ein überschuldetes Dollardarlehen an Brasilien ab, zu einem niedrigen Preis. Dieses Darlehen verkauften wir dann an eine Firma, die für eine Investition brasilianisches Geld brauchte. Die brasilianische Zentralbank – der Schuldner – stellte der Firma das Geld zur Verfügung, auch dies zu einem niedrigen Preis. Eine Win-win-Situation, von der alle profitierten: Die deutsche Bank war das Darlehen los und bekam noch etwas dafür, die Firma konnte ihre Investition günstig abwickeln, Brasilien verringerte seine Auslandsschulden, und wir kassierten eine schöne Provision.

Und weil so viele derartige Transaktionen in der Pipeline waren, kauften wir solche Schulden auch auf eigene Rechnung. Damit waren wir Händler, hatten unsere Finger in den Schulden der Dritten Welt.

Ich fand es wunderbar. Und ich weinte so wenig, dass ich irgendwann zurück nach Amsterdam versetzt wurde, um die gleiche Arbeit in Europa weiterzuführen.

Unser Markt in Amsterdam war das Lieblingskind des charismatischen und visionären Vizepräsidenten, Mr. T, wie wir ihn nannten. Jeder im Hauptsitz hoffte, ihm zu gefallen, und wir alle suchten nach genialen Ideen, wie und wo Schulden abgebaut werden konnten. Mit Hotels, Schiffen, alles Mögliche. Die fantasievollsten Schuldenabbau-Transaktionen kamen sogar in die Nachrichten. Wie die Transaktion, mit der der brasilianische Fußballspieler Romario vom PSV, der Philips Sport Vereinigung, gekauft wurde.

Wir fühlten uns als Eliteteam innerhalb der Bank. Wir waren stärker untereinander verbunden als die anderen Händler, sahen einander fast schon ähnlich und handelten gemeinsam. Wir waren gebildet, wir saßen nicht nur in Hosenträgern in unseren Handelsräumen, obwohl ich nach wie vor die einzige Frau war. Wir hatten normale Schreibtische in echten Büros. Wir waren sichtbar.

Die Preise wurden noch über das Telefon ausgetauscht, nicht am Bildschirm. Ständig mussten wir irgendwo anrufen, um herauszufinden, wer was zu welchem Preis machte. Wenn wir einen Handel mit New York am Laufen hatten, mussten wir Überstunden machen oder schnell nach Hause fahren und dort weiterarbeiten. Handys hatten wir noch nicht.

Wir waren jung, urban und professionell. Wir konnten alles. Wir riefen die Banken an, damit sie Kredite tauschten oder verkauften. Wir entwickelten Ideen, wie sie die Deals und ihre Portfolios strukturieren konnten. Wir planten jede einzelne Transaktion von vorn bis hinten und bereiteten die endlosen Kreditformulare vor. Wir übernachteten im Büro, um neben den langsamen Faxgeräten zu sitzen und die langen Streifen aus Faxpapier in normale Seiten zu zerschneiden. Und wenn es zum Abschluss kam, gingen wir mit zu den Anwälten.

Ich fühlte mich wie ein Kind im Bonbonladen. Das war meine Welt. Alle meine Interessen kamen hier zusammen: Weltwirtschaft, Auslandsschulden, Telefonieren, Risiko. Und ich konnte mit Pasje zusammen in Amsterdam leben.

Doch nach weniger als einem Jahr beschloss die Bank, unsere Abteilung nach London zu verlegen. Es hieß, sie würden mich auf keinen Fall dorthin schicken, denn die Bank wollte nicht, dass ich mich nur in einem Bereich spezialisierte. Ich sollte ein echter Banker werden. Sie hatten nicht in meine Ausbildung investiert, nur damit ich zu fünfzig kaufte und zu fünfzigeinviertel verkaufte.

Aber genau das schien meine Berufung zu sein. Ich war bereit, die ING zu verlassen, und führte bereits Gespräche mit anderen Banken, als unser LDC-Trader in London plötzlich starb. Sein schreckliches Schicksal war mein Glück. Und ironischerweise hob meine Karriere ausgerechnet wegen eines Flugzeugabsturzes ab.

Hernan war ein junger, aufstrebender Argentinier, mit einer wunderbaren Frau namens Fabiana. Sie waren ein Paar wie aus dem Bilderbuch. »Zu schön für diese Welt«, sagte eine englische

Sekretärin nach ihrem Tod. Die beiden waren fünf Monate zuvor von Buenos Aires nach London gezogen und hatten sich in letzter Minute entschieden, auf ihrem Weihnachtsflug nach Hause über New York zu fliegen. Sie flogen mit Pan Am. Und ihr Leben endete über Lockerbie.

Einen Monat später wurde ich befördert und nach London versetzt. Die Sache verlangte jede Menge Besprechungen und Verhandlungen, weil ING Amsterdam mich nicht gehen lassen wollte. Ich war ausgebildet worden, um eines der Auslandsbüros zu leiten, nicht als Kredit-Trader. Ich packte meine Sachen, packte sie wieder aus und wieder ein und wartete auf die Entscheidung. Pasje beobachtete mich dabei und passte seine eigenen Pläne mit der üblichen guten Laune an. Am Ende bekam ich einen speziellen Kurzzeitvertrag und konnte gehen. Ich erhielt einen Zuschlag zu meinem niederländischen Gehalt, mit dem ich mein gesamtes Studiendarlehen auf einen Schlag zurückzahlen konnte. Außerdem durften Pasje und ich uns jedes Wochenende auf Spesen besuchen. Und ich konnte meine Wohnung in Amsterdam behalten.

Ich bekam nicht nur Hernans Job und seine Kontakte, sondern zog auch in sein teures Haus ein, gleich an der Ecke zwischen Knightsbridge, Chelsea und South Kensington. High Life in London! Chanel und Joseph, Melonen und Ausländer, Briten im Aston Martin und Latino-Playboys im Porsche. Lässiges spätes Frühstück in irgendeiner Brasserie. Und trotzdem fragten sie mich in dem uralten Lebensmittelladen in der Walton Street immer noch: »Was darf's denn heute sein, Schätzchen?«

Um zu meinem Büro in der City zu kommen, musste ich mit der überfüllten U-Bahn fahren, der ältesten Untergrundbahn der Welt. Da ich unter Klaustrophobie leide und dort unten immer leicht panisch war, beeindruckte mich das ultracoole Benehmen der Briten. Sie falteten ihre *Financial Times* zu einem winzigen Streifen und respektierten die fünf Quadratzoll Privatsphäre ihres Nachbarn. Und sie zuckten nicht mit der Wimper, wenn die U-Bahn stecken blieb, sagten kein Wort dazu, auch nicht nach einer halben Stunde. Wenn es im Sommer heiß war, lief ihnen der Schweiß über ihre stoischen Gesichter, aber sie ließen die Jacken an, damit man die Schwitzflecken auf ihren maßgeschneiderten Hemden nicht sah.

Unser Abteilungsleiter war eine Karikatur seiner selbst: ein Oxford-Absolvent mit britisch-unbewegtem Gesicht, *Stiff Upper Lip* im maßgeschneiderten Nadelstreifenanzug. Wenn er mit mir sprach, zog er manchmal eine Augenbraue hoch. Einmal kam ich in einer sehr stressigen Situation in sein Büro gerannt und bat ihn um eine sofortige Erhöhung meines Limits. Ich entschuldigte mich, dass ich nicht geklopft hatte, und erklärte ihm, ich brauchte seine Zustimmung. Schuldbewusst sagte ich mit meinem amerikanisch geprägten Englisch noch dazu, ich wüsste, dass ich eine Laufmasche in meiner Strumpfhose hätte, könnte mich jetzt aber leider nicht umziehen. Ich konnte ja nicht ahnen, dass ich gerade auf sämtliche feinen Unterschiede im amerikanischen und britischen Englisch hereingefallen war und zu ihm gesagt hatte, ich hätte Durchfall in der Unterhose. Bei dieser Gelegenheit zog er einmal beide Augenbrauen hoch.

Ich liebte meinen Job und mein unabhängiges Leben in London. Nach der Arbeit zog ich mit den anderen Händlern durch die Pubs. Wir machten Witze, tranken Bier und tauschten Informationen aus, alles in freundlichem Wettstreit.

Meine Stärke waren die Verhandlungen mit osteuropäischen Schuldnern. Sie vertrauten mir, und das aus gutem Grund. Sie waren mit den Märkten noch nicht vertraut, und mir lagen ihre Interessen wirklich am Herzen, mehr als unseren großmäuligen Händlern in New York, die nur auf ihre Margen schauten. Trotzdem machte ich einen ordentlichen Gewinn, und das war in dieser frühen Phase mehr als genug.

Unser Markt wuchs, unsere Boni auch. Wir hatten zunehmend das Gefühl, wir hätten ein Anrecht auf die besten Restaurants, Weine und Hotels. Unsere Partys wurden üppiger. Wir wurden alle Weinkenner, jedenfalls so weit, dass wir wussten, wie man einen Pomerol oder einen Chateau d'Yquem für fünfhundert Ocken bestellt.

Perspektiven

Mark, ein Kollege: Wir hatten eine tolle Zeit in diesem damals noch so unschuldigen Markt. Mir jedenfalls machte das alles unheimlich Spaß. Erst viel später, draußen in der großen bösen Welt, merkt man auf einmal, wie abstoßend Menschen sein können. Aber unsere LDC-Abteilung war eine freundliche Umgebung, in der man sich gegenseitig unterstützte. Ich erinnere mich vor allem daran, wie Annette und eine andere Kollegin mich deckten, wenn ich zu spät kam. Wenn mein Chef zu einer Besprechung musste, verließ er das Büro oft, bevor ich kam. Wenn ich bei seiner Rückkehr immer noch nicht da war, legte Annette ein paar Zigarettenkippen in meinen Aschenbecher, damit es aussah, als wäre ich nur für eine Minute rausgegangen.

Wir machten ziemlich viel Blödsinn und waren manchmal richtig albern, aber wir arbeiteten hart und erwarben uns mit unserem Wissen einen guten Ruf. Ich glaube, es war ganz hilfreich, dass wir nicht versuchten, *zu* professionell zu wirken. Wir taten, was sich richtig anfühlte, und meistens klappte das ganz gut. Ich sehe das bis heute in meinem Geschäft: Je mehr man versucht, alles richtig zu machen, desto weniger gelingt einem. Das Finanzwesen, und vor allem der Bereich der Spekulation, lässt sich mit einem mechanischen Ansatz nicht bewältigen. Und das ist gut so. Sonst würden die Idioten mit den MBA-Abschlüssen ja die Welt regieren.

Tag fünf

Ich beobachte den Sonnenstand. Wie spät ist es? Auf mein Wissen aus Pfadfinderinnenzeiten kann ich mich nicht verlassen, aber es reicht, um auszurechnen, wenn genug Stunden vergangen sind, sodass ich wieder einen Schluck Wasser verdient habe. Einen von den Schwämmen. Alle drei Stunden, habe ich mir selbst versprochen. Mein Zahlengefühl ist ohnehin gut.

Also los. Ich sauge das Wasser auf und genieße jeden Tropfen. Nach zwei oder drei Stunden gönne ich mir den nächsten Schwamm. Das Wasser schmeckt fantastisch, es ist das Warten wert. Außerdem tut mir die Routine gut.

Ich blicke auf meine Hände. Meine schönen Hände, der einzige Teil meines Körpers, den ich wirklich mit Eitelkeit betrachte. Jetzt sind sie riesig, so angeschwollen, dass Pasjes kleiner Ring tief in meinen Finger einschneidet. Wir haben den Goldreif für 25 Gulden in der Haarlemmerstraat in Leiden gekauft, dreizehn Jahre ist das jetzt her. Er ist mir trotzdem ein Trost.

Ich betrachte meine Hände eingehend. Ich bin ein Festmahl für die Blutegel. Meine Füße sind auch auf die doppelte Größe angeschwollen. Übrigens habe ich nur noch einen Schuh an, wo ist denn der andere gelandet? Der nackte Fuß ist voller Wunden, meine Zehen sind schwarz, als hätten sie Frost gekriegt. Jetzt habe ich etwas gemeinsam mit den kannibalischen Überlebenden in den Anden. In dem holländischen Klatschmagazin *Panorama* habe ich Fotos von ihren schwarz verfärbten Zehen gesehen, damals, in der Kaffeebar in Leiden, bei einem *koffie verkeerd*, wie der Latte auf Holländisch heißt: viel Milch, wenig Kaffee. War Pasje da bei mir? Nicht an Pasje denken. Nicht den schmalen Goldring ansehen.

Ich warte. Ich berechne die Zeit und warte. Schon so lange! Wie geduldig ich bin! Ich muss über mich selbst lachen. Ausgerechnet ich, die ich so klaustrophobisch und immer so ungeduldig bin. Ich denke ans Solarium in Madrid, wo ich es nie die volle halbe Stunde aushalte. Nach zwanzig Minuten springe ich raus, und das ist schon zu lange. Und wenn ich mit Helen zu Jacques Desanges gehe, um mir die Haare schneiden zu lassen, verzichte ich immer auf das Föhnen. Dauert zu lange, dafür habe ich keine Geduld. Und jetzt sitze ich hier und bin dazu verurteilt, zu warten und ruhig zu bleiben. Ganz geduldig.

Wahrscheinlich haben meine Klaustrophobie und meine Ungeduld etwas miteinander zu tun. Ich brauche die Bewegung. Ich hasse es, im Flugzeug zu sitzen – ganz gleich, wie groß es ist –, wenn es rumsteht und nicht fliegt, zum Beispiel in der Schlange vor der Startbahn. In DC ist das mal passiert, da hat Pasje mit der Crew ausgehandelt, dass ich ins Cockpit durfte. Ich musste »raus«. Genauso geht es mir in Aufzügen, auf Booten, im Skilift. Sogar im Auto. Wenn sie sich nicht bewegen, gerate ich in Panik. Und jetzt sitze ich hier. Kann nicht weiter, und gerate trotzdem nicht in Panik. Warte.

Ich achte auf die Geräusche. Eine Kakofonie. Das Summen der Insekten, das Zirpen der Grillen, Vogelgezwitscher. Vertraute Klänge, die mich an *The Silent Force* erinnern, eine niederländische Fernsehserie. Wie alt war ich da, zwölf? Es war die Verfilmung eines niederländischen Romans über Indonesien, wo Papa aufgewachsen ist, damals, als es noch eine Kolonie war. Niederländisch-Indien wurde es genannt. Die Geschichte hatte einen düsteren, mystischen Unterton, den ich erst jetzt verstehe. Es ist die Luft, es sind die Geräusche. Für die Niederländerinnen und Niederländer, die in eine solche Umgebung kamen, muss es ein ziemlicher Kulturschock gewesen sein, auch für meine Großmutter, die mit dem Schiff um die ganze Welt reiste, um einen Mann zu heiraten, den sie nur aus der Tanzstunde kannte. Papa hat uns Gruselgeschichten über den Weißen Hadschi und den Bösen Blick erzählt, eigentlich im Scherz, aber immer mit ernstem Unterton. Wenn meine Cousine bei uns übernachtete, habe ich diese Geschichten an sie weitergegeben, was ein bisschen gemein war, weil sie vor lauter Angst fast durchdrehte. Mir machte das alles gar nichts aus, ich habe ja auch jetzt keine Angst. Was soll's, wenn es mehr gibt als das Offensichtliche? Dann bin ich weniger allein.

Chile, London, Madrid
1989

»Ich habe eine Überraschung für dich«, sagte Pasje. Es war ein Freitagabend, ich war übers Wochenende nach Amsterdam gekommen, und wir nahmen auf unserer Lieblingscaféterrasse einen Drink. In Businessklamotten und mit Aktenkoffern neben dem Tisch. Wir waren jetzt beide Banker. »Ich werde ins Ausland gehen.«

Ich sah ihn verständnislos an. »Wie bitte?«

»Ich denke schon seit einer ganzen Weile darüber nach. Wenn wir wirklich eine gemeinsame Zukunft haben wollen, muss ich internationaler werden. Also habe ich einen Deal mit unserer internationalen Abteilung gemacht.« Ich war sprachlos. »Und nicht irgendeinen Deal«, fuhr Pasje fort. »Ich gehe nach Chile.« Ich konnte es kaum glauben. Pasje zog um, auf die andere Seite der Erde. Nach Chile. Mein Chile, unser Chile. »Das wird gut«, sagte er. »Vertrau mir.«

Im September reiste er ab. Im Dezember besuchte ich ihn für drei Wochen. Es war gut, wieder in Chile zu sein, als würde unsere Liebe durch dieses Land wieder besiegelt. Durch seine Musik, seine Sprache, seine Gastfreundschaft, seine Widersprüche. Seine Berge, das raue Land und den wilden Ozean – durch seine Natur.

Unsere Freundin Noemi hatte sich gut eingelebt. Sie arbeitete in den Slums mit armen Kindern und organisierte Radioworkshops für ein Programm über die Bemühungen der UN um Kinderrechte. Sie und alle unsere Freunde waren begeistert über Pinochets Niederlage bei der Abstimmung 1988. Chile war ein »zivilisiertes Land« geworden.

Pasje hatte auch meinen Bruder, meine Schwester und meinen Schwager eingeladen. Mein Bruder hatte gerade eine Krebsbehandlung hinter sich, er hatte überlebt, aber weder körperlich noch geistig-seelisch war viel von ihm übrig. Wir nahmen ihn mit auf unsere romantische Reise ans Meer, wo er sich sichtlich erholte. Dort muss Pasje ihn gefragt haben, ob er sein Trauzeuge sein wollte.

Ich bemerkte, dass Pasje die Frage mehr als einmal aufbrachte.

»Wag es nicht!«, drohte ich ihm jedes Mal im Scherz. »Wir haben es abgemacht, und dabei bleibt es. Irgendwann.«

Wieder zurück in London, bekam ich einen Anruf der Assistentin von Jaime Lupa, dem großen, aufregenden mexikanischen Head Trader der Citibank in New York. »Mr. Jaime Lupa kommt nächste Woche nach London und würde gern mit Ihnen zu Abend essen. Allein.« Ein Abendessen zu zweit? Ich wusste, dass er meinen Chef nicht leiden konnte, aber so lief das normalerweise nicht. Die großen Jungs trafen sich immer auf Augenhöhe.

Ich kannte Jaime gut, wenn auch nur vom Telefon. Er rief mich jeden Morgen an, wenn in New York der Arbeitstag begann, um zu hören, was die europäischen Banken machten und was ich am Abend zuvor im Pub von den anderen Tradern gehört hatte. Wissen war Macht, und Macht war Wissen. Er redete gern mit mir, und ich mochte seine Stimme, seinen Akzent, seinen Humor und seine Macht. Er war einer der wichtigsten Player auf unserem Markt. Ein echter Trader, dem Liquidität wichtiger war als Investitionen, Vorsicht wichtiger als Politik und Cash wichtiger als Firmen. Nach dem Motto: *»Money talks, bullshit walks.«* Also nahm ich die Einladung zum Abendessen freudig an. Kurz nachdem ich aufgelegt hatte, rief er mich auf der anderen Leitung an, um wie üblich »über die Märkte zu reden«.

»Warum so förmlich?«, fragte ich ihn. »Warum lassen Sie Ihre Sekretärin bei mir anrufen, wenn wir kurz darauf sowieso miteinander sprechen?«

»Weil wir das bei der Citibank so machen«, antwortete er stolz. Okay, ich hatte verstanden. Selektiver Konservatismus, Loyalität, was auch immer. Aber nervös war ich trotzdem.

Es war immer ein seltsames Gefühl, Leute aus dem Markt zum ersten Mal persönlich zu treffen, nachdem man am Telefon bereits über Urlaubs- und Wochenendpläne geplaudert hatte. Mit Jaime waren die Gespräche besonders persönlich gewesen, vermutlich, weil sie verboten waren, was uns besonders gut gefiel. Wenn er Informationen brauchte, musste er eigentlich unser New Yorker Büro kontaktieren, aber genau das tat er nicht. »Warum sollte ich das tun? Ich möchte, dass Sie mit den Typen in Osteuropa verhandeln.« Und ich hätte eigentlich meine New Yorker Brüder anrufen müssen, wenn ich Informationen über die Schuldenlage in Lateinamerika oder die US-Banken haben wollte, aber sie nutzten meine Informationen für ihre eigenen Zwecke. Also Jaime. Wir sprachen spanisch miteinander, was in meinem Büro sonst niemand verstand.

Leute, mit denen man gesprochen hat, die man aber noch nie gesehen hat, sehen immer anders aus, als man sie sich vorstellt. Offenbar war man allgemein der Ansicht, ich würde nach einer ziemlich kräftig gebauten kleinen Brünetten klingen. Dabei bin ich genau das Gegenteil. Als Jaime mich kurz vor unserem Treffen warnte, er hätte lange Haare, stellte ich mir einen glatten, cleanen Pferdeschwanz vor. Umso größer der Schock, als er unser Büro betrat. An ihm war überhaupt nichts glatt, seine schulterlangen Haare sahen aus wie bei Farrah Fawcett oder einem Hells Angel. Außerdem trug er auch noch einen großen Schnurrbart. Insgesamt war er einfach sehr, sehr haarig. Mein Chef drängte ihn schnell in ein Besprechungszimmer, während ich hinter meinem Schreibtisch saß und den Mund nicht mehr zukriegte. »Und *damit* soll ich heute zu Abend essen!«, sagte ich zu meinen kichernden Kollegen. Sie erinnerten mich daran, dass man mich in dem Besprechungszimmer erwartete, also ging ich zögernd hinein und setzte mich neben ihn. Dann erkannte ich seine Stimme und beruhigte mich etwas. Als er mir die erste Zigarette klaute, grinste ich schon, und das tat ich dann auch den ganzen Abend lang.

Jaime erzählte mir von seiner kürzlichen Scheidung. »Rausgeschmissen hat sie mich«, sagte er. »Und sie hatte allen Grund dazu.« Er sah mich schuldbewusst an, fügte dann aber schnell hinzu: »Betrogen habe ich sie allerdings nie.«

»Oh«, erwiderte ich. Was wusste ich schon von solchen Dingen? *Er hat bestimmt Fotos im Geldbeutel*, dachte ich, und tatsächlich, da waren sie, seine zwei niedlichen Söhne.

Er sah verletzlich aus, nicht der große Macho-Jaime, mit dem ich gerechnet hatte. Der Kerl, von dem alle sprachen und vor dem mich alle gewarnt hatten. Der rücksichtslose, schlaue Trader der Citibank, der »keine Gefangenen macht«.

Er steckte die Fotos mit einer zärtlichen Bewegung ganz sorgfältig wieder hinter seine Kreditkarten. »Die sind das Beste daran«, sagte er.

Ein paar Wochen später rief mich Jaime aus New York an. »Waren Sie schon mal in Madrid?«

»Nein, warum?«

»Sie kennen doch sicher Ana Botin, die Tochter des Besitzers der Santander Bank? Sie hat mich zu einem Gespräch eingeladen, weil sie möchte, dass ich über Santander nachdenke.«

»Schön«, antwortete ich leicht abgelenkt, weil ich gleichzeitig ein Formular ausfüllte.

»Ich habe ihr gesagt, ich komme auf keinen Fall allein, sondern würde jemanden aus London mitbringen.«

Plötzlich war ich ganz Ohr. »Ehrlich?«

Wir fuhren nach Madrid und wurden vom Fleck weg eingestellt. Das Angebot war einfach zu gut, um es abzulehnen. Ana Botin gab uns vollkommen freie Hand, wir konnten alles tun, was nötig war, um ihre Bank in die Top Ten auf den Emerging Markets zu bringen. Ich würde die bisher noch nicht existierende osteuropäische Seite selbstständig entwickeln, Jaime würde ihren Händlern zeigen, was in Lateinamerika getan werden musste. Wir beide würden mehr oder weniger gleichgestellt sein, was für mich einen Riesenschritt nach vorn bedeutete.

Jaime und ich kannten uns von unseren täglichen Telefongesprächen. Er wusste, dass ich einen Freund hatte, dass ich Holländerin bin. Meine Freundlichkeit war echt, aber ich konnte auch ziemlich ehrgeizig sein. Bei einigen großen Geschäften waren wir Partner gewesen, wenn die Kreditpakete zu groß wurden, teilten wir sie auf. Mehr als einmal hatte ich gedroht, das Paket allein zu kaufen, wenn er seine Preisgestaltung nicht anpasste.

Als wir in Madrid ankamen, wurden wir in verschiedenen Hotels untergebracht: Seins hatte fünf Sterne, meins vier. Das beunruhigte mich, und ich sagte es ihm. »Wir sollten doch eigentlich gleichgestellt sein, oder?«

»Keine Sorge«, erwiderte er. »Das ist nur der spanische Machismo in der Personalabteilung, sie wissen es nicht besser.« Er lud mich in seine riesige Suite ein, um das Fußball-WM-Spiel Holland gegen Deutschland zu sehen, aber der Fernseher funktionierte nicht. Dabei gibt es kein wichtigeres Spiel für einen niederländischen Fußballfan. Das Ganze regte mich ziemlich auf, und er wurde ein bisschen nervös.

Unsere neuen Kollegen luden uns zum Tennis ein. Als ich aufschlug, hielt er sich den Schläger vor die Kronjuwelen und sah noch nervöser aus. Aber am Ende hielt sein Latino-Machismo meinem jungenhaften holländischen Lebensgefühl ganz gut stand. Wir kamen bestens miteinander aus.

Unser Büroleben war aufregend und aufreibend zugleich.

Von Madrid aus bedienten wir die Märkte in London und New York, das hieß Arbeit von zehn Uhr morgens bis elf Uhr abends. Wir arbeiteten wie verrückt, aber es lief gut, wir mussten nicht ständig um Ressourcen kämpfen, und nach sechs Monaten war Santander in mehreren Bereichen unter den ersten fünf Banken in Europa. Die Zentralbanken im östlichen Mitteleuropa arbeiteten gern mit mir zusammen, und ich arrangierte die ersten Schuldenrückkäufe für sie.

Die spanische Arbeitsweise war sehr stark autoritätsgetrieben, ganz anders als das niederländische Konsensmodell. Die Leute befolgten Befehle, man musste sie nicht überzeugen oder ihr Ego streicheln.

Andererseits stellte ich zu meiner Freude keine weiteren Hinweise auf spanischen Machismo fest. Im Gegensatz zu ING arbeiteten auf unserer Etage viele Frauen in Schlüsselpositionen. Unsere Chefin war die Tochter des Vorstandsvorsitzenden und Besitzers. Ihr Mann arbeitete ebenfalls auf unserer Etage und spielte Frisbee mit uns oder was auch immer wir gerade spielten. Darts, Minigolf, egal.

Nach der Arbeit, kurz vor Mitternacht, gingen Jaime und ich meistens in irgendein Restaurant. Ich wurde so mager, dass ich vorschlug, gegen neun Uhr bei mir zu Hause zu essen und die Anrufe der Broker in New York zu mir durchzustellen. Wir wurden von Brokern informiert, die 12,5 Prozent Provision von jeder Transaktion erhielten, die sich aus ihren Informationen ergab. Das Arrangement der Arbeitsessen funktionierte ganz gut; ich hatte mir eine Fritteuse gekauft und mir damit eine ganze neue Abteilung in meinem spanischen Supermarkt erschlossen. Jetzt konnten wir Geschäfte und Mayonnaise zur gleichen Zeit machen: Jaime rührte, ich gab das Öl dazu, und die Broker gaben ihre Kommentare übers Telefon dazu ab.

Büroleben und Privatleben waren ohnehin nicht voneinander zu unterscheiden. Alle unsere Freunde waren Kollegen, wir organisierten Grillabende auf meiner Terrasse, sahen zusammen fern und DVDs, die Jaime aus New York mitbrachte. Wir spielten »Super Mario Bros.« auf dem Nintendo und retteten in den frühen Morgenstunden die Prinzessin.

Tag sechs

Ich muss zur Toilette. Großes Geschäft, um es mal so auszudrücken. »Igitt!«, würde Helen sagen. Sie geht nie vor ihrem Freund zur Toilette, ich schon.

Wie soll das gehen? Zunächst mal muss ich weg von meinem Platz, weg von den geheiligten Schaumkugeln für mein Trinkwasser. Ich ziehe mich auf dem Rücken den Hügel hinauf, nur mit den Ellbogen. Aua, das tut weh. Ich hoffe, es wird nachher einfacher und weniger schmerzhaft, wenn ich wieder runtermuss. Jetzt muss ich die geliehenen Hosen ausziehen. Ich mache den Reißverschluss auf, ziehe sie herunter. Das tut weh. Schrecklich weh! Der Schmerz in meinen Hüften ist unglaublich. Ich würde gern aufhören, aber dafür bin ich zu pingelig, ich kann doch nicht in die Hosen machen! Kommt gar nicht in Frage. Also ziehe ich die Hose langsam herunter, hebe meine Hüfte etwas an. Der Schmerz! Meiner Unterhose sehe ich an, dass ich meine Periode bekommen habe. Natürlich, das muss jetzt auch noch sein. Wenn man meint, es könnte nicht mehr schlimmer kommen …

Ich tue, was ich tun muss, obwohl der Schmerz fast unerträglich ist. Diese Zweige! Ich nehme Blätter, um mir den Hintern abzuwischen. Zivilisation hat einen entsetzlich hohen Preis. Aber gut. Alles erledigt. Ich bewege mich wieder runter zu meinem Platz, auf dem Rücken, auf den Ellbogen. Bin vollkommen erschöpft.

Ich frage mich, was meine Eltern gerade tun. Meine Brüder, meine Schwester, meine Freunde. Schlafen sie in ihren warmen

Betten? Stehen sie unter der Dusche? Essen sie gemeinsam am Tisch? Wie einfach es für sie ist, Wasser zu trinken. Sie müssen nur den Hahn aufdrehen.

Ein Tausendfüßler krabbelt über mein Bein. Ich bleibe ruhig sitzen, wir teilen uns diesen Ort. Er ist ein Teil des Dschungels, genau wie ich.

Der Rest des Tages verschwimmt. Mein Kopf steht still, ich denke nicht mehr daran, dass ich nicht an Pasje denken soll. Ich sitze einfach da, bin eins mit meiner Umgebung, als würde ich durch die Bäume leben. Je mehr ich sie anschaue, desto schöner werden sie. Es ist, als würde ich sie einatmen. Mein angestrengter Atem weitet meinen schmerzenden Brustkorb mit einer Energie, die mich ganz schwindelig macht. Das tut gut, es ist wie eine Befreiung. Es hilft mir, dem Schmerz zu entkommen, als würde ich mich aus meinem Körper hinausbewegen. Am Anfang habe ich mich zwingen müssen, mich auf die Schönheit zu konzentrieren, jetzt bin ich ein Teil von ihr. Ich bin eins mit allem um mich herum. Mit der Schönheit, mit den Toten, mit Verwesung, Tod und Neugeburt. Es ist wunderbar. Am Anfang musste ich die Namen meiner Familienmitglieder aufsagen, um mir ihre Liebe zu mir ins Gedächtnis zu rufen, meine Liebe zu ihnen. Jetzt fühlt es sich an, als läge ich in einem Bett aus Liebe. Als wäre die Luft erfüllt von einer Art Frequenz der Liebe. Oder eher, als wäre ich Teil dieser Frequenz, dieser Wellenlänge, als bewegte ich mich mit ihr. Vor und zurück zu einem höheren Bewusstseinszustand, zu einer Art vollkommener Harmonie mit meiner Umgebung. Es ist eine schöne, angenehme Frequenz, in der ich gut für immer bleiben könnte.

Madrid, Chile, Vietnam
1987–1992

Pasje war begeistert über meinen Umzug nach Madrid. Ihm gefiel die Arbeit als Händler und die Vorstellung, dass ich das machte. Er verstand immer, wenn ich sagte: »Oh, ich bin da gerade an was dran, ich rufe dich später zurück.« Und wenn ich es dann vergaß. Er rief immer wieder an, immer. »Du bist genau wie Joe«, lachte er und dachte an seinen besten Freund, einen Aktienhändler. Er klang so, als wäre er stolz auf mich. Sehr stolz.

Außerdem liebte er das Geld und die Freiheit, die mit meinem neuen Job verbunden waren. Ich konnte Geschäftsreisen und Besuche in Chile gut miteinander verbinden, und manchmal trafen wir uns auch auf halbem Wege, in New York.

Es gelang uns gut, uns am Telefon von unserem Leben zu erzählen. Mindestens zweimal am Tag redeten wir ausführlich miteinander. Da ich ihm fünf Stunden voraus war, weckte ich ihn, und dann flüsterten wir uns Zärtlichkeiten auf Niederländisch zu, wenn ich am Schreibtisch saß, oder sprachen lauter, wenn es mir gelang, mich in ein Besprechungszimmer zurückzuziehen. Und er plauderte mich von seinem Büro aus in den Schlaf. Oft plauderten wir auch noch am Abend miteinander, wenn sein Mittagessen am Schreibtisch mit meinem Schreibtisch-Abendessen zusammenfiel. Und natürlich verbrachten wir die Urlaube miteinander. Ich kannte sein Leben, er kannte meins.

Pasjes Job in Chile sollte noch mindestens zwei weitere Jahre dauern. Danach würden wir uns ernsthaft darum bemühen, am selben Ort zu arbeiten. London oder New York waren am wahrscheinlichsten, meine neue Chefin deutete oft an, dass sie mich einsetzen könnte, wo immer ich wollte, wenn die Zeit dafür gekommen war.

Wir hatten keine Eile. Irgendwann würden wir zusammenleben, es war nur eine Frage der Zeit. Wir hatten doch noch das ganze Leben vor uns.

»Flipper, sie haben mir Vietnam angeboten«, sagte Pasje am Telefon. »Ich soll dort zwei Büros in Gang bringen, von Grund auf. Wenn es gut läuft, könnte ich sogar General Manager werden.« Er klang begeistert. »Das ist ein riesiger Schritt nach vorn, und die Region hat mich immer interessiert. Vietnam ist fast noch unberührtes Gebiet, eine große Herausforderung.«

Und so wurde die gemeinsame Zukunft noch einmal aufgeschoben.

Tag sieben

Tage sind vergangen. Ich glaube nicht, dass ich den Überblick verliere, ich muss ja nur die Nächte addieren. Ist heute Tag sechs oder Tag sieben?

Mir ist schwindelig. Die Pflanzen um mich herum strahlen. Ich fühle keinen Schmerz mehr. Ich befinde mich außerhalb meines Körpers, allerdings ganz in seiner Nähe. Ich bin noch da, und doch nicht da. Wenn ich die Augen aufmache, sehe ich die Pflanzen im Sonnenlicht leuchten. Wenn ich die Augen zumache, sehe ich goldene Lichter und eine goldene Mitte. Einen großen glühenden Ball wie beim Sonnenuntergang. Aber dieser Ball geht nicht unter. Er umfasst alles, Dunkelheit und Licht und alle Farben. Eine riesige Mischung von Farben. Trotzdem kann ich jede einzelne ausmachen. Sie sind alle wie von Gold überhaucht. Dunkelheit und Helligkeit, Tag und Nacht, alles und nichts. Ich fühle mich gut beschützt. Ich habe mich ganz und gar ergeben. Den Bäumen, den Blättern, den Heuschrecken, den Ameisen, den Tausendfüßlern: dem Leben. Oder ist es der Tod?

Die Kakophonie des Dschungels ist zur Symphonie geworden. Einer Symphonie der Stille. Ich gehöre dazu, ohne Vergangenheit und Zukunft. Ich lebe nur noch im Augenblick, in einem zeitlosen Augenblick ekstatischer Freiheit. Einem Augenblick, der mir Frieden, Einheit und Freude schenkt, der größer ist als mein eigenes Leben. Ich bin der Augenblick. Ich gehöre zum Leben. Zum Universum. Zu Gott. Ich fühle mich auf eine wundersame, ganzheitliche, schöne Weise mit allem verbunden. Keine Spaltungen, keine Grenzen, keine Trennungen, nur innere Einheit. Ich erkenne das Geheimnis. Ich *bin* das Geheimnis.

Aber plötzlich höre ich Holz knacken und sehe, wie sich etwas am Rand meines Blickfelds bewegt. Ich drehe den Kopf ganz leicht und versuche, genauer hinzusehen. Ein Mann. Ein Mann? Bin ich tot? Kommt er mich holen? Petrus vielleicht? Nein, der Mann ist echt, und er ist hier. Ich gebe mir mehr Mühe, scharf zu sehen. Da steht tatsächlich ein Mann, auf der anderen Seite der Schlucht. Ich kann sein Gesicht ganz deutlich erkennen. Er trägt eine Kapuze, eine orangefarbene Kapuze. Er ist ganz orange gekleidet. Und er starrt mich an. Ich schüttle meinen verwandelten Bewusstseinszustand so gut wie möglich ab und versuche, zu einer praktischen, rationalen Aufmerksamkeit zurückzukehren. Versuche, meine Stimme wiederzufinden. Leise und krächzend kommt sie zum Vorschein. »Hallo? Können Sie mir helfen?« Ich versuche es noch einmal, jetzt lauter, glaube ich. Hoffe ich. »HALLO? Können Sie mir helfen?« Er rührt sich nicht, starrt mich nur an. Ich versuche es noch lauter: »Hallo, Sie da! Helfen Sie mir! HILFE!« Ich schreie immer lauter, aber er bleibt regungslos stehen. »Kannst du nicht sehen, dass ich Hilfe brauche?« Jetzt werde ich wütend. »Tu doch was, du Idiot!« Jetzt bin ich aus dem angenehmen Zustand heraus und ganz und gar auf die Erde zurückgekehrt. So sehr, dass ich die Erde wieder spüre, auf der ich sitze, die kleinen Zweige, die mir wehtun. Ich schreie ohne Ende, fluche in allen Sprachen, die mir einfallen: »Pendejo, Schweinehund, Salot!« Er rührt keinen Muskel, steht nur da, starrt mich an, ohne mit der Wimper zu zucken, stundenlang.

Wer ist dieser Mann? Was will er? Mich sterben sehen?

Dann ist er weg, genauso gespenstisch, wie er aufgetaucht ist. War er ein Gespenst? Ein Phantom? Habe ich ihn mir nur ausgedacht? Aber warum sollte ich das tun? Ich war so angenehm mit mir selbst beschäftigt, bevor ich ihn sah. Vielleicht zu angenehm, langsam auf dem Weg in eine andere Welt. Jetzt spüre ich den Schmerz wieder im ganzen Körper. Die Unbequemlichkeit. Teufel, ist das unbequem hier. Ich konzentriere mich wieder auf den Dschungel. Als es dämmert, zwinge ich mich zum Schlafen, versuche die Gedanken an den Mann zu verdrängen. Vielleicht war er nur eine Halluzination.

Vietnam
Sommer 1992

Pasje zog im April 1992 nach Ho-Chi-Minh-Stadt. Er war einer der Ersten, die in Vietnam das Büro einer ausländischen Bank eröffneten, in einem kommunistischen Land, das immer noch dabei war, seinen Weg aus einem endlosen Krieg zu finden. Gerade ein Jahr zuvor hatte es an der Grenze zu Kambodscha bewaffnete Auseinandersetzungen gegeben. Pasje war zum Pionier geworden.

Er bekam einen offiziellen Begleiter, der ihn über die Gepflogenheiten im Land informierte und ihn gleichzeitig überwachte. Hung war sein Fahrer, Berater und Vermittler, alles in einer Person. Aber Hung hatte klare Prioritäten: Er war der Wachhund der Regierung, und ihr galt seine Loyalität. Dann kam er selbst, und Pasje stand an dritter Stelle. Pasje wusste, dass das der Preis für seine Geschäfte in Vietnam war, und blieb freundlich, selbst wenn das bedeutete, dass er ein Büro außerhalb des Stadtzentrums mieten musste, weil das Haus einem Verwandten von Hung gehörte. Mit Hilfe einer jungen

Trainee-Kollegin namens Carola gelang es ihm, beide Büros in Ho-Chi-Minh-Stadt und Hanoi bis Oktober zu eröffnen und ans Laufen zu bringen, gerade rechtzeitig zu einem offiziellen Besuch aus dem Hauptquartier.

Seine Tage gestalteten sich chaotisch, oft gab es auch keine Telefonverbindung. Dann schickte er mir Faxe, süße, liebevolle Faxe, in denen er mich um Geduld bat und davon berichtete, wie er mit der Bürokratie kämpfte, sowohl mit der vietnamesischen als auch mit der seiner eigenen Bank.

Ende Juni trafen wir uns nur für eine Woche in Holland, wo wir den größten Teil unserer Zeit damit zubrachten, die niederländische Fußballmannschaft bei den Europameisterschaften anzufeuern. Unsere Sommerferien standen uns ja noch bevor, dachten wir.

Pasje verhandelte immer noch mit der Zentrale in Amsterdam über seinen Vertrag. Auf einmal gab es Schwierigkeiten. Die Bank wollte Kosten wie die Flugtickets für unsere gegenseitigen Besuche plötzlich nur noch dann bezahlen, wenn wir verheiratet waren. Kein Problem, das konnten wir hinkriegen. Aber dafür mussten wir wenigstens für kurze Zeit gemeinsam an einem Ort sein. Und wir mussten das Aufgebot bestellen und dann sechs Wochen warten, Pasje müsste also zweimal nach Holland kommen. Da er den Vertrag noch nicht unterschrieben hatte, durfte er an der Konferenz der General Manager im August in den Niederlanden nicht teilnehmen. Und da er bis über beide Ohren in Arbeit steckte, beschlossen wir, dass er in Vietnam bleiben und ich ihn im September besuchen würde.

Dann beschloss eine meiner besten Freundinnen in Holland, im September zu heiraten. Sie war schwanger und sehr glücklich und bat mich, ihre Brautjungfer zu sein. Da konnte ich schlecht Nein sagen. Pasje und ich freuten uns also auf den Oktober – aber im Oktober würde Pasje den Besuch aus der Zentrale organisieren müssen, da wollte ich nicht im Weg sein. Und so einigten wir uns auf November. Noch fünf Monate. Länger waren wir in unseren gemeinsamen dreizehn Jahren noch nie getrennt gewesen.

Ich vermisste ihn unendlich, während dieser lange Sommer verging und zum Herbst wurde. Bei der Hochzeit spürte ich seine Abwesenheit besonders stark. Als die Braut ihren Strauß werfen sollte, kam sie stattdessen zu mir und drückte ihn mir in die Hand. Ich verzog das Gesicht, aber alle applaudierten: Es war klar, ich würde die Nächste sein.

Tag acht

Ich werde von den Sonnenstrahlen auf meinem Gesicht geweckt. Ist heute Tag sieben oder acht? Ich habe den Überblick verloren. Ist heute Samstag? Ich glaube, heute muss ich losgehen. Der orange gekleidete Mann hat mich durcheinandergebracht. Wo ist er? Ich schaue sofort nach rechts. Da ist er wieder, er steht etwa 50 Meter von mir entfernt im Dschungel. Oder hockt er dort?

Ich beschließe, ihn mir erst einmal genau anzusehen, bevor ich mich wieder zum Narren mache, indem ich ins Leere schreie. Ich versuche, sein Gesicht zu erkennen. Ein schönes Gesicht, definitiv menschlich. Indisch, würde ich sagen. Mittelbraune Haut, braune Augen, glatte schwarze Haare. Er starrt mich an, scheinbar ohne jede Gefühlsregung. Er trägt wieder orangefarbene Kleidung, leuchtend orange, ein bisschen technisch, so wie die Plastikteile auf der Straße, die Hütchen, mit denen sie Baustellen abgrenzen. Außerdem hat er einen spitzen Hut auf, wie Paddington Bär. Ein orangefarbener Paddington Bär. Pasje hat mir so einen Bär aus London mitgebracht, einen kleinen. Vor fünf Jahren.

Pasje? Ich bin so erschöpft im Kopf. Wahrscheinlich halluziniere ich doch und bilde mir diesen Mann nur ein. Aber ich rufe trotzdem. »Hallo!« Es hilft mir, zu schreien, und mich auf den Mann zu konzentrieren, Halluzination oder nicht. Er holt mich zurück in die richtige Welt, heraus aus meinen Träumen.

Ich glaube, ein paar Stunden sind vergangen, als ich bemerke, dass er wieder verschwunden ist, genau wie gestern. Weg, einfach so, als hätte er sich in Luft aufgelöst. Ich kehre zu meinem ruhigen Bewusstseinszustand zurück. Zu meiner schönen Wellenlänge. Da bleibe ich.

Es fühlt sich an, als wäre mein Gehirn von einem goldenen Schleier umgeben. Ich bin überwältigt von warmer Energie. Jede Zelle scheint davon erfüllt, aber die Zellen haben keine Grenzen mehr. Ich bin mir jeder einzelnen Zelle ebenso bewusst wie ihrer Grenzenlosigkeit. Meine Augen sind hinter mein Gehirn gewandert. Mein Gehirn scheint keine eigene Bedeutung mehr zu besitzen. Es ist verbunden mit dieser großen, glühenden Kugel aus Energie. Und Liebe. Große, mühelose Liebe ohne Objekt.

Den Haag, Tokio, Hongkong, Vietnam
1992

Samstag, 9. November 1992. Jaime und ich flogen zusammen von Madrid nach Amsterdam. Er würde am nächsten Tag nach New York weiterreisen, um seine Söhne zu besuchen, wie er es jedes zweite Wochenende tat. Ich wollte weiter nach Tokio, um unsere japanischen Kunden zu besuchen, und dann zu Pasje nach Vietnam. Zum ersten Mal seit seinem Umzug im April. Endlich.

Wir gingen in Den Haag mit meinem Bruder aus und übernachteten bei meinen Eltern. Jaime sah sie erst zum zweiten Mal, er schlief in meinem Kinderzimmer im Obergeschoss, das unbenutzt war, seit meine Geschwister und ich ausgezogen waren. Ich schlief im Erdgeschoss in einem kleinen Zimmer neben dem Schlafzimmer meiner Eltern. Es fühlte sich schön an, ihnen so nahe zu sein.

Beim Frühstück gestand mir meine Mutter, dass sie nicht so ganz auf Pasjes Behauptung vertraut hatte, ich würde für Vietnam keine Impfungen brauchen. Sie hatte unseren Hausarzt gefragt und dafür gesorgt, dass ich die nötigen Spritzen noch am Flughafen bekam. »Du musst dich nur an die Erste-Hilfe-Stelle wenden, sie wissen Bescheid.«

»Was soll das heißen, sie wissen Bescheid?«, fragte ich. »Ich brauche keine Spritzen! Wir werden nur in der Stadt und am Strand sein!«

»Es ist ein Wirkstoffcocktail«, fuhr meine Mutter geduldig fort. »Einschließlich einer Tetanusimpfung.« Ja, klar, Tetanus, das Lieblingsthema meiner Mutter. »Wir bringen dich morgen früh zum Flughafen, dann kannst du nicht wie sonst immer behaupten, du hättest keine Zeit.«

Ich protestierte: »Aber Pasje sagt, das ist nicht nötig! Wir wollen nur an den Strand, wir machen keine Wandertour durch den Dschungel oder so!«

Doch meine Mutter setzte ihren Kopf durch.

In Tokio war ich schon gewesen, aber ich fühlte mich trotzdem fremd dort. Obwohl es inzwischen englischsprachige Wegweiser gab, schloss mich die Gemeinschaft der Japaner aus. So ähnlich müssen sich Menschen mit dunkler Hautfarbe in einer komplett hellhäutigen Umgebung fühlen.

An Tomyuki Numachi, dem Leiter unserer japanischen Investmentbank, lag es aber nicht, wenn ich mich fremd fühlte. Tommy, wie ich ihn nannte, gab sich jede erdenkliche Mühe, mir den Aufenthalt angenehm zu machen. Er fragte mich ständig, was ich sehen wollte, was ich essen wollte, was ich noch kaufen wollte …

Wir hatten diese ulkige Beziehung in den drei Jahren unserer Zusammenarbeit entwickelt. Er weckte mich regelmäßig nachts um zwei oder drei, indem er mich anrief und nach Preisen von Anleihen fragte, die die japanischen Banken verkauften. Mein Akzent klang in seinen Ohren vermutlich ebenso unverständlich wie sein Englisch in meinen. Aber wir überwanden mit Hilfe vieler teurer Telefongespräche unsere Missverständnisse. Und wir hatten beide gelernt, in der spanischen Kultur zu überleben, die uns beiden so fremd war. Das alles verband uns. Inzwischen gelang es mir sogar, Tommy zum Lachen zu bringen, nicht nur zum Kichern.

Verglichen mit meiner offenen, leichten, freigeistigen Haltung war Tommy ein ernster, eher zurückhaltender Typ, der alles in sich hineinfraß. Er arbeitete härter als irgendjemand sonst, den ich kannte, eigentlich ununterbrochen, obwohl er das gar nicht nötig hatte, weil er aus einer reichen Familie kam. »Wir japanischen Buddhisten glauben an harte Arbeit«, sagte er. »Im Gegensatz zu anderen asiatischen Buddhisten. Wir in Japan ziehen es vor, uns den Weg zur Erleuchtung zu erarbeiten, statt unter einem Baum zu sitzen.«

Im Hotel versuchte ich, mir ein paar Kenntnisse über Buddhismus anzulesen. In meinem Nachttisch hatte ein Buch über Buddhas Lehre oben auf der Bibel gelegen, zweisprachig, in Japanisch und Englisch. Es sah interessant aus, und ich steckte es heimlich in den Koffer, für später. Was natürlich ganz im Gegensatz zu dem Gebot aus dem anderen Buch stand.

Tommy wachte von früh bis spät über meinen Zeitplan, jede Minute. »Was willst du machen, Annette?«, fragte er mich nach unserem letzten Termin.

»Was willst *du* machen?«

Als ich vermisst wurde, schickte Tommy ein Fax an Jaime, in dem er meine sämtlichen Bewegungen aufzeichnete, bevor ich Japan verlassen hatte. Sieben Seiten, als wollte er meinen Tod abwehren, indem er jeden meiner Schritte beschrieb, solange ich noch nachweislich gelebt hatte.

Von Tokio aus flog ich für zwei Tage nach Hongkong, um noch ein paar weitere Banken zu besuchen. Dort ging ich auch mit einem ehemaligen Kollegen aus der ING-Bank zum Abendessen. Wir hatten uns viel zu erzählen, hatten beide in Leiden studiert, und er hatte im gleichen Haus gewohnt wie Willem. Außerdem hatten wir das gleiche Trainee-Programm absolviert.

Am nächsten Tag, Donnerstag, dem 12. November, sollte ich um siebzehn Uhr nach Ho-Chi-Minh-Stadt fahren. Ich hatte nur noch ein Arbeitsfrühstück vor mir, den Rest des Tages konnte ich nach Belieben in Hongkong verbringen. Mit Shopping, was sonst?

Ich nahm die überfüllte Fähre zum Stanley Market, wo ich darüber staunte, wie laut die Chinesen in ihre Handys sprachen, selbst auf engstem Raum. Und wie viele Handys es hier gab! In Spanien war mein Mobiltelefon immer noch eine Neuheit, die bewundert wurde. In Holland wurde ich manchmal auf der Straße angepflaumt: »Willst du hier angeben?« Die hätten mal die Leute hier sehen sollen, die alle gleichzeitig in ihre Telefone schrien.

Der Stanley Market hatte mir bisher immer sehr gefallen. Diesmal kaufte ich nur schnell ein paar weiße Seiden-T-Shirts, wie ich sie oft im Büro trug. Ich wollte zurück ins Hotel, mein Gepäck holen und sofort zum Flughafen. Ich wollte zu Pasje. Also fuhr ich mit der Fähre zurück und checkte drei Stunden zu früh aus dem Mandarin aus, was ich im Leben noch nie getan hatte. Im Gegenteil, normalerweise war ich immer für ein bisschen Last-Minute-Shopping zu haben, selbst wenn ich schon mit dem Taxi auf dem Weg zum Flughafen war. Oft musste ich zum Gate rennen, um meine Maschine noch zu kriegen. Diesmal war es anders. Nach fünf Monaten würde ich endlich meinen Pasje wiedersehen. Nach so langer Zeit.

Als ich zum Check-in-Schalter ging und der Angestellten mein Ticket reichte, wurde sie ganz aufgeregt. »Wir versuchen schon den ganzen Tag, Sie zu erreichen! Der Flug geht vier

Stunden früher«, sagte sie und schaute auf ihre Uhr. »Eigentlich *jetzt.*«

Dann begann sie hektisch zu telefonieren, und nach einer Minute sagte sie mir, ich sollte den Koffer aufs Band stellen. »Sie haben Glück, die Maschine wartet auf Sie.« Sie reichte mir die Bordkarte. »Bitte beeilen Sie sich, morgen geht kein Flug nach Vietnam, Sie haben wirklich Glück.«

Ich eilte durch die Passkontrolle und rannte zum Gate. Aus dem Augenwinkel schaute ich ein wenig bedauernd auf die Shoppingmeile des Flughafens. Dann ließ ich mich in meinen luxuriösen Flugzeugsessel fallen. Eine Stewardess reichte mir ein feuchtes Tuch und ein Glas Champagner. Ich prostete mir zu – endlich auf dem Weg zu meinem Liebsten.

In der Nacht kam ich in Vietnam an. Pasje wartete am Flughafen, wie immer, stark, zuverlässig, offen, warm und voller Erwartung. Ich stürzte mich in seine Arme.

Am Morgen packte ich um, auf dem Bett in der Hotelsuite, die im Moment Pasjes Zuhause war. Am nächsten Tag früh um sieben wollten wir zu unserem kurzen Strandurlaub aufbrechen.

»Warum tust du mir das immer an?«, fragte ich.

»Was?«, fragte Pasje zurück.

»Dass du den frühestmöglichen Flug buchst, nachdem ich gekommen bin. Ich bin doch gerade erst da!«

Ich legte meine Strandsachen auf einem Stapel bereit.

»Ich bin doch gerade erst da!«, wiederholte ich mürrisch, stopfte die restlichen Sachen in die Schubladen und versteckte Uhr, Kette und Armband ganz unten.

Als ich Pasje die tollen Haarspangen aus Tokio zeigte, lächelte er. »Die wirst du nie tragen, und das weißt du auch, oder?«

Natürlich wusste ich es. Ich legte sie in die Schublade zu den anderen Sachen.

»Pack ein schickeres Kleid für das Hotel ein«, sagte Pasje, der mir über die Schulter schaute. »Das ist nämlich eher alt und edel. Mehr kann ich dir nicht sagen, es ist eine Überraschung.« Meine Irritation legte sich. Er war so stolz, mir endlich sein neues Leben vorführen zu dürfen. Sechs Monate hatte er ohne Unterbrechung gearbeitet, hatte zwei Büros eröffnet, sich einen neuen Freundeskreis aufgebaut und einige wichtige Dinge für unsere Zukunft geschaffen. Ich drehte mich um, legte ihm die Arme um den Hals und küsste ihn auf den Mund: vertraut, entschieden, süß. Das Kofferpacken konnte warten.

Später an diesem Tag spazierten wir zu seinem Country Club am Fluss, durch Schwärme von Fahrradfahrern und über mehrere Märkte. Die Händler hielten uns für Amerikaner und boten uns Soldaten-Erkennungsmarken zum Kauf an, sogenannte »Hundemarken«. Mit echten Namen von echten Menschen, was in mir ein sehr unbehagliches Gefühl hervorrief. Ich blieb stehen, fühlte mich plötzlich dafür verantwortlich. Sollten wir diese Marken nicht den Angehörigen schicken? Pasje zog mich weiter. »Das ist nur die Spitze des Eisberges«, sagte er.

Er war sehr wachsam wegen der Taschendiebe und warnte mich, man dürfe hier niemandem trauen. Vor einem Monat hatten ihn zwei freundliche alte Damen in die Zange genommen und seine Taschen geleert. Eine schwere Niederlage für ihn, der auf unseren Reisen eine so große Wachsamkeit entwickelt hatte. Mich überraschte das auch. Der starke Pasje ließ sich von zwei alten Frauen austricksen? Dann musste ich sehr aufpassen.

Den Tag verbrachten wir am Pool des Clubs, umgeben von lauter Ausländern mit rosafarbener Haut. Für Pasje war es ein erster Tag der Entspannung nach Monaten. Er holte sich einen so üblen Sonnenbrand, dass er bei unserem romantischen Abendessen an diesem Tag kaum sitzen konnte.

Die Nacht war viel zu kurz, denn am nächsten Tag mussten wir um fünf Uhr aufstehen, um unseren Flug an die Küste zu bekommen. Es war Freitag, der 14. November.

Kapitel 2

Gefunden

Die Rettung

Dann plötzlich, am späten Nachmittag, taucht eine Gruppe Vietnamesen aus dem Gebüsch auf. Sie haben große schwarze Säcke bei sich. Ich traue meinen Augen nicht. Sie bewegen sich sehr zielstrebig. Ein Mann in den Zwanzigern kommt auf mich zu, ein Stück Papier in der Hand. Er beugt sich vor und zeigt es mir. Eine Passagierliste. Er gestikuliert, möchte offenbar, dass ich auf meinen Namen zeige. Gehorsam deute ich auf »Annette Henriet«. Lächelnd belohnt er mich mit einem Schluck Wasser aus einer eckigen hellblauen Plastikflasche. Der Geschmack dieses kleinen Schlucks lässt sich mit Worten nicht beschreiben. Kein Champagner könnte sich je damit messen. Diese Flasche prägt sich unauslöschlich in meine Erinnerung ein.

Dann kommen noch mehr Männer. Sie legen mich auf ein Stück Sackleinen, binden beide Enden an einen dicken Stock. Zwei Männer tragen mich, jeder mit einem Ende des Stocks auf der Schulter. Ich kann nicht glauben, was hier passiert. Sie gehen los, ich hänge zwischen ihnen. Wir kommen an dem toten Mädchen vorbei, an »Numachi«. Die beiden sind inzwischen stark verwest und kommen in die schwarzen Säcke. Die Säcke werden mit Reißverschlüssen geschlossen. Jetzt durchfährt mich ein eisiger Schrecken. *Was ist mit Pasje? Was ist mit meinem Mann?* Ich will ihn nicht hier zurücklassen. Zum ersten Mal seit dem Absturz bekomme ich wirklich Panik. Sie bringen mich weg! Weg von Pasje, von meinem Berg, von dem Ort, an dem ich mich beschützt fühle. Ich bitte um Wasser, und sie geben mir einen kleinen Schluck. Es wirkt wie Valium.

Die Männer bewegen sich durch den Dschungel. Ich sehe die Blätter, jetzt aus der Nähe, die Nachmittagssonne lässt die Regentropfen aufleuchten. Ich entspanne mich. Ich hänge immer noch zwischen den Schultern der Männer. Sie gehen mit leichten Schritten, fast wie ein langsamer Laufschritt, kleine Hügel hinauf und hinunter. Mein Sinn für Humor macht sich wieder bemerkbar: Was für ein Privileg, so getragen zu werden. Wir kommen zu einer tiefen Schlucht, die wir überqueren müssen, die Männer bilden eine Reihe und reichen mich von einem zum anderen weiter. Sie geben sich viel Mühe, mir nicht wehzutun, aber bei jedem Weiterreichen schreie ich auf vor Schmerz. Dann ziehen sie einer nach dem anderen die Schuhe aus und gehen noch vorsichtiger. Ich lächle sie dankbar an. Es wird allmählich dunkel, die Männer halten an. Werden sie ein Nachtlager aufschlagen? Sie machen Feuer, hängen mich in meiner Matte in die Nähe des Feuers, als wäre ich ein Schwein am Spieß. Ich bitte um Wasser, aber sie schütteln die Köpfe. Ich bitte und flehe, wütend jetzt. Wie eine Süchtige: »Gebt mir mehr von dieser klaren Flüssigkeit!« Inzwischen kochen sie etwas über dem Feuer. Es gibt Reis. Mir geben sie heißes Reiswasser zu trinken. Endlich! Es schmeckt ganz okay, besser als nichts, aber ich sehne mich so nach den paar Schlucken kaltem Wasser, die sie am Anfang für mich hatten!

Ich schlafe immer wieder ein. Die sechs Männer sitzen am Feuer und reden mit lauten Stimmen und in vietnamesischer Sprache. Sehr laut. Einige rauchen. Wenn sich einer nähert, bitte ich wieder um etwas zu trinken. Manchmal geben sie mir kleine Schlucke Reiswasser. Aber als ich mit zwei Fingern das Raucherzeichen mache, lachen sie, als hätte ich einen großartigen Witz gemacht. Es war nicht als Witz gemeint, aber ich lächle zurück und zucke mit den Schultern. Wahrscheinlich haben sie recht. Ich mag diese Männer. Dann stehen sie auf, ziehen sich in ihr Zelt zurück. Ich bekomme wieder Panik. »Bitte lasst etwas Licht an«, flehe ich. So viele Tage allein im Dschungel, ohne Angst, und jetzt plötzlich versetzt mich alles in Panik. Sie binden ihre Laterne an einen zusätzlichen Stock und legen noch etwas Holz aufs Feuer. Dann gehen sie wirklich in ihr Zelt. Ich schlafe draußen in der Hängematte zwischen zwei Stöcken. Wie ein Schwein am Spieß.

Perspektiven

Annettes Mutter: Ich erwachte in der Nacht vom Samstag aus einem schrecklichen Albtraum. Einer meiner Töchter war etwas passiert! Ich wusste nicht, welcher. Meinem Mann erzählte ich es am nächsten Morgen bei unserem Waldspaziergang. Wir verbrachten das Wochenende in einem Häuschen auf dem Land.

In dem Traum musste ich eine Wohnung putzen. Ich war furchtbar traurig, saß auf dem Fußboden, von CDs umgeben. Es waren sehr viele, und ich sollte sie sortieren. »Dann ist es klar«, sagte mein Mann. »Die CDs, das kann nur Annetje sein. Aber es war doch nur ein Traum«, fügte er hinzu, als er mein besorgtes Gesicht sah.

Der Flugzeugabsturz passierte gegen ein Uhr in der Nacht nach holländischer Zeit.

Annettes Schwester Eveline: Ich wurde am frühen Sonntagmorgen in Washington wach. Den Samstag hatte ich im Blue Ridge Mountain National Park verbracht, wir waren gewandert und hatten gegrillt. Jetzt freute ich mich auf einen ruhigen Tag, ich wollte ein paar Geschäftsunterlagen durchlesen. Zu dieser Zeit war ich im Vorstand der Weltbank und hatte das Gefühl, ein perfektes Leben zu führen. Dann klingelte das Telefon, jemand aus Europa. Eine Männerstimme, Holländisch, jemand von der

ING. Ich war beruflich durchaus mit den Niederlanden befasst, aber wie konnte man mich so früh an einem Sonntagmorgen damit behelligen?

Es hatte nichts mit meinem Job zu tun. Er bat um Entschuldigung für die Störung, aber er brauchte die Kontaktdaten von Willems Eltern, die waren bei der ING nicht gespeichert. Für einen Moment zögerte er, dann rückte er mit der Wahrheit heraus. Willem hatte einen Inlandsflug in Vietnam gebucht, das Flugzeug war in einen Sturm geraten und wurde vermisst. Und ja, meine Schwester war auch an Bord gewesen. Jetzt brauchten sie Kontakt zu Willems Familie. Nein, weitere Informationen gab es nicht, aber könnte ich ihn wohl zurückrufen wegen der Telefonnummer? Ich sagte ihm, er sollte im Telefonbuch von Breda nachsehen, und hängte auf.

Das konnte nicht sein! Meine kleine Schwester! Und unser lieber Pasje! Diese beiden Welteroberer, dieses wunderbare Paar. Ein Flugzeugabsturz? Mir hätte das passieren sollen, bei all den dubiosen südamerikanischen Fluggesellschaften, mit denen ich schon unterwegs gewesen war. Und in letzter Zeit die Yaks von irgendwelchen Fluggesellschaften aus der früheren Sowjetunion. Die stürzten ständig ab. Aber ich hatte keine Zeit, irgendetwas zu denken oder zu fühlen. Ich musste meinen Eltern Bescheid sagen, meinen Brüdern. Ich buchte den nächsten erreichbaren Flug nach Amsterdam, aber der würde erst am Montagmorgen dort landen. Das war zu spät. Ich musste es Freek sagen, unserem ältesten Bruder, sofort. Der musste es dann unseren Eltern sagen. Freeks Frau Marije kam ans Telefon. Ich fing sofort an zu weinen, als ich ihre Stimme hörte.

Annettes Bruder Freek: Ich beschloss, mich sofort ins Auto zu setzen. Es war schon das zweite Mal, dass ich schlimme Nachrichten überbringen musste, aber diesmal war es fast noch schlimmer. Beide tot! Annette, unsere Jüngste, stand den beiden viel näher als wir anderen. Sie hatten viel mehr mit ihrem Leben und ihren Freunden zu tun. Und dann natürlich Pasje, den sie liebten wie einen eigenen Sohn.

Am frühen Abend kam ich dort an, sie waren gerade mit dem Abendessen fertig. Sofort spürten sie, dass etwas nicht in Ordnung war. Es sah mir überhaupt nicht ähnlich, so ohne Ankündigung vor der Tür zu stehen. Das einzige Mal, dass ich das getan hatte, war vor zwei Jahren gewesen, als ich ihnen hatte sagen müssen, dass mein jüngerer Bruder Krebs hatte. Ich war der Älteste, und ich war Radiologe – so war es meine Aufgabe, die schlechten Nachrichten in unserer mit Krebs belasteten Familie zu überbringen. Ich bat sie, sich hinzusetzen. »Kann sein, dass ich schreckliche Nachrichten habe«, sagte ich.

Jaime: Am Montagvormittag fuhr ich direkt vom Flughafen ins Büro. Alle sprangen auf, als ich hereinkam, als hätten sie auf mich gewartet. Unsere Sekretärin Anita sagte mir, ich sollte sofort ins Chefbüro gehen. Mir fiel auf, wie blass sie war.

Als Ana mir sagte, was passiert war, konnte ich es nicht glauben. Sofort ging ich zu dem Bildschirm auf meinem Schreibtisch und schaute bei Reuters nach, ob sie die Meldung schon hatten. Das war der Fall. Tatsächlich hatte das Flugzeug wohl seinen Zielort nicht erreicht. Ich setzte mich hin, öffnete wie auf Autopilot meinen Schreibtisch, holte mein Telefon aus der Schublade, machte es sauber, stöpselte es ein und starrte auf den Bildschirm. Ich wartete. Meine Kollegen näherten sich auf Zehenspitzen, um mir zu sagen, wie leid es ihnen tat, mir ihr Beileid auszusprechen. Aber jedes Mal, wenn jemand in der Vergangenheit von Annette redete, schnauzte ich ihn an: »Sie *ist.* Sie *hat.* Sie ist nicht tot.«

An diesem Abend fuhr ich mit Annettes Freundin Helen in ihre Wohnung, um nachzusehen, ob dort alles in Ordnung war, und ein paar Sachen zu holen, um die ihre Familie gebeten hatte. Fotoalben und Wertsachen. Helen packte ein paar Schmuckstücke ein. Ich war zu entsetzt, zu erschüttert, um ihre

Sachen anzufassen. Nur ihre Haarbürste nahm ich aus dem Badezimmer mit. »Vielleicht braucht sie die«, sagte ich.

Dann nahm ich ein Foto von Annette in die Hand und ging auf die Terrasse, wo ich ein Vieraugengespräch mit Gott führte. Ich sah das Bild an, und dann sagte ich laut: »Ich hole dich nach Hause.«

Annettes Mutter: Als Freek wieder abgefahren war, begann mein Mann zu trinken. Nach einer ziemlich großen Menge Genever schlief er tatsächlich ein. Ich fragte mich, wie er das fertigbrachte. Ich machte mir nicht mal die Mühe, ins Bett zu gehen. Am nächsten Tag fuhr Freek uns nach Hause nach Den Haag, und bald kamen die ersten Besucher. Meine Familie, unsere Freunde, Annetjes Freunde, Cousins und Cousinen. Alle blieben da, um mit uns zu trauern. Jedes Mal, wenn das Telefon klingelte, sprangen wir auf. Wir warteten auf Nachrichten, die nicht kamen.

Annetjes Chefin rief an, sehr freundlich und hilfsbereit. Sie sagte, wir sollten keine Kosten und Mühen scheuen, um Annette zu finden. Sie würden alles bezahlen, Flugtickets nach Vietnam, Hotel und so weiter. Ich dankte ihr höflich.

Ansonsten tigerte ich durchs Haus. Vom Wohnzimmer in die Küche und zurück in die Diele, als wartete ich auf einen Boten. Ich muss mich wohl auch um die Gäste gekümmert haben. Meine Schwester schmierte jede Menge Brote, ständig klingelte das Telefon. Beileidsbekundungen, Blumen überall. Ich hasste diese Blumen. Ich hätte sie am liebsten alle aus dem Haus geworfen!

Als mir alles zu viel wurde, ging ich nach oben. Ich fror bis auf die Knochen, aber das war wohl auch meinem Seelenzustand zuzuschreiben. Es tröstete mich, Annetjes Mantel anzuziehen, den Mantel aus Lammfell, den sie sich in Ungarn gekauft hatte. Sie brachte uns immer Geschenke mit, wenn sie geschäftlich ins Ausland reiste. Daran hat sie immer gedacht. Ach, diese

Kurzbesuche, wie Zwischenlandungen! Wir fanden es herrlich, sie bei uns zu haben, auch wenn es nur für ein oder zwei Tage war. Und es war schrecklich, sie danach wieder zum Flughafen zu bringen. Immer wieder. Und jetzt … Ich setzte mich auf ihr Bett. *Nie werde ich eine Enkelin haben*, dachte ich.

Das Dorf

Der Schmerz weckt mich. Überwältigender Schmerz. So etwas habe ich noch nie gespürt. Alles tut weh, überall, als würde mich die provisorische Hängematte zerdrücken. Es ist noch früh, unser Lagerplatz liegt im rosigen Morgenlicht da. Die Männer sind abmarschbereit. Als sie sehen, dass ich wach bin, sprechen sie lauter, in Vietnamesisch, wie am Tag zuvor. Sie geben mir einen Schluck Reiswasser und nehmen mich wieder auf die Schultern. Nach wie vor behandeln sie mich äußerst vorsichtig, sie ziehen auch wieder die Schuhe aus, um beim Laufen weniger Erschütterungen zu verursachen. Ständig sehen sie nach, ob mit mir alles in Ordnung ist. Ich versuche tapfer zu sein, ihnen nicht zu zeigen, wie viel Schmerzen ich habe. Ich kann nur hoffen, dass mein gequältes Lächeln ihnen zeigt, wie dankbar ich bin.

Wir gehen den Berg hinunter durch dichten Wald. Tausende von Bäumen. Der Abhang ist sehr steil, Zweige streichen mir übers Gesicht. Ich schließe die Augen. Mir ist schwindelig. *Ich sehe den Wald vor lauter Bäumen nicht*, denke ich. Stundenlang geht es bergab. Dann plötzlich zeigt sich so etwas wie Zivilisation. Ein paar verstreute Holzhütten, ein autoritär dreinschauender Mann erscheint und übernimmt die Leitung. Er trägt Uniform, und ich kann ihn auf Anhieb nicht leiden. Er kann Englisch sprechen, scheint aber überhaupt kein Interesse zu haben, mit mir zu reden. Er sagt nur: »Ich muss telefonieren.« Ja, ich auch! Die Männer legen mich hinten in einen Van, nur einer von ihnen steigt mit ein und setzt sich neben mich. Ich winke den übrigen zu, fast ein bisschen wehmütig, lege die Hände vor der Brust zusammen und neige den Kopf. Ein dankbares Nicken, wie ich es verwende, wenn ich mit Japanern zu tun habe. Sie lächeln strahlend und zeigen mir ihre schiefen Zähne. Meine Retter.

Wir fahren etwa eine halbe Stunde. Ich versuche, mit dem Militär zu kommunizieren, der neben dem Fahrer sitzt, aber er beachtet mich nicht. Offenbar sieht er mich nicht als Person an. Der Mann neben mir reagiert dagegen jedes Mal mit einem Lächeln.

In einem Dorf halten wir an. »Hospital«, sagt der Mann. Sie heben mich hoch und bringen mich in ein kleines Haus auf der anderen Seite des Dorfplatzes. Dort lassen sie mich in einem fensterlosen Raum zurück, auf einer Steinbank, die wie eine Bettnische in die Wand eingebaut ist. Zwei freundliche vietnamesische Mädchen wachen über mich. Sie lächeln viel, tupfen meine Wunden vorsichtig mit einem Tuch ab. Nur die Arme und Füße. Sie ziehen mich nicht aus, arbeiten um die Kleider herum. Es gibt kein Licht, keinen Strom, ich staune, wie primitiv alles ist. »Wie habt ihr es bloß geschafft, die Amerikaner zu schlagen?«, frage ich. Sie lächeln nur. Verstehen sie kein Englisch, oder klinge ich zu undeutlich mit meinem gebrochenen Kiefer? Aber ich mag die beiden.

Immer wieder schlafe ich ein und wache wieder auf, ohne dass ich auch nur darüber nachdenke, was das alles bedeutet. Geduldig nehme ich die Dinge, wie sie kommen.

Annettes Vater: Am Dienstag war die Geschichte von dem Unfall in allen Nachrichten, in den Zeitungen und auch im Fernsehen. Tatsächlich gab es aber überhaupt nichts Neues, keine Informationen, keine Verbindung. Ständig klingelte das Telefon, aber da riefen nur Freunde oder Journalisten an und stellten Fragen. Antworten hatte niemand für uns. Aus Vietnam hörte man nichts. Undurchdringlich. Keine Telefonverbindung, kein Internet. Nur Gerüchte, jede Menge Gerüchte. Das Flugzeug war angeblich über dem Meer verschwunden. Nein, hieß es dann, es war in einen Berg gekracht. Wir konnten nur spekulieren. In Vietnam war Monsunzeit, das Wetter konnte eine Rolle gespielt haben. Wir kannten nur die geplante Flugroute und den Flugzeugtyp, eine Yak 40. Jeder, der etwas von Flugzeugen verstand, erwähnte sofort die Probleme, die diese Maschinen ständig machten. Dass sie keinen Radar hatten und dass die Russen keine Wartungsteams mehr schickten.

Welche Hoffnung hatten wir noch? Nach allen Erfahrungen mit der Recherche in solchen Dingen kalkulierte ich die Chancen, dass jemand den Unfall überlebt haben könnte, mit exakt null. Meine Frau ist ohnehin eine geborene Realistin. Wir rechneten nur noch mit der Bestätigung des Unvermeidlichen.

Mit Willems Familie standen wir in ständigem Kontakt. Seine Eltern kamen nach Den Haag, und wir beschlossen, in einer Woche einen gemeinsamen Gedenkgottesdienst in der ökumenischen St.-Peter-Kirche in Leiden zu organisieren, einem historischen Wahrzeichen der Stadt in der Nähe des Hauses, in dem Willem und Annette am Anfang gewohnt hatten. Außerdem beschlossen wir, eine Anzeige in die Zeitung zu setzen. Die Leute mussten ja informiert werden. »Seit dem 14. November werden unsere liebe Annette, 31 Jahre alt, und Willem, 36 Jahre alt, vermisst. Sie waren dreizehn Jahre lang ein Paar.«

Willems Onkel und Tanten setzten ebenfalls eine Anzeige in

die Zeitung, und zwar eine echte Todesanzeige: »Unser lieber Cousin und Neffe Willem van der Pas, der das Leben und die Menschen liebte, ist bei einem Flugzeugunglück in Vietnam ums Leben gekommen, zusammen mit seiner Freundin.«

Annettes Freundin in London: Ich kam am Montagmorgen wie immer früh in der Banco do Brasil an, um einen Geschmack von den Märkten zu bekommen, bevor es richtig losging. Am Vormittag rief mich Ria von der ING-Bank an. Das kam mir ungewöhnlich vor. Dann berichtete sie mir, dass Annette nicht an ihrem Ferienort in Vietnam angekommen war. Sie wussten nicht, wo das Flugzeug war, vielleicht war es ins Meer gestürzt. Mehr wussten sie nicht.

Ich konnte es nicht glauben. Ich konnte es einfach nicht glauben. Wir hatten vor Annettes Abreise nach Hongkong und dann weiter zu ihrem Urlaub mit Willem in Vietnam noch ein so schönes langes Wochenende in Madrid verbracht. Wir hatten die Sonne genossen, hatten viel geredet, wie wir es oft taten, und die freie Zeit genossen. Freie, sorglose Geister. Annette hatte sogar ihr kleines Planschbecken auf der Terrasse aufgestellt. Ich war total schockiert und konnte einfach nicht akzeptieren, dass Annette tot sein sollte. Niemand konnte das akzeptieren.

Die Nachricht verbreitete sich schnell. Alle Kollegen überall im Markt hofften, dass Annette noch irgendwo da draußen war, dass sie lebte und gesund war. »Sie wird sich schon irgendwie da rausverhandeln«, sagte jemand. Ich überlegte, was ich zu Jaime und zu Annettes Eltern sagen könnte, aber mir fiel einfach nichts ein, jedenfalls nicht an diesem Montag. Am Dienstag griff ich schließlich doch zum Telefon und rief schweren Herzens ihre Eltern an, die ich kannte und sehr gernhatte. Annettes Mutter nahm den Anruf an, und wir führten ein sehr seltsames Gespräch. Ich redete, als wäre Annette noch am Leben, ihre Mutter so, als wäre sie tot. Schwierig. Ich wollte ihnen nicht noch mehr Schmerz bereiten, indem ich sagte, dass ich immer noch Hoffnung hatte. Ich verstand durchaus, dass sie, nachdem sie seit Sonntagmorgen auf Nachricht von ihr warteten, mit dem Schlimmsten rechneten.

Danach rief ich Jaime an und fragte ihn, ob ich irgendwie helfen könnte. Er sagte mir, er brauchte nur ein Visum für Vietnam, um Annette zu suchen. Er war sicher, dass sie noch lebte. Das Problem war nur, als Mexikaner mit einer US-Aufenthaltserlaubnis bekam er nicht so leicht ein Visum. Ich sagte ihm, ich würde mich informieren und ihn wieder anrufen. Dann nahm ich Kontakt mit dem brasilianischen Botschafter in London auf und bat ihn um einen großen Gefallen.

»Ist Annette denn Brasilianerin?«, fragte er mich.

»Nein, Herr Botschafter, aber sie ist eine der wichtigsten Händlerinnen brasilianischer Staatsanleihen, und jeder kennt sie.«

»Kein Problem, ich erkundige mich und rufe Sie zurück.«

Das tat er dann auch. Jaime konnte sein Visum in der Schweiz abholen, der vietnamesische Botschafter in Genf hatte die Sache schnell organisiert. Ich freute mich, Jaime mit guten Neuigkeiten anrufen zu können. Jetzt konnte er seine Reise organisieren. Seine Reise, um Annette nach Hause zu holen.

Jaime: Am Donnerstagmorgen fuhr ich zu Annettes Haus. Ich war in der Nacht aus Genf gekommen, wo ich mein Visum für Vietnam abgeholt hatte. Ana hatte mir dasselbe gesagt wie Annettes Mutter: »Geld spielt keine Rolle, tu einfach, was getan werden muss.« Im Büro waren sie erleichtert über meine Abreise. Sie wussten nicht so recht, ob sie mich wegen meiner Hartnäckigkeit bewundern oder für verrückt halten sollten. Aber ich war unbeugsam. Unsere Sekretärin hatte Annettes Zahnmuster besorgt und mir auf den Schreibtisch gelegt, aber ich hatte den Umschlag nur angesehen und ihr dann zurückgegeben. »Das werde ich nicht brauchen.«

Von Genf aus war ich nach Holland geflogen und im Hotel

des Indes in Den Haag abgestiegen, einem alten Kolonialhotel mit Blick auf den See und die mittelalterlichen Gebäude des niederländischen Parlaments.

Annettes Familie und Freunde wussten nicht, was passieren würde. Sie saßen am Fenster, als ich mit dem Taxi bei ihnen ankam. Ich nahm mir Zeit, bezahlte den Fahrer, wartete auf die Quittung, steckte sie in meinen Geldbeutel, steckte den Geldbeutel in meinen Rucksack, zog den Reißverschluss zu und nahm den Rucksack auf die Schulter. Dann stieg ich langsam aus. Jeans, weißes T-Shirt, schulterlange Haare. Nicht gerade das, was man in dieser Gegend ständig zu sehen bekam, nahm ich an.

Die Familie begrüßte mich freundlich, gierte nach Neuigkeiten, nach irgendwelchen Informationen. Die Freunde fragten sich offensichtlich, was ich vorhatte, wer ich eigentlich war. Später erzählten sie Annette, dass sie mich mit einer Mischung aus Neugier, Bewunderung und Neid betrachtet hatten. Sie kannten sie so lange, hatten ihren Eltern Briefe geschrieben, Blumen geschickt oder sie ein paar Mal besucht, und jetzt hatten sie das Gefühl, sie saßen bloß rum und warteten, während ich, ein Fremder, die Initiative ergriff. »Schaut euch diesen komischen Typen an, ein Kollege von ihr, der sich so viel Mühe macht und durch die Weltgeschichte fliegt. Wäre das nicht eigentlich unsere Aufgabe?« Mir zeigten sie von alledem nichts. Sie gingen mit mir in ein Restaurant, und als alle saßen, zeigte ich ihnen den Brief, den Numachi mir geschrieben hatte: ein siebenseitiges Fax mit den letzten bekannten Schritten, die Annette getan hatte. Jede Minute ihres Aufenthalts in Japan.

Annettes Schwester Eveline: Das war der härteste Schlag in meinem Leben. Meine kleine Schwester. Neun Jahre hatte ich gewartet, bis sie geboren wurde. Eine Schwester, mit der ich im Garten spielen und Enten füttern konnte, der ich Geschichten vorlesen konnte. Nachdem ich von zu Hause ausgezogen war, kam sie ab und zu und übernachtete bei mir im Studentinnenhaus. Als sie dann selbst Studentin war, verbrachte sie manchmal die Ferien in meinem kleinen Haus auf dem Land, um sich auf Prüfungen vorzubereiten oder Seminararbeiten zu schreiben. Und Pasje – wir waren eigentlich immer mit Pasje zusammen. Lange Fahrradtouren, endlose Spieleabende. Sie waren so ein schönes Paar, nicht nur äußerlich, obwohl ich die beiden wirklich gern fotografierte. Sie waren einfach füreinander geschaffen. Meine Schwester hatte nur ziemlich lange gebraucht, um das zu begreifen. … Wir hatten so schöne Zeiten miteinander erlebt, in Chile und gerade vor einem Monat in DC. Meine kleine Schwester. Die mich zu großartigen Empfängen der Weltbank begleitet hatte, gut aussehend, klug, gut angezogen. Ich war so stolz auf sie, dass ich sie überall herumzeigte.

Ich schlief in ihrem Kinderzimmer, wo ich ihr vorgelesen und sie ins Bett gebracht hatte. Einmal hatte ich ihr die Nägel lackiert, als sie geschlafen hatte, als Überraschung. Das Zimmer mit dem Schrank. Meine Brüder machten Annette immer Angst wegen des Schranks, als sie noch klein war. »Da wohnt ein Löwe drin.« Ich hatte die Hoffnung aufgegeben, sie könnte noch am Leben sein, aber wenn sie überlebt hatte – was für Tiere lebten eigentlich im vietnamesischen Dschungel?

Ja, wir hatten alle die Hoffnung aufgegeben. Vollkommen. Mein Vater aufgrund der statistischen Wahrscheinlichkeit, und wir anderen – vielleicht kamen wir mit der Unsicherheit, mit der emotionalen Achterbahn der Unwissenheit schlechter zurecht als mit der Annahme eines endgültigen Urteils.

Das Haus meiner Eltern quoll über von Freunden und Verwandten, die uns ablenkten und zwangen, uns einigermaßen aufrecht zu halten. Aber wenn es spät wurde, wenn wir endlich allein waren, dann wurde es schlimm. Es tat weh. Meine Mutter weinte leise vor sich hin, mein jüngerer Bruder Bernard stand vollkommen neben sich. Er und Annette waren nur wenige Jahre auseinander gewesen, sie hatten ihre Kindheit, ihre

Freunde und Geheimnisse geteilt. Mein Vater wiederholte ständig wie ein Mantra: »Ich habe meine einzige kleine Tochter verloren.« Natürlich war Annette auf die eine oder andere Art die bessere Tochter gewesen, sie war netter, stand ihnen näher, rief oft an und sprach lange mit ihnen. Aber ich war es doch wohl, die ihre *einzige* Schwester verloren hatte!

Ich hatte immer alles unter Kontrolle gehabt. Ich war diejenige, die Dinge auf die Reihe bekam. Bis jetzt.

Der Staatssekretär aus dem Außenministerium hatte angerufen, in Vertretung des Ministers. Sie taten, was sie konnten, aber die Botschaft in Hanoi war geschlossen, sie mussten die Belgier einschalten. Auch ein Vizepräsident der Weltbank war an die vietnamesischen Behörden herangetreten und behauptete, er könne seinen Einfluss zugunsten ihrer Rettung geltend machen. Wer konnte das schon wissen? Ich persönlich hatte das Gefühl, die Vietnamesen hätten es lieber, es gäbe keine Überlebenden. So würde diese Geschichte, die ihrer viel versprechenden Tourismusbranche schadete, schneller wieder von der Bildfläche verschwinden. Und dann war da die ING-Bank, Willems Arbeitgeber. Ich kannte den Vorstandsvorsitzenden persönlich, aber die ING kommunizierte nur mit Willems Familie und machte den Eindruck, vollkommen machtlos zu sein. Sie überließen alles diesem jungen Mädchen, Carola Adler, Willems Assistentin.

Alle meine Kontakte, alle meine Verbindungen zu den Machtzentren in den Niederlanden und in Washington, waren vollkommen nutzlos, nachdem im vietnamesischen Dschungel ein Flugzeug abgestürzt war. Ein Flugzeug, in dem meine einzige Schwester saß.

Jaime: Am Samstagmorgen verließ ich das Haus mit der trauernden Familie Herfkens. Eine Woche war vergangen, und meine Entschlossenheit schien trügerischer denn je. Annettes Vater war wütend geworden, als ich ihm bei meiner Abreise versprochen hatte: »Ich bringe Ihnen Ihre Tochter lebend zurück.«

»Sie sind ein Idiot«, hatte er mich angeschnauzt. »Hören Sie auf damit!«

Aber er war auch sehr dankbar, dass ich angeboten hatte, nach Vietnam zu reisen. In seinen Augen übernahm ich die Drecksarbeit.

Ich fuhr mit Jasper und Miebeth, Willems Geschwistern, zum Flughafen. Wie alle anderen glaubten auch sie, sie würden die Reise machen, um die Leichen zu identifizieren, sobald sie gefunden wären. Sie nahmen die Zahnmuster mit. Ich hatte Annettes Haarbürste im Gepäck.

Ich passte gut auf Jasper und Miebeth auf, wir wurden von der KLM königlich behandelt, und ich konnte sogar noch dafür sorgen, dass sie ein Upgrade bekamen. Für die beiden war ich ein Held. Ich mochte sie, allmählich entstand eine Bindung zwischen uns.

In Singapur stiegen wir um und flogen mit Air Garuda nach Ho-Chi-Minh-Stadt. Die indonesische Stewardess bot uns als Geschenk für die Erster-Klasse-Passagiere kleine Porzellanfiguren an. Jasper und Miebeth nahmen sich jeweils eine, ich nahm zwei. Eine für Annette.

Ein Affe im Käfig

Am nächsten Morgen verfrachten sie mich wieder in den Minivan, meinen Krankenwagen. Diesmal bin ich allein, ohne meinen freundlichen Begleiter. Der Militär sitzt wieder neben dem Fahrer. Er macht sich nicht die Mühe, mir zu sagen, wohin wir fahren. Meine Verletzungen bereiten mir ständig Schmerzen, ich liege unbequem und habe Platzangst. Ständig bitte ich um Wasser. Die beiden Männer unterhalten sich und hören mir nicht zu. Oder es kümmert sie nicht.

Wir fahren durch eine endlose grüne Hügellandschaft. Plötzlich bleiben wir ohne jede Erklärung stehen. Mindestens zwanzig Kinder starren durch die Fenster in den Wagen, alle mit diesen typischen vietnamesischen Hüten. Sie klettern übereinander, um einen Blick auf mich zu erhaschen. Ich kann mich nicht bewegen und fühle mich wie ein Affe im Käfig.

Wir fahren weiter durch eine Art Nirgendwo, das überall sein könnte. Ich muss eingeschlafen sein, denn als ich aufwache, schaue ich in ein Gesicht. Ein hellhäutiges Gesicht mit hellen Augen. Eine junge Frau mit strohblondem Haar beugt sich über mich. Sie sieht sehr besorgt aus. Und sie spricht Niederländisch.

Perspektiven

Carola: Die Ereignisse um den Unfall übten auf alle Beteiligten großen Einfluss aus. Ich war in den Zwanzigern, als ich in Vietnam zu arbeiten anfing, in einem fremden Land mit einer vollkommen anderen Kultur. Als Willem zu seinem Kurzurlaub mit Annette aufbrach, arbeitete ich erst seit zwei Monaten für ihn, hatte aber jede Minute genossen. Ich mochte seine Wärme, seinen Humor, seinen ruhigen Umgang mit den Vietnamesen und seine Art, Geschäfte zu machen. Nach dem Unfall war ich auf einmal ganz auf mich gestellt.

Am Sonntagmorgen rief das Hotel in Nha Trang an und teilte Hung mit, Willem und Annette seien nicht eingetroffen. Hung war Willems »Assistent«, unser von den Behörden abgestellter Wachhund. Er hatte die Hotelreservierung für Willem erledigt. Jetzt rief er bei Vietnam Airlines an, und man sagte ihm, mit dem Flug, auf dem Willem und Annette gewesen waren, sei etwas schiefgegangen und wir sollten zum Flughafen kommen und in die Passagierliste schauen, weil man sich wegen der Namen nicht sicher war.

Ich war schockiert. Am Tag zuvor, Samstagmorgen, war ich von Hanoi zurück nach Ho-Chi-Minh-Stadt gekommen, und als wir nach Nha Trang geflogen waren, hatte ich sehr intensiv an Willem und Annette denken müssen. Ein seltsames Gefühl, aber ich hatte nicht weiter darauf geachtet.

Im Büro von Vietnam Airlines sagte man uns, sie seien tatsächlich sehr besorgt. Das Flugzeug sei über dem Meer verloren gegangen, und jetzt suche man nach dem Wrack. Die Chancen, dass jemand das Unglück überlebt haben könnte, seien gleich null. Tatsächlich fanden sich die Namen von Willem und Annette auf der Liste, falsch geschrieben, aber unverkennbar.

Ich rief bei der ING in Hongkong an, um sie zu informieren und die Situation zu besprechen. Das dortige Büro hatte eine enge Verbindung zur ING Vietnam und zu Willem. Sie riefen die Familien von Willem und Annette an, dann riefen die Familien bei mir an. Alles war sehr emotional. Die Familien waren so schrecklich traurig, und doch so freundlich. Das alles machte tiefen Eindruck auf mich.

Jeden Tag riefen mehr Leute an: weitere Familienmitglieder von Willem und Annette, Leute aus den Büros von ING und Banco Santander, Bekannte von Willem in Vietnam. Alle boten ihre Hilfe bei der Suche und Geld an, wollten kommen und in der Nähe sein. Einer rief immer zwei Mal am Tag an, morgens und abends, um zu fragen, ob Annette schon gefunden worden sei. Er hieß Jaime und sagte, er sei Annettes engster Kollege, mit dem sie ständig zusammenarbeitete. Jaime glaubte nicht, dass Annette tot sei. Er war überzeugt, dass sie lebte, durch den Dschungel lief und nach einem Telefon suchte, weil sie sich um die Santander-Portfolios sorgte. Und jetzt wollte er rüberkommen und nach ihr suchen.

Die Woche verging, und das Flugzeug war immer noch nicht gefunden worden. Ich wurde gebeten, in Willems Hotelzimmer zu gehen, um seine und Annettes Sachen zu packen. Annette hatte ich nie kennengelernt, aber durch Willems Erzählungen, meine Telefonate mit ihrer Familie und die täglichen Gespräche mit Jaime hatte ich das Bild einer sehr starken Frau vor Augen. Willem nannte sie immer scherzhaft eine »Frau von Welt«. Erfolgreich, machte jede Menge Geld, reiste stets erster Klasse. Sehr unabhängig. Er erzählte mir, wie oft er ihr einen Heiratsantrag gemacht hatte. »Aber ich glaube, jetzt habe ich sie«, sagte er mit funkelnden Augen kurz vor ihrem Besuch. Auf eine seltsame Weise bestätigten ihre Sachen das Bild. Sehr stilvolle Kleidung, internationale Marken und sehr kleine Größen, wie ich neidvoll erkennen musste.

Am Samstagmorgen dann, eine Woche nach dem Absturz, kam der Anruf von Vietnam Airlines. Sie hatten das Flugzeug in der Umgebung von Khan Son gefunden. Es gab nur eine Überlebende: Annette. Sie sagten, es gehe ihr ziemlich gut. Sie hätte ein paar Kratzer, einen abgebrochenen Zahn, sonst nichts. Sie würden einen Hubschrauber mit Ärzten aus Nha Trang hinschicken, um sie zu holen. Wenn ich rechtzeitig nach Nha Trang käme, könnte ich mitfliegen, in einer Stunde ginge ein Flug.

Ich rief Chris an, einen Niederländer, der seit vielen Jahren in Vietnam lebte. Er kannte Willem und hatte mir in der vergangenen Woche mehrere Male Hilfe angeboten. Chris kannte jeden, und alle kannten Chris. Ich bat ihn, mir zu helfen, die Familien zu informieren, die ING, alles in Bewegung zu setzen, damit sie bald nach Hause geflogen werden konnte. Und er sollte am Montag unser Büro aufmachen, wenn ich nicht rechtzeitig zurück war.

Dann fuhr ich in aller Eile zum Flughafen. Mein Flug nach Nha Trang war pünktlich, aber als ich endlich dort ankam, hörte ich, dass der Hubschrauber ohne mich losgeflogen und in demselben Dschungel abgestürzt war! Sechs Ärzte waren an Bord gewesen; sie waren alle tot. Ich war verwirrt, weil sie ohne mich geflogen waren, sauer und gleichzeitig sehr dankbar. Der Absturz wurde nie öffentlich gemacht, die vietnamesischen Behörden hielten diese Nachricht zurück, und später musste ich zu meiner Überraschung feststellen, dass nicht einmal Annette davon erfahren hatte.

In ganz Vietnam gab es keinen zweiten Hubschrauber, also hieß es, Annette würde mit einem Jeep transportiert. Ich fragte wieder, wie es ihr ginge. »Gut, sie hat nur ein paar Kratzer«, sagte man mir. Also nahm ich mir in Nha Trang ein Hotelzimmer, da ich annahm, sie würde noch am selben Tag dort ankommen. An diesem Abend rief mich eine Angestellte von Vietnam Airlines an, um mir zu sagen, Annette sei immer noch im Dschungel. In einem Krankenhaus, versicherte man mir. Sie sei zu schwach für den weiteren Transport und müsse sich ausruhen. Wie bitte? Zu schwach? Ich geriet in Panik. Was, wenn Sie jetzt starb? Ich protestierte, aber damit konnte ich niemanden beeindrucken.

Am nächsten Morgen informierte man mich, Annette sei auf dem Weg. Sie mussten allerdings sehr langsam fahren, weil ihr Zustand so schlecht war. Ich flippte fast aus. Mein Gott, waren diese Leute denn verrückt? Hatte die Armee denn keine Hubschrauber? Der französische Konsul kam, er sollte einen toten französischen Passagier identifizieren, wurde aber von denselben Leuten falsch informiert und war genauso wütend wie ich. Gemeinsam drohten wir, die internationale Presse einzuschalten, wenn die Sache nicht professioneller gehandhabt würde. Daraufhin änderte sich die Atmosphäre, und wir wurden ständig auf dem Laufenden gehalten. Annette jedoch saß immer noch in diesem Jeep. Der einzige andere Hubschrauber befand sich im Norden des Landes, das würde zu lange dauern.

Ich hatte keine Ahnung, was ich erwarten sollte. Annette war acht Tage im Dschungel gewesen, Willem war tot – in welchem Zustand würde sie sein? Ich kannte sie nur vom Hörensagen und bizarrerweise von ihren persönlichen Sachen, die ich zusammengepackt hatte. Eine Frau von Welt.

Als ich sie dann sah, war sie ganz anders, wie ein zerbrechlicher kleiner Vogel. Sie war vollkommen abhängig von anderen Menschen. Ihr Kiefer hing schief, sie konnte kaum sprechen.

Ihr Gesicht und die Arme waren voller Wunden und Insektenstiche. Teilweise war ihr Körper ganz angeschwollen. Sie war halb tot, und sie hatte Schmerzen. Fürchterliche Schmerzen. Es gab eine Trage, auf der sie zum Flugzeug gebracht werden sollte. Als sie versuchten, sie daraufzulegen, schrie sie vor Schmerzen. *Mein Gott, sie zerbricht*, dachte ich. Da war ich nicht die Einzige, jemand wurde zum Markt geschickt, um eine Matratze zu kaufen, die dann auf die Trage gelegt wurde. Damit ging es besser. Später zeigte sich, wie viele Knochen sie gebrochen hatte. Nur ihre Augen – diese intensiven blauen Augen … Sie registrierten alles um sie herum. Auch mich. »Wer bist du? Was machst du hier?« Als ich sagte, ich würde mit ihr zurück nach Ho-Chi-Minh-Stadt fliegen, wurde ihr Blick noch intensiver. Auf keinen Fall, sagten diese Augen. »Auf keinen Fall«, sagte sie dann auch laut zu mir. »Kein Flugzeug.«

Sie weigerte sich einfach. »Nicht noch mal«, sagte sie ständig. Ich erklärte ihr, sie müsse fliegen, damit sie überlebte, sie hätte keine andere Wahl. Irgendwann gab sie klein bei, riss sich mit dem letzten bisschen Kraft zusammen. Im Flugzeug sprach sie sogar mit mir. Obwohl ihr Kiefer gebrochen war, klang das, was sie sagte, relativ zusammenhängend. Sie sagte erschöpft, dieser Urlaub hätten ihre Flitterwochen sein sollen. Sie beklagte sich über die juckenden Insektenstiche. Und sie erzählte mir, dass sie mit dem Rauchen aufgehört habe.

Sobald wir gelandet waren, wurde Annette in aller Eile ins Krankenhaus gebracht. Chris fuhr mit ihr im Krankenwagen, ich wartete am Flughafen auf ihre Eltern. Der Nächste, den ich sah, war Jaime. Er umarmte mich: »Ich habe es dir doch gesagt.« Dann sprang er ins nächste Taxi und fuhr ins Krankenhaus. Er hatte nicht die Geduld, auf die anderen zu warten.

Als ich Annette Jahre später wiedersah und wir über die Vorgänge sprachen, erkannte ich sie fast nicht. Jetzt war sie wieder die Frau von Welt, keine Ähnlichkeit mit der Frau auf der Trage. Nur diese Augen …

Im Krankenhaus

Ich bin im Krankenhaus in Ho-Chi-Minh-Stadt. Sie haben mich im Flur abgelegt, zusammen mit den Opfern eines Busunglücks. Alle stöhnen laut. Zwei Europäer kommen auf mich zu. Der eine redet laut in sein Handy, auf Französisch. Er scheint sehr aufgebracht, stellt sich als Arzt vor und telefoniert dann schnell weiter. Der andere ist Chris, ein Niederländer, der hier lebt, ein Freund von Pasje. Er ist die Ruhe selbst, erzählt mir, dass Willems Bruder und Schwester angereist sind und dass meine Eltern schon unterwegs sind. Ich kann es kaum glauben. »Wir holen dich hier raus«, sagt er mit beruhigender Stimme. »Du musst nur noch ein bisschen durchhalten.« Zwei Krankenpfleger nehmen mich vom Boden auf. Ich spüre, wie ich bewusstlos werde und das Chaos und den Lärm nur noch gedämpft wahrnehme. Überall sind Menschen, sie lagern auf den Fluren. Die Pfleger bringen mich die Treppe hinauf in eine Art Privatzimmer.

Und da ist er! Jaime. Wir immer in seinem weißen T-Shirt und Jeans. Voller Erleichterung, Angst und Erwartung schaut er mich an. Ich traue meinen Augen kaum. Wie kann das sein? Was ist mit unserer Marktstellung? Das Erste, was ich sage, ist: »Was zum Teufel tust du hier? Wer kümmert sich ums Geschäft? Und wo steht der MYDFA, Brasilien?«

Jaime schaut mich vollkommen perplex an. Er erzählt mir, dass er vor zwei Tagen mit Willems Geschwistern aus den Niederlanden gekommen ist und dass sie bei ihrer Abreise noch nicht wussten, was mit dem Flugzeug passiert war. Erst bei seiner Ankunft in Vietnam hat ihn Chris informiert, dass Willem tot ist und dass ich überlebt habe. Chris hat ihn auch überzeugt, dazubleiben und nicht nach Nha Trang zu fliegen. Ich bin froh, ihn zu sehen, aber ich weiß auch, dass Jasper und Miebeth warten. Ich will ihnen erzählen, wie Pasje, ihr Bruder, gestorben ist. Trotz allem fühle ich mich immer noch verantwortlich und will die Kontrolle behalten. Miebeth kommt allein zu mir herein. Wie sehen uns an. »Willem ist tot«, sage ich. »Er hat ein bisschen gelächelt.« Sie beugt sich über mich und umarmt mich.

Wir werden von zwei Pflegern unterbrochen, die mich zum Röntgen bringen. Es ist eine einzige Quälerei. Sie legen meine gebrochene Hüfte auf dicke Metallplatten. Als sie den Raum verlassen, damit die Bilder gemacht werden können, schreie ich vor Schmerz und Angst. Ich habe Angst, allein zu bleiben, ohne Wasser. Mein psychischer Zustand ist sehr schwach, ganz anders als im Dschungel.

Inzwischen sind auch meine Eltern und meine Schwester in Vietnam eingetroffen. Meine Mutter kommt herein, und als ich ihr Gesicht sehe, kann ich endlich loslassen und weinen. »Habt ihr meinetwegen so eine lange Reise gemacht? Pasje ist tot.« Danach erinnere ich mich an nichts mehr.

Perspektiven

Annettes Bruder Freek: Um vier Uhr morgens wurde ich vom Telefon geweckt. Der Manager von ING Hongkong war dran und berichtete mir, es gäbe Hinweise, dass Annette noch lebe. Er warte noch auf die Bestätigung. Ich wusste nicht so recht, wie ich reagieren sollte. »Rufen Sie mich doch einfach an, wenn Sie es genau wissen«, sagte ich und ging wieder ins Bett. Ich wagte einfach nicht zu glauben, dass es wahr sein könnte.

Um zehn Uhr kam die Bestätigung. Wieder fuhr ich zu meinen Eltern. Wieder fragte ich sie, ob ich allein mit ihnen reden könnte. Das Haus war voll Besuch, also bat ich sie, mit mir nach oben zu kommen. »Nein!«, sagte meine Mutter. »Ich gehe nicht mit. Ich ertrage keine schlechten Nachrichten mehr. Ist was mit Marije? Mit den Jungs? Ich will es nicht hören.«

»Na gut, dann sage ich es eben nicht«, erwiderte ich gereizt.

Die ständige Anwesenheit von »Fremden« ging mir auf die Nerven. Mir kamen sie vor wie die Freier im Palast des Odysseus.

Dann gingen sie doch mit mir die Treppe hinauf und setzten sich zittern hin. Als ich ihnen sagte, was ich gehört hatte, brach mein Vater zusammen. Er fiel meiner Mutter in die Arme und schluchzte: »Jetzt kriegst du vielleicht doch noch eine Enkelin.«

Jaime: Sonntagabend kam ich endlich in Vietnam an. Chris hatte zwei Autos zum Flughafen geschickt, eins für Jasper und Miebeth und eins für mich. Als ich in dem Wagen saß, sagte der Fahrer in gebrochenem Englisch zu mir: »Ich darf Ihnen nichts sagen, aber ich weiß, Sie werden sehr gute Neuigkeiten hören.« Da fühlte ich mich in meiner Zuversicht bestätigt und konzentrierte mich zunächst einmal darauf, mich daran zu gewöhnen, dass ich in einem echten Entwicklungsland war. Das hatte ich nicht mehr erlebt, seitdem ich mein eigenes Land, Mexiko, verlassen hatte. Ich zog es vor, in der entwickelten Welt zu reisen.

Chris wartete im Hotelrestaurant, stellte sich kurz vor und bat uns drei dann, uns zu setzen. Er redete nicht lange um den heißen Brei herum. »Willem ist tot«, sagte er zu Jasper und Miebeth. Dann drehte er sich zu mir um und sagte: »Annette ist am Leben.« Es war, als hätte ich einen morbiden Preis bekommen. Ich tauschte einen entsetzten Blick mit Jasper; Miebeth lächelte mir unter Tränen zu.

Dann wandte ich mich an Chris. »Wo ist sie? Ich will sie sehen.«

»Ich wusste, dass du das sagen würdest«, erwiderte Chris. »Man hat mich schon vorgewarnt.« Dann wurde sein Ton dringlicher. »Du kannst sie jetzt nicht sehen, und ich rate dir dringend, das zu akzeptieren. Wir befinden uns in einem kommunistischen Land, und es ist besser, du bleibst hier, bis sie nach Ho-Chi-Minh-Stadt kommt. Morgen früh wird sie mit dem ersten Flug aus Nha Trang hierher ausgeflogen. Dann kannst du sie sehen.«

Ich war enttäuscht. »Wie geht es ihr?«, wollte ich wissen.

»Darüber gibt es unterschiedliche Aussagen«, antwortete Chris. »Die einen sagen, sie hat nur ein paar Kratzer, die anderen sprechen von schweren Verletzungen. Ich fürchte, wir müssen einfach abwarten.«

Ich blieb die ganze Nacht mit Jasper auf, sagte ihm, das sei meine Spezialität. Jasper redete sich seinen Kummer von der Seele, seine Wahrheit. Seinen Bruder. Und ich hörte ihm zu.

Miebeth: Für mich war das eine in vielerlei Hinsicht traumatische Zeit. Zum einen natürlich der plötzliche Tod meines ältesten Bruders. Wir haben uns als Kinder sehr nahegestanden, und er spielte mit seiner liebenswürdigen Persönlichkeit eine besondere Rolle in unserer Familie. Wie wichtig diese Rolle war, wurde erst ganz klar, als er nicht mehr da war. Meine Beziehung zu meiner Mutter war immer schwierig gewesen, was wohl an ihrer eigenen Beziehung zu ihrer Mutter lag, die sie sehr hart behandelt hat. Willem dagegen war ihr Ein und Alles. Und als er starb, lebte sie nur noch in dem Mausoleum, das sie um die Erinnerung an ihn baute.

Die Reise nach Vietnam mit Jasper und Jaime war eine surreale Erfahrung. Plötzlich wurden wir in eine Welt hineingezogen, die nichts mit unserem Alltag zu tun hatte. Erst die Reise von Amsterdam aus mit Jaime. Jemanden wie ihn hatte ich noch nie kennengelernt. Er sah aus wie ein Rockstar und verhielt sich wie ein Geschäftsmann. Außerdem war er ein Ausbund an Charme und Charisma.

In Vietnam dann begriff ich allmählich, dass Willem in diesem seltsamen Land wirklich zu Hause gewesen war. Das Büro, das er aufgebaut hatte, seine Rolle als Chef – das alles zeigte uns eine Seite von ihm, die wir nicht kannten. Der Kulturschock wurde für mich dadurch nur noch schlimmer.

Als ich von Chris hörte, dass Annette überlebt hatte, reagierte ich dem Plan entsprechend, den ich mir zurechtgelegt hatte. Ich hatte nämlich überlegt, was ich tun würde, wenn sie überlebte und Willem nicht, und ich hatte beschlossen, dass ich sie dann in mein Herz nehmen würde. Sie war meine Verbindung zu Willem. Er hatte sie heiß und innig geliebt, und sie waren dreizehn Jahre lang ein Paar gewesen. Ein großartiges Paar. Und ich mochte sie, wegen ihrer Toleranz, ihres Sinns für Mode, ihrer unangepassten Art. Sie brachte mich zum Lachen.

Als ich ins Krankenhaus kam, hatte ich Angst, dass ich anders reagieren würde, dass mein Herz doch nicht so groß sein würde. Dass ich Groll im Herzen haben würde. Natürlich war mir der Gedanke *Warum sie und nicht Willem?* durch den Kopf gegangen. Oder noch schlimmer: *Warum Willem und nicht sie?* Aber dann sah ich sie, mitten zwischen Ratten und Kakerlaken, ein elendes Häufchen Knochen, und sie wollte mir unbedingt erzählen, wie Willem gestorben war. »Er hat ein bisschen gelächelt«, sagte sie. Ich umarmte ihre knochigen Schultern, und dann sah ich, wie sich in ihrem Kinn, innen drin, etwas bewegte. Sie hatte da eine große offene Wunde, und dadrin krabbelte eine riesige Made herum. Ich schrie nach der Schwester, und sie schien gar nicht überrascht, sondern zog das Ding heraus, mit einem Tuch, das so schmutzig war, dass ich nicht einmal meinen Küchenboden damit wischen würde.

Ich sah Annette an und staunte nur über ihre Tapferkeit. So viel Schmutz, die Parasiten in ihr drin und um sie herum. Da schloss ich sie wirklich für immer in mein Herz.

Wir hatten noch eine entsetzliche Aufgabe: Willem zu identifizieren. Jasper und ich fuhren mit Carola zu einem Hangar in den Außenbezirken von Ho-Chi-Minh-Stadt, wo die Leichen der Opfer aufbewahrt wurden. Ein vietnamesischer Beamter führte uns hinein. Es gab keine Kühlung, ich musste von dem Geruch sofort würgen. Carola gab mir ein Taschentuch, auf das sie etwas Parfüm sprühte: Chanel No. 5. Den Geruch vergesse ich nie mehr, und er half nicht besonders.

In dem Hangar liefen viele Leute herum, Asiaten und Europäer. Ich erkannte die Schweden aus dem Hotel wieder. Sie hatten uns erzählt, dass sie schon seit einer Woche in Vietnam auf Nachrichten warteten und dass ihnen allmählich das Geld ausginge.

Die Leichen waren nicht zugedeckt. Ich wagte kaum hinzuschauen, schloss fast die Augen, aber so durch die Wimpern sahen sie eigentlich alle gleich aus. Sie hatten alle keine Augenbrauen mehr, die Hautfarbe war bei allen grau. Es machte mir keine Angst, es war einfach … ein Nichts.

Dann aber sah ich plötzlich diese dicken Waden. Das waren unverkennbar Willems »Fußballerwaden«, wie er sie immer stolz genannt hatte. »Das ist er«, sagte ich, noch zwei Meter von dem Toten entfernt. »Das muss er sein.«

»Bleib hier«, sagte Carola, sie schaute ihn an und nickte dann. »Sieht aus wie Willems Körperbau«, sagte sie. Ich drehte mich um und lief zum Ausgang, wo ich mich übergab. Carola holte mich ein, und auf dem Weg hinaus begegneten wir noch den schwedischen und englischen Familien. Wir sprachen uns gegenseitig unser Beileid aus. Schließlich saßen wir alle im selben entsetzlichen Boot.

Annettes Mutter: Sobald ich die unglaubliche Nachricht gehört hatte, fing ich an zu packen. »Sie ist am Leben, sie ist am Leben, am Leben, am Leben«, sagte ich mir immer wieder.

Willems Arbeitgeber besorgte für meinen Mann und mich Flüge erster Klasse nach Vietnam. Wir beschlossen, dass unsere Tochter Eveline auch mitkommen sollte. Sie hatte viel Erfahrung im Umgang mit Entwicklungsländern. Am Flughafen und während des Fluges freuten die Leute von der Airline sich mit uns. Tatsächlich fühlte es sich an, als würde sich das ganze Land mit uns freuen, in den Nachrichten war schon von Annettes Überleben berichtet worden. Mein Mann trank fröhlich von dem Champagner und aß von dem Kaviar, den man uns ständig anbot. Unsere letzte Information lautete, Annette sei völlig unverletzt und hätte nur ein paar Zähne verloren. Ich hatte schon einen Termin beim Zahnarzt für sie vereinbart, konnte aber kaum glauben, dass sie sonst keine Verletzungen hatte. Das klang zu gut, um wahr zu sein. Aber alle glücklichen Gedanken waren natürlich von Willems Tod überschattet. Sein Leben war so untrennbar mit Annettes verbunden gewesen, er war wie ein Sohn für uns gewesen. Wie sollte sie denn weiterleben ohne ihn?

Carola erwartete uns am Flughafen. Es war schön, sie endlich persönlich kennenzulernen, sie war die ganze Woche so nett und hilfsbereit gewesen. Sie sagte dem Fahrer, er sollte uns direkt ins Krankenhaus fahren. Unterwegs drehte sie sich mit ernstem Gesicht zu uns um, und ich wusste sofort, es war alles nicht so einfach. »Ihr Zustand ist ernst«, sagte sie. »Darauf sollten Sie vorbereitet sein.« Oh, ich hatte das Gefühl, die Fahrt dauerte ewig. So viel Verkehr, und so viele Fahrräder. Am liebsten wäre ich ausgestiegen und hätte das Auto angeschoben.

Als wir endlich dort waren, wartete das Ärzteteam auf uns. Sie wollten uns erst einmal Annettes Röntgenbilder zeigen, was ich überhaupt nicht glauben konnte. »Ich will meine Tochter sehen!«, rief ich. »Wo ist sie?« Mein Mann erklärte mit Händen und Füßen, er würde dableiben. So brachte eine verschüchterte Schwester mich und Eveline zu Annettes Zimmer. Auf dem Weg durch die Flure war ich entsetzt von dem Schmutz. Überall campierten Leute, die Farbe blätterte von den Wänden ab, Fledermäuse flogen in einem rostigen Treppenhaus herum. Und die Kakerlaken!

Dann sah ich sie. Sie sah winzig aus, so ein kleines, hohlwangiges Gesicht. Und sie hatte überhaupt keine Zähne mehr! Ich dachte kurz an eine Prothese. Ihre Augen leuchteten auf, als sie mich sah. »Habt ihr meinetwegen so eine weite Reise gemacht?«, sagte sie. »Pasje ist tot.« Ich nahm sie in die Arme, dieses kleine Bündel aus Haut und Knochen, das glühte vor Fieber. Das Laken war klatschnass. »Würden Sie das bitte wechseln?«, bat ich die Schwester auf Französisch. Als ich das Laken zurückschlug, sah ich die schrecklichen Wunden. Klaffende schwarze Wunden. Die Knochen schauten hindurch. Wie tapfer sie war! Schon die Bewegung des Lakens bereitete ihr üble Schmerzen. Mein Mann kam, er war sehr bewegt. Sie hatten ihm die Röntgenbilder gezeigt, die zusammengefallene Lunge und die vielen Knochenbrüche. Der Kiefer, die Hüften, die Beine. »Ihr Becken sieht aus wie ein zerbrochenes *kerstkransje*«, sagte er. Kerstkransjes sind Weihnachtsgebäck in Form eines kleinen Kranzes.

Mir persönlich machten die offenen Wunden viel mehr Sorgen. Ich wusste, wenn Annette eine Blutvergiftung bekam, wäre das ihr Ende. Tatsächlich jede Art von Infektion. Hatte denn niemand den Stapel schmutzige Bettpfannen mit den Fliegen im Bad gesehen? Wie konnte ein Krankenhaus nur so schmutzig sein! Es gab Ratten dort! Wir mussten sie so schnell wie möglich aus diesem Krankenhaus, aus diesem Land herausbringen!

Wir wussten, dass SOS, eine Notarztorganisation, ein Flugzeug am Flughafen bereithielt, mit dem sie nach Singapur ausgeflogen werden sollte. Dort würde sie die beste medizinische Versorgung bekommen. Aber die vietnamesischen Behörden ließen die Ausreise nicht zu. »Sie kann hier bestens behandelt werden«, erklärten sie. »Mit einer zusammengefallenen Lunge wäre die Flugreise zu gefährlich.« Sturer Patriotismus – und das ist noch freundlich formuliert. Meine Tochter Eveline, die ursprünglich der Ansicht gewesen war, die medizinische Versorgung in Vietnam sei besser als in anderen Ländern der Dritten Welt, war inzwischen überzeugt, dass die vietnamesischen Behörden einfach nicht wollten, dass Annette überlebte. Dass sie es lieber sähen, wenn sie ihre Geschichte nicht erzählen könnte, um den aufstrebenden Tourismus nicht zu gefährden.

Aber mein Mann, der in Niederländisch-Indien aufgewachsen ist, war zum Glück an geduldiges Verhandeln gewöhnt. Er und Chris sprachen stundenlang mit den zuständigen Beamten, darunter einige Militärs. Es war wie ein langsames Schachspiel. Ein elegantes Argument nach dem anderen. »Annettes Französisch ist so schlecht, sie wäre in einem englischsprachigen Land wie Singapur wesentlich besser aufgehoben.« Schließlich wurde beschlossen, Annette könne das Land verlassen, wenn sie sich zuvor einer Operation unterzog, mit der ihr ein Atemtubus eingesetzt würde. Natürlich alles vorbehaltlich der Zustimmung der stellvertretenden Gesundheitsministerin, die aus Hanoi eingeflogen wurde.

Auf dem Weg in den OP konnte sie nur stöhnen. Sie wachte erst auf dem Flughafen wieder auf, wo ihr Krankenwagen neben einem kleinen Flugzeug geparkt wurde. Zwei Ärzte saßen darin, man wartete auf die Startgenehmigung. Es dauerte unendlich lange, und niemand wusste, warum. War denn die stellvertretende Gesundheitsministerin immer noch nicht da? Um das Flugzeug herum standen viele Leute: Beamte, Soldaten, Reporter, keine Ahnung. Ich hatte Angst, sie würden ihre Meinung doch wieder ändern. Je mehr Öffentlichkeit, desto mehr würden sie ihr Gesicht wahren wollen.

Annette lag immer noch in dem Krankenwagen, wurde immer wieder bewusstlos. Wir durften nicht zu ihr, konnten aber durch das kleine Rückfenster mit ihr sprechen, um sie ein wenig zu beruhigen. Man sah ihre Angst, wenn sie wach wurde, auch die Klaustrophobie; und dann sollte sie ja auch noch in dieses winzige Flugzeug! Das Fenster war zu hoch für mich, ich musste auf den Zehenspitzen stehen, was mir immer nur für kurze Zeit gelang. Eveline löste mich ab. »Halt durch, kleine Schwester, nur noch ein kleines bisschen.« Irgendwann musste ich dringend zur Toilette. Zwei Soldaten begleiteten mich bis zum Hauptterminal, einer auf jeder Seite. Als ich hineinging, stellten sie sich vor der Tür auf. Was glaubten sie denn, was ich vorhatte?

Endlich kam die stellvertretende Ministerin, eine ältere Frau. Als sie gerade dabei war, die Genehmigung zu unterzeichnen, fiel Annettes Lunge wieder zusammen. Jedenfalls behaupteten sie das. Chris bewies noch einmal sein Verhandlungsgeschick, diesmal gemeinsam mit einem der Ärzte von SOS. Praktisch schon auf der Startbahn erreichten sie, dass die Starterlaubnis erteilt wurde. Nur ich konnte Annette begleiten, mein Mann, Eveline und Jaime mussten einen Linienflug nehmen. Als ich an Bord ging, kam die Ministerin und verabschiedete sich. »Ich hoffe, Sie kommen eines Tages nach Vietnam zurück und besuchen unser Land unter glücklicheren Umständen«, sagte sie. Dann umarmte sie mich und flüsterte mir ins Ohr: »Ich habe auch eine Tochter. Wenn ich an Ihrer Stelle wäre, würde ich sie auch hier wegbringen.«

Und dann waren wir endlich in der Luft. Ich sah, wie Eveline unten immer kleiner wurde. Dann verlangte einer der Ärzte meine Aufmerksamkeit. »Annettes Blutdruck sinkt rapide«, sagte er. »Sie müssen mit ihr reden, sie wach halten, sonst verlieren wir sie.«

Und ich redete und redete mit aller Kraft. »Bitte, Annetje, bitte bleib bei mir. Du kannst mich doch jetzt nicht alleinlassen, nach allem, was du durchgemacht hast.« Ich redete und flehte sie an, die ganzen zwei Stunden lang. Und sie schaffte es. So gerade eben.

»Gut gemacht«, sagte der Arzt, als wir in Singapur ankamen, wo ein Krankenwagen für uns bereitstand. »Ohne Ihre Hilfe wäre sie gestorben. Sie haben ihr zum zweiten Mal das Leben geschenkt.«

Die wirkliche Welt

Ich bin in Singapur. Das Zimmer fühlt sich an wie in einem guten Hotel, groß, schöne Holzmöbel, eigener Kühlschrank. Überall Blumen. Meine Mutter, mein Vater, meine Schwester und Jaime sind ständig um mich. Und ich weine. Ich weine um Pasje. Ich kann nicht aufhören zu weinen. Ich schluchze krampfhaft, weine, bitte um Wasser. Dann weine ich wieder und bitte wieder um Wasser. Alle springen auf, wenn ich um etwas bitte.

Mein Vater sagt mir ständig, dass er mich liebt. Schön, aber auch unheimlich, denn so was sagen wir in Holland nicht. Ich bin sehr glücklich, dass er da ist, aber er stößt ständig an meine Zehen. Dann schreie ich auf vor Schmerz. Wie können Zehen so empfindlich sein? Meine Mutter. Ach, meine Mutter! Ihr liebes Gesicht wechselt den Ausdruck von purem Glück über Sorge hin zum Schmerz. Sie fühlt mit mir. Pasje ...

Ärzte kommen und gehen. Ein triumphierender Inder, der meine Verletzungen operiert hat, ein hingebungsvoller jüdischer Amerikaner, der sich um meine Brüche und die Lunge kümmert, und eine wunderbare Chinesin mit Namen Myra. Sie hat meinen Kiefer mit Schrauben fixiert und besteht darauf, dass ich nur weiche Nahrung zu mir nehme. Jede Menge weiche Nahrung. Sie erinnert mich an meine halb-indonesische Tante, die kürzlich verstorben ist. Freundlich, rund und sehr klug. Sie bringt mir ständig etwas zu essen und macht sich Sorgen, weil ich nach wie vor abnehme, egal, wie viel ich esse. Egal, wie viel Sahne ich trinke. Myra hat vorgeschlagen, dass sie mir in Singapur ein paar elektronische Spielzeuge kaufen, damit ich mich ablenken kann. Mir stehen noch so viele medizinische Behandlungen bevor. Meine Schwester holt mir einen Gameboy mit Tetris drauf. Im Büro war ich bei diesem Spiel unschlagbar. Ich spielte es sogar beim Arbeiten, damals, als ich die Königin des Universums war, ohne Sorgen. Selige Zeiten.

Jetzt bin ich nur noch ein Küken. Ich drehe durch, wenn sie mich über den Korridor fahren. Wenn ich kein Wasser bei mir habe. Wenn sie mich allein in einem Raum lassen, um mich wieder mal zu röntgen. Wie lange muss ich allein hier liegen? Mit panischer Besessenheit klammere ich mich an meine kleine Wasserflasche.

Natürlich bin ich auch gesellig. Ich lache mit anderen, mache Scherze, lese alle Faxe und Briefe laut vor, genieße das reichliche Essen. Und ich trinke literweise Milch. Aber mein Herz ist so schwer. Oder ist es vielmehr zu leicht? Ist da ein Loch oder ein Stein? Mein Pasje! Ich sehe sein freundliches Gesicht, seine sanften braunen Augen, seinen kräftigen, muskulösen Körper. Ich sehe ihn lächeln, höre ihn lachen, sehe ihn als Toten, sehe ihn als Lebenden, sehe ihn ständig. Ich weine. Ich heule. Nicht an Pasje denken. Nicht an den Toten denken. Nicht an die Zukunft denken, befehle ich mir. Aber genau das tue ich. Ich denke an ihn. Ständig. Dann trinke ich wieder Wasser.

Sie sind ständig um mich, um mein Bett. Jetzt ist auch mein ältester Bruder gekommen, der Arzt in der Familie. Aber meine Schwester Eveline und Jaime fühlen sich am wohlsten, wenn sie die Kontrolle haben und die Entscheidungen treffen. Jetzt diskutieren sie schon wieder. Über mich. Sie haben beschlossen, dass jemand nachts bei mir bleiben muss. Ständig soll jemand bei mir sein. Ich denke an den Dschungel. In meinem Dschungel war es so friedlich.

Perspektiven
Singapur, 1. Dezember 1992

Annettes Schwester Eveline: Heute habe ich für einen kurzen Moment die alte Annette gesehen. Sie bat mich um eine Zigarette, und als ich ihr die nicht gab, sagte sie mir immer wieder, wenn ich sie *wirklich* liebte, würde ich nicht zögern, ihr eine zu geben.

Mir brach fast das Herz, aber das konnte ich doch nicht machen, während all die Sauerstoffflaschen und andere geheimnisvolle medizinische Geräte um sie herumstanden! Außerdem ist Singapur, was Rauchverbote angeht, allen anderen Ländern um mindestens zehn Jahre voraus. Das ist schwierig für Nikotinsüchtige wie Jaime und mich, wir können nur auf dem Weg zurück zum Hotel schnell eine paffen.

Seltsamerweise macht mir der stundenlange Verzicht nichts aus, solange ich an Annettes Bett sitze. Und dort habe ich jetzt die ganze Woche gesessen, um mich um sie zu kümmern – und um die Journalisten. Seit wir vor einer Woche Vietnam verlassen haben, ist Annettes Überleben in allen Weltnachrichten. Wir versuchen die Presse rauszuhalten, aber Reporter der niederländischen Klatschpresse versuchen verzweifelt, ein Foto oder ein Statement der Familie zu ergattern. Das hier ist nicht meine erste und wohl auch nicht meine letzte Begegnung mit Paparazzi. Ich weiß, wie man sie austrickst. Wir schleichen uns ins Krankenhaus und wieder hinaus, kennen alle Hintereingänge und Feuerleitern. Im Hotel ist es genauso.

Meine Eltern, Jaime und ich kümmern uns abwechselnd um Annette, auch in der Nacht, falls sie aus einem Albtraum aufwacht. Während einer meiner ersten Schichten habe ich Stunden damit zugebracht, Annettes Haar zu entwirren und zu waschen, mit Hilfe der Bürste, die Jaime mitgebracht hat. Ihr Haar war wie ein Vogelnest, es waren sogar Zweige aus dem vietnamesischen Dschungel darin. Ich musste sehr vorsichtig sein, weil jede Bewegung ihr Schmerzen bereitete. Ich weigere mich immer, mich allzu viel mit medizinischen Details zu beschäftigen, aber die Anzahl und der Grad der Verletzungen sind überwältigend und unübersehbar. Und sie ist dünn geworden – noch dünner als ohnehin schon. Außerdem nimmt sie immer noch ab. Als sie ein kleines Mädchen war, habe ich sie immer geärgert, indem ich sagte, sie sei nur ein Sack Knochen mit ein paar dünnen Scheiben Räucherschinken drumherum. Jetzt ist sie ein Sack aus gebrochenen Knochen. Wenn sie schläft, mit all den summenden Maschinen um sie herum, sieht ihr Gesicht genauso aus wie das meiner Großmutter väterlicherseits auf dem Sterbebett. Meinem Vater ist es auch aufgefallen.

Annettes Mut und ihre seelische Kraft sind erstaunlich. Eine Amputation ihrer von Wundbrand zerfressenen Hände und Füße ist ihr erspart geblieben, und das hat sie den Maden zu verdanken. Diese ekelhaften Würmer haben das abgestorbene Fleisch gefressen und verhindert, dass sich der Wundbrand ausbreitete. Der Nachteil ist, dass die vielen tiefen Wunden jetzt mehrmals am Tag sorgfältig ausgeschabt werden müssen: eine schmerzhafte und zeitraubende Quälerei. Auf Jaimes Vorschlag hin habe ich ihr einen Gameboy mit einem Spiel namens Tetris gekauft, das ihr allem Anschein nach hilft, die Behandlungen besser zu ertragen. Sie spielt es immer, wenn sie sie quälen. Vollkommen konzentriert, ohne noch irgendetwas von ihrer Umgebung wahrzunehmen.

Ein großer Trost ist es auch für sie, wenn sie eine Wasserflasche in der Hand halten kann. Wenn ihr alles zu viel wird, nimmt sie einen Schluck. Das Wasser wirkt wie ein Beruhigungsmittel.

Heute Abend wollen wir ein bisschen feiern. Annette wird von der Intensivstation entlassen, und was noch schöner ist, wir dürfen ihr endlich das Essen geben, nach dem sie die ganze Woche verlangt hat: Sushi. Jaime und ich haben mit großem Vergnügen alle möglichen Lieferanten ausprobiert, damit sie wirklich das Beste vom Besten bekommt.

Der lange Flug nach Hause

Nach zwei Wochen im Mount Elizabeth Hospital in Singapur darf ich endlich in ein Krankenhaus in den Niederlanden überstellt werden. Jaime hat mit der KLM einen Superplatz ausgehandelt, der zwölf Sitze umfasst. Hinter einem Vorhang, sodass mich neugierige Passagiere und mitreisende Journalisten nicht sehen können. Er beschützt mich wie ein Bodyguard.

Es ist Zeit, »nach Hause« zu gehen. Meine Eltern, meine Geschwister und Jaime fangen an, einander auf die Nerven zu fallen. Mir macht das nichts aus, mir macht nichts mehr etwas aus. Und alles.

Der Flug ist Klaustrophobie hoch drei. Oder vier. Ich kann die Beine nicht bewegen, bin in einem schmalen Bett festgeschnallt, unter dicken Decken. Hinter einem Vorhang, in einem Flugzeug. Und das zwölf Stunden lang. Was soll das werden? Ein Ausdauertest? Hört diese Quälerei denn nie auf? Wie viel muss ich denn noch aushalten? Ich taste nach der kleinen Wasserflasche. Sie ist da, hilft jetzt aber auch nicht mehr. Ich will raus, ich muss raus! Es ist so warm! Ich zerre unter den Gurten an den Decken, aber ich habe nicht genug Kraft.

Jaime ist da. Er löst die Gurte, dann schraubt er die Wasserflasche auf und gibt mir einen Schluck. So zärtlich, als wäre ich ein Baby. Um seinetwillen reiße ich mich zusammen, und um einen guten Eindruck bei der freundlichen Stewardess, dem Purser, dem Piloten und all den Leuten zu machen, die hereinkommen und mir gratulieren. Innerlich schreie ich.

Mein Gott, es gibt Turbulenzen. Heftige Turbulenzen, heftiger, als ich es seit langer Zeit erlebt habe, abgesehen von meinem letzten Flug mit Pasje. Pasje. Ich weine.

Jaime ist wieder da. Er drückt mir den Gameboy in die Hand, um mich abzulenken, aber ich kann das Teil nicht ruhig halten. Wir fliegen ständig durch Luftlöcher, die sich anfühlen, als wären sie eigens für ein großes Flugzeug gemacht. Das Gegenteil von dem, was ich Pasje gesagt habe, als wir abstürzten. Nicht an einen Absturz denken, sondern an den Rhythmus der Luftlöcher. Es ist wie auf einem Schiff, der Himmel ist wie der Ozean. Achte nur auf den Rhythmus.

In Holland holt uns mein jüngerer Bruder Bernard vom Flughafen ab. Ich breche in Tränen aus, als ich ihn sehe. Von all meinen Geschwistern steht er mir am nächsten. Pasje ging es genauso, er hatte ihn sogar schon gefragt, ob er sein Trauzeuge sein wollte. Bernard kennt mich besser als irgendjemand sonst.

Ich spüre, wie sehr ich ihn in der Familiendynamik in Singapur vermisst habe. Mit einem Augenzwinkern hätte er alles ins rechte Licht gesetzt. Wie Pasje. Der hätte auch alles in Ordnung gebracht. Gut, dass ich wenigstens Bernard noch habe.

Ich bin sehr froh, dass er mich im Krankenwagen ins Universitätshospital von Leiden begleitet. Einfach froh, ihn bei mir zu haben. Aber er ist so emotional, er hat sich überhaupt nicht unter Kontrolle, sieht mich nur ständig an, und die Tränen laufen ihm über die Wangen. Und dann sagt er mir, dass er mich liebt. Mein Bruder! Mein Macho-Bruder, mein Komplize bei allen Streichen! Ich tätschele ihm den Arm, um ihn zu trösten. Lachen soll er! »Berrie, mach dir keine Gedanken, so schlimm war es gar nicht im Dschungel. Eigentlich ist der Dschungel schön.« Er hört auf zu weinen. »Unkraut vergeht nicht«, füge ich hinzu. »Jedenfalls nicht im Dschungel, da wuchert es eher.« Er lacht.

Bei meiner Ankunft im Krankenhaus werde ich geradezu ehrfürchtig behandelt. Außerdem tragen alle Handschuhe, Haarschutz und Masken. Ich bekomme ein großes Einzelzimmer, damit ich meine Ruhe habe. Alle reden davon, wie man die Presse am besten raushält.

Am nächsten Tag werde ich auf Tropenkrankheiten getestet. Dann beginnen die Besuche. Ein Familienmitglied nach dem anderen, viele Freunde. Alle sind nervös, wenn sie das erste Mal in mein Zimmer kommen. Sie haben offenbar keine Ahnung, was sie erwarten sollen. Es ist komisch, ich fühle mich ja wie immer, aber sie behandeln mich, als käme ich von einem anderen Planeten. *Hallo! Ich bin's! Benehmt euch normal, es geht mir gut!* Na ja, vielleicht war ich zu Besuch auf einem fremden Planeten, aber das war der einfachste Teil der ganzen Sache. Denn jetzt bin ich zurück und bin einfach nur ich. Mit dieser schweren Last im Herzen: Pasje ist tot. Das ist alles, was zählt.

Ich tue, was ich immer tue: Ich konzentriere mich auf denjenigen und das, was vor mir ist. Einige Leute klammern sich an mich, andere können gar nichts sagen vor lauter Nervosität, wieder andere weinen. Ich versuche, es ihnen leicht zu machen, durch ein paar Scherze zum Beispiel. Sanfte Scherze, nicht die zynischen, die mir durch den Kopf gehen. Ich könnte ja auch so tun, als hätte ich keine Arme mehr. Oder einen Krampfanfall simulieren.

Ich bekomme jede Menge Post, sehr freundliche Briefe, manche eher ungeschickt, andere richtige Kunstwerke. Ich mache sie auf und lese sie den Besuchern vor, die von morgens bis abends bei mir auftauchen. Meine besten Freunde kommen jeden Tag. Bernard serviert ihnen Bier und Tapas, er hat extra einen Kühlschrank gekauft. Es ist wie in einem Club, und jeder einzelne Besuch ist von unschätzbarem Wert. Wenn nur Pasje da sein könnte.

Perspektiven

Eine Freundin: Seit dem Absturz war ein Monat vergangen. Annette war von den Toten auferstanden und befand sich in einem Krankenhaus in Leiden. Es kam mir gar nicht in den Sinn, diese mythische Gestalt zu besuchen, sie hatte engere Freunde als mich. Aber ich dachte viel an sie.

Ich versuchte, mich in sie hineinzuversetzen, aber das gelang mir wie üblich nicht. Körperlich würde sie sich erholen, hörte ich, aber was war mit ihrer Seele? Würde sie in ein Kloster oder eine psychiatrische Klinik gehen? Das waren wahrscheinlich die einzigen Möglichkeiten.

Eine gemeinsame Freundin rief mich an. Sie hatte Annette besucht, und die hatte sie gebeten, mich einzuladen. Mich! Wusste sie noch, wer ich war? Was konnte ich denn unter diesen Umständen für sie tun?

Ich saß neben dem Telefon, den Zettel mit ihrer Nummer in der Hand. Los jetzt! Vier Mal nahm ich den Hörer in die Hand, vier Mal legte ich ihn wieder hin. Wie macht man so einen Anruf? Beim fünften Mal hielt ich durch, mit einem seltsamen Gefühl in der Kehle.

»Hallo?« Ihre Stimme klang überraschend vertraut.

»Hallo, Herf«, sagte ich leise.

Plötzlich klang die Stimme ganz fröhlich. »Hallo, du! Wann kommst du mich besuchen?«

Am nächsten Tag ging ich hin. Vor der Tür zögerte ich ein wenig, dann betrat ich das Zimmer, ohne zu wissen, was ich erwarten sollte. Annette lag in ihrem Krankenhausbett und sah blass und schwach aus, abgesehen von ihren Augen. Ebenso wie ihre Stimme hatte sich ihr Blick nicht verändert, er war immer noch scharf und voller Interesse.

Sie wollte wissen, wie es mir ging. Ich dachte, das würde sie nur belasten, aber der Patient hat immer recht, also erzählte ich. Vielleicht wollte sie verdrängen, was passiert war, taten das nicht viele Traumaopfer? Aber wenn es so war, kam sie bemerkenswert gut damit klar. Nachdem ich ihr so ziemlich alles erzählt hatte, was mir in den letzten Jahren widerfahren war, fragte ich sie vorsichtig, wie es ihr ginge. Ich wagte kaum, das Wort »Absturz« oder »Unfall« zu benutzen. Aber sie erzählte ohne Zögern davon, schnörkellos, klar und deutlich. Ohne Drama. Es war vertraut und fremd zugleich, als säßen wir einfach bei einem Drink und plauderten.

Bei meinem nächsten Besuch war sie schon zu Hause bei ihren Eltern. Sie freuten sich, mich zu sehen und dass ich Annette besuchte. So waren sie einfach, immer bereit, ihr Haus für andere zu öffnen. Inzwischen konnte Annette aufrecht sitzen, und sie wurde ins Wohnzimmer gefahren. Ein muskulöser Mann in weißem T-Shirt und Jeans schob den Rollstuhl. Er hatte sehr lange Haare, wie ein Mädchen. Ich dachte, er wäre wohl ein Mitarbeiter des Pflegedienstes.

»Darf ich Ihnen Jaime vorstellen«, sagte Frau Herfkens. Jaime?! Annettes berühmter Kollege, der Bankdirektor? Der Mann, der Annettes Eltern nach dem Absturz gesagt hatte, er sei sicher, dass ihre Tochter noch lebte? Der sich auf den Weg nach Vietnam gemacht hatte, um Annette zu suchen? Er sah überhaupt nicht aus wie ein Banker oder wie so ein glatter Latino-Macho. Er hatte so lange Haare!

Um meine Verwirrung zu verbergen, stellte ich Annette eine Frage. Ich wollte fragen, wann die nächste Operation sei, und stattdessen fragte ich: »Wann findet deine Beerdigung statt?«

Die Beerdigung

Am Tag von Pasjes Beerdigung werde ich mit einem Krankenwagen von der Klinik in seine Heimatstadt im Süden gefahren. Meine Schwester begleitet mich auf der zweistündigen Reise. Fröhlich wie immer, stützt sie meinen Mut. Denn Mut brauche ich, und ich hole ihn aus jedem schmerzenden Teil meines Körpers. Meine Mutter wollte mich nicht fahren lassen, sie glaubt, es ist zu früh, zu riskant und zu kalt. Sie hat immer noch Angst, mich zu verlieren.

Für den Gedenkgottesdienst muss ich auf einer Trage hineingetragen werden. Ich habe mich ein bisschen geschminkt. »Es wird sehr viel Presse da sein«, sagt meine Schwester, während sie meine Haare mit einer der Spangen aus Tokio zusammenfasst. Diese Haarspangen, die ich niemals tragen sollte. Die Spange ist schwarz. Ich muss schwarz tragen, ich bin Witwe.

Meine Ankunft könnte kaum dramatischer sein. Blitzlichter und eine Menschenmenge begrüßen mich, als die Tür des Krankenwagens aufgeht. Zwei Sanitäter bringen mich schnell in die kleine mittelalterliche Kirche. Sie tragen mich durch die Vorhalle in einen Nebenraum, wo ich erst einmal zu Atem kommen kann. Jemand erklärt mir, was als Nächstes passieren wird, wie ein Hochzeitsplaner. Ich höre nicht zu. Ich kann das nicht, ich habe keine Ahnung, was mich erwartet, aber auch viel zu viel Angst, zuzuhören.

Als sie mich hineintragen, ist es ein bisschen wie bei einer Hochzeit. Sie gehen langsam, mit stetigen Schritten. Die Braut eines Leichnams. Die Menschen drehen sich um und sehen mich an, Kirchenbank um Kirchenbank. Ich halte den Blick fest auf meinen Bräutigam am Altar gerichtet. Er liegt in einem Sarg.

Meine Träger gehen mit feierlichem Schritt weiter. Noch zehn Reihen, noch fünf. Noch eine. Und jetzt? Ich kann den Sarg beinahe berühren. Mein Strauß aus weißen Rosen liegt auf dem Sarg, »Dag Pasje« – Tschüs, Pasje –, steht auf dem Seidenband. Wir wenden uns nach links. Sie stellen mich langsam auf dem Boden ab, als würden sie mich in ein Grab senken.

Das könnten sie eigentlich auch tun.

Die Beerdigung ist fast nicht zu ertragen. Die Familie van der Pas hat die Kontrolle übernommen und Willem zurückgefordert. Ich habe nichts zu sagen und musste bei jedem Musikstück diskutieren. Wären wir verheiratet gewesen, dann müssten sie mich bei jedem Detail fragen. Jetzt werde ich behandelt wie ein Gast. Was für einen Unterschied so ein kleines Stück Papier doch ausmacht. Meinen Eltern haben sie gesagt, sie wollten mich nicht belasten.

Oh, und nach der Zeremonie – es wird mir doch wohl hoffentlich nichts ausmachen, dass ich nicht in der Reihe der Familienmitglieder stehe, um die Beileidsbekundungen entgegenzunehmen? Frau van der Pas macht sich Sorgen, dass sich sonst alle Aufmerksamkeit auf mich richtet, wegen dieser Überlebensgeschichte und so weiter. Es wird mir doch hoffentlich nichts ausmachen, in einer Ecke zu stehen, möglichst weit weg von allen? Nein, es macht mir nichts aus. Ich will keine Aufmerksamkeit. Ich will, dass Pasje mich in den Arm nimmt. Er hätte über seine Familie gelacht und mir gesagt, dass alles gut ist.

Ich habe ein paar von seinen Lieblingsmusikstücken für die Zeremonie ausgewählt: »With or Without You« von U2, »What Is Life« von Gluck. Die zwei brechen mir schon fast das Herz, aber bei »Gracias a La Vida« von der Chilenin Violeta Parra ist es vorbei. Der zarte Klang des Gitarren-Intros und die starke Stimme von Mercedes Sosa.

Ich danke dem Leben, das mir so viel gegeben hat.
Es hat mir Lachen und Sehnsucht gegeben.
Mit ihrer Hilfe unterscheide ich Glück und Schmerz,
die zwei Stoffe, aus denen meine Lieder sind.
Und dein Lied auch, denn es ist dasselbe Lied.
Und das Lied aller Menschen – mein Lied.

Kapitel 3

Danach

Wieder zu Hause

Meine Familie sorgt dafür, dass ich Weihnachten nach Hause darf. Sie halten das für wichtig, und sie haben recht. Ich habe Glück, dass meine Eltern mich so bei sich aufnehmen können, in einem Krankenhausbett mit einem »Galgen« zum Hochziehen. Das Bett steht in ihrem Esszimmer.

Ich komme mit vielen Anweisungen. Die Wunden an meinen Armen und Beinen müssen versorgt werden. Ich habe zwei Hauttransplantationen bekommen, zwei parallele Hautstreifen aus meinem Oberschenkel sind verpflanzt worden. Sie sehen aus wie mit einem Käsehobel abgeschnitten, mit etwas zu viel Begeisterung und zu dick, sodass mein Oberschenkel wohl nie ganz abheilen wird und ich zwei sichtbare Erinnerungen behalte: zwei parallele breite Narben, wie Landebahnen.

Die Haut ist dann gedehnt worden, um die große, klaffende Wunde auf meinem Schienbein zu bedecken, oder besser gesagt den Knochen, und zwei weitere große Wunden an meinem rechten Arm. Eine befindet sich am Ellbogen, sodass ich den Arm kaum bewegen kann.

In meinem Kiefer befinden sich immer noch vier Schrauben, ich kann also noch nicht richtig kauen. Ich bin so mager, dass ich fast Liegegeschwüre bekomme, wie eine alte Frau. Meine Mutter weiß, was da zu tun ist, sie hat die Liegegeschwüre ihrer Mutter behandelt, als es mir ihr zu Ende ging. Ich bekomme ein Silikonkissen unter den Hintern.

Besucher kommen und gehen, von morgens bis abends.

Meine Freunde, Freunde meiner Mutter, Cousins und Cousinen, Tanten, noch mehr Freunde. Ich habe schon vergessen, dass ich in Holland so viele Freunde habe. Meine Mutter ist eine gute Gastgeberin, ich auch. Morgens ist der Schmerz nur dumpf zu spüren, aber im Laufe des Tages, wenn viele Besucher da waren, wird es immer schlimmer. Zwischendurch weine ich. Nachts, wenn alle weg sind, weine ich, weil ich es nicht mehr aushalte. Im calvinistischen Holland gibt es nur Paracetamol für mich.

Meinen Zehen geht es besonders schlimm. Zwei Zehenspitzen sind weg, die Nerven liegen blank. Die anderen Zehenspitzen sind immer noch schwarz. Nach etwa einem Monat fallen sie einfach ab, wie Fingerhüte.

Jaime hat mir einen neuen Nintendo mitgebracht, der noch besser ist als der Gameboy, den ich im Krankenhaus hatte. Jetzt können die anderen mitspielen oder mir auf dem Fernsehbildschirm zusehen. Gäste, die an solche elektronischen Spielzeuge nicht gewöhnt sind, fasziniert das, und bei der neuen Version kann ich meine Fortschritte aufzeichnen. Ich kann einfach aufhören, wenn es Zeit ist, meine Wunden zu behandeln.

Ich spiele ständig. Um mich von meinen Gedanken abzulenken, um mich von meinen Wunden abzulenken, um mich überhaupt abzulenken. Und es hilft.

Es ist komisch, wieder in Holland zu sein und eine so andere Rolle zu spielen. Oder besser gesagt, mehrere verschiedene Rollen. Zum ersten Mal bin ich auf der Verliererseite und sehe das Leben von dort aus. Ich stehe mit leeren Händen da.

Ich höre viel zu. Viele Freunde wollen mir ihre Geschichten anvertrauen, vielleicht, weil ich von außen komme, weil ich nicht mehr in diesem Land lebe. Vielleicht, weil ich dem Tod ins Auge gesehen habe. Aus welchem Grund auch immer, ich finde es gut, und es fühlt sich ganz natürlich an. Ich bin heiterer Stimmung, ich möchte gern helfen, überhaupt bin ich sanfter geworden. Aber meine scharfe Zunge funktioniert noch. Ich gebe meiner neuen Wirklichkeit mit Scherzen Ausdruck, über meine neue Mitgliedschaft im Club der Verlierer. Mir fällt auf, dass bestimmte Leute eine besondere Verbindung zu mir spüren: Menschen, die auf die eine oder andere Weise Verlust erfahren haben. Einige verwitwete Freundinnen meiner Mutter – der Witwenclub. Eine Freundin mit Diabetes – der »Loch im Bein«-Club.

Mit einigen nehme ich die Verbindung auf, aber ich muss mich auch abgrenzen. Ich bin vorsichtig. *Hey, das bist du, das bin nicht ich!*, denke ich immer wieder, teils aus falschem Heldentum, teils zur Selbstverteidigung. Es fällt mir immer noch schwer, zu glauben, was da passiert ist, und die altgedienten Clubmitglieder machen alles so real, indem sie mich behandeln wie eine der ihren. Ich lerne noch, was das heißt. Ich weiß noch nicht, wie es sich anfühlen wird, nicht mehr zum Abendessen eingeladen zu werden, weil man allein ist, nicht mehr Teil eines Paares. Ich habe noch nicht darüber nachgedacht, welche Kleidung ich brauche, um meine Narben zu verdecken, oder ob ich weiterhin Bikini tragen kann. So weit bin ich innerlich noch nicht. Aber jetzt, wo ich darüber nachdenke – um meine Beine ist es schon schade. Sie waren immer ein großes Plus.

Natürlich bin ich auch das Opfer eines Flugzeugabsturzes, eine Überlebende, und damit Mitglied eines sehr kleinen Clubs. Ein Mann schreibt mir, ein Niederländer, der 1954 einen Absturz überlebt hat. Er gibt mir den Rat, mich nicht vorschnell mit Vietnam Airlines zu einigen. Er hatte viel mehr Verletzungen, als man am Anfang dachte. »Das wahre Ausmaß des Schadens wird erst mit der Zeit sichtbar.« Nicht sehr aufbauend, aber es bereitet mich auf die Folgen dieser Mitgliedschaft vor.

Während ich im Krankenhaus liege, stoßen irgendwo in Portugal zwei Flugzeuge auf einer Start- und Landebahn zusammen. Alle Passagiere überleben. Der Unfall wird ständig im

Fernsehen gezeigt. Mich betrifft das nicht, aber alle warten auf eine Reaktion von mir.

Meine Mutter staunt über das Psychologenteam, das sofort bereitsteht, um sich um die Opfer zu kümmern. »Du hattest nicht mal einen Therapeuten«, sagt sie grimmig.

Tatsächlich will ich auch keinen. Ich ärgere mich über das Geraune der Familie hinter meinem Rücken. Der wichtigste Traumaexperte in den Niederlanden, ein Psychiatrieprofessor, hat mich in einer bekannten Zeitschrift eine ganze Seite lang analysiert, obwohl er nie Kontakt mit mir hatte. Dann schreibt er an meine Eltern und bietet an, mich kostenlos zu behandeln – ich sei so ein interessanter Fall. »Nein danke«, sage ich.

Wenn mich irgendetwas verrückt macht, dann das ganze Theater um mich. Und natürlich die Schmerzen. Ständige Schmerzen. Mein Körper ist traumatisiert, nicht meine Seele. Mein Herz braucht Heilung, mein Kopf ist ganz in Ordnung.

Gedanken zum Thema Psychotherapie

Damals war mir nicht klar, warum die Leute meinten, ich brauchte eine Psychotherapie. Ging es um meine Gefühle oder um das, was sie dachten, dass ich fühlen sollte? Glaubten sie, es fiele mir schwer, über den Absturz zu reden? Nein, es fiel mir gar nicht schwer. Ihnen manchmal schon. Aber ich redete. Ich redete ständig über Pasje, und das tue ich bis heute, ob es mir oder anderen schwerfällt oder nicht. Meine größte Wunde war der Verlust von Pasje, die Tatsache, dass ich verwitwet war. Das war schwer und traurig, aber es gab Millionen von Witwen auf der Welt, und ich war jetzt halt eine von ihnen.

Im Rückblick verstehe ich, warum die Leute meinten, ich müsste mehr über meine Zeit im Dschungel reden. Über den Geruch und den Anblick der Toten. Sie machten sich Sorgen, dass ich ein Trauma verdrängte, aber das war nicht der Fall. Ich hatte damit keine Probleme. Wenn überhaupt, dann half mir die Dschungelerfahrung durch den Schmerz hindurch. Aber das wussten sie nicht, und ich hatte es auch noch nicht begriffen.

Therapeuten können Licht auf Dinge richten, die zu schmerzhaft sind, als dass man sich erinnern könnte, oder auf Dinge, die man selbst nicht anschauen kann. Aber ich habe den Dschungel nie vergessen. Ich erinnere mich an jede Einzelheit. Ich bin mir aller Details bewusst und kann mich erinnern, wann immer ich will. Ich habe das alles nicht verdrängt, sondern integriert. Lange Zeit habe ich mit allen darüber gesprochen, dann irgendwann nicht mehr. Und dann habe ich beschlossen, darüber zu schreiben.

Ich weiß, dass eine Therapie eine sichere Umgebung schaffen kann, um schmerzhafte Erinnerungen zu verarbeiten. Aber für mich war der Dschungel diese sichere Umgebung. Die sicherste, die ich mir denken konnte. So sehr, dass ich noch heute oft in Gedanken dorthin zurückkehre, wenn ich mich sicher fühlen möchte. In jenen acht Tagen habe ich mich beschützt gefühlt, ich hatte keine Angst. Ich hatte Zeit, mich zu sammeln, ich bin nicht in Panik geraten. Am Anfang stand mein Geist über den Dingen, dann stand mein Herz über meinem Geist. Ich habe mich emotional und körperlich ergeben: dem Augenblick, der Natur und letztlich Gott.

Danach hat mich niemand gefragt, und ich habe nicht davon erzählt. Ich hatte noch nicht begriffen, dass es eine Einheitserfahrung war. Und am Ende stellte sich heraus, dass es ein Geschenk war. Ein Geschenk, das über meine Seele hinausführte. Ich hatte darüber hinausgeschaut.

Und warum dachte ich nicht an die Maden? An den Geruch? Weil sie mir nicht so wichtig waren wie die Schönheit, der Friede, die Sicherheit des Dschungels. Sowohl während meiner Zeit im Dschungel als auch später habe ich beschlossen, die schlimmen Dinge nicht zu verdrängen, aber etwas anderes anzuschauen. Das ist etwas anderes als Verdrängung und Vergessen. Ich konnte meine Augen von den Maden abwenden und die Schönheit anschauen. Und das habe ich getan.

Verbindungen

Während ich in meinem Krankenhausbett liege, in der tröstlichen Umgebung des Esszimmers meiner Eltern, fühle ich mich verpflichtet, anderen Menschen zu helfen, die einen Verlust erlitten haben. Ich lebe mit einem gebrochenen Herzen, und jetzt denke und handle ich von dieser Verletzung aus. Ich möchte mich nützlich machen, und deshalb gebe ich mir Mühe, Kontakt zu den Angehörigen der anderen europäischen Opfer aufzunehmen: ein Schwede, ein Engländer, eine Französin. Ich will diese Angehörigen wissen lassen, dass ich während des Absturzes nichts gespürt habe.

Mit einiger Mühe bekomme ich von den Botschaften die Telefonnummern. Ich muss die Botschaftsangestellten überzeugen, dass ich tatsächlich die Frau bin, die mit ihren Leuten in einem Flugzeug saß. Dass ich es gut meine. Dass ich den Familien nur sagen will, dass ihre Lieben ihre letzten Stunden oder Augenblicke nicht in Angst und Schrecken verbracht haben.

Die Familie der Französin verweigert jeden Kontakt, aber die Telefonnummern der britischen und schwedischen Familie bekomme ich. Als ich den Vater von Hamish, dem britischen Opfer, anrufe, ist seine Schwester am Telefon. Sie sagt mir, sein Vater könne nicht mit mir reden, bittet mich aber, ihr alles ganz genau zu erzählen. Das tue ich. Sie dankt mir höflich und verspricht mir, ihrem Vater davon zu berichten.

Als ich die schwedische Witwe anrufe, bricht sie in Tränen aus. Sie ist sehr dankbar für meinen Anruf. Sie hat sich immer wieder vorgestellt, was ihr Mann erlebt haben mag, seit dem

Unfall raubt ihr dieser Gedanke den Schlaf. Sie waren achtunddreißig Jahre verheiratet. »Wir waren sehr glücklich, und wir haben so viele Freunde, die nicht glücklich miteinander waren. Einige Frauen wären froh, wenn ihr Mann tot wäre. Es ist so unfair«, schluchzt sie. Diese Reise sollte die letzte Geschäftsreise ihres Mannes sein. Sie hatten sich eine Wohnung in Portugal gekauft und freuten sich auf den Ruhestand. Sie tut mir leid. Ich tue ihr leid.

Ich bin Teil der häuslichen Routine geworden. Mit meinem Bett im Esszimmer stehe ich buchstäblich im Mittelpunkt und damit ständig zwischen meinen Eltern. Ich sehe meinem Vater zu, der im angrenzenden Wohnzimmer seinen Papierkram erledigt. Wenn ich den Kopf drehe, sehe ich meine Mutter in der Küche, die die Hinterlassenschaften der Besucher wegräumt. Sie wechseln zwischen den beiden Bereichen hin und her, um Dinge zu besprechen.

Eines Tages ist mein Vater dabei, einige Rechnungen zu bezahlen, und sagt meiner Mutter, dass er Willems Eltern noch die Hälfte der Kosten für die Zeitungsanzeige schuldet, die nach unserem Verschwinden geschaltet wurde. Herr van der Pas hat tatsächlich deshalb angerufen.

»Ach, und wenn wir gerade davon sprechen, er hat mich gebeten, dich zu fragen, ob Willem eigentlich wirklich das Grundstück in Chile gekauft hat, wie er es geplant hatte.«

Plötzlich werde ich wütend. Ich rege mich über diese holländische Art auf, immer zuerst ans Geld zu denken. Unter allen Umständen.

»Warum denken diese Leute denn jetzt an das Geld?«

Ich habe im Dschungel unter großem Druck gelernt, mit Schock und Verleugnung zurechtzukommen – die ersten beiden Phasen der Trauer, wie ich später erfahre. Jetzt muss ich mit Schuldgefühl, Zorn und Depression klarkommen. Zwischen den Besuchen. Mit dem *Warum*. Warum ich, warum nicht Pasje, warum, warum, warum?

Während meine Mutter die Kaffeetassen, die Teetassen, die Bier- und Weingläser in die Spülmaschine packt, erleichtert mir der Abstand zwischen dem Esszimmer und der Küche das Schreien. Ich schreie nach Herzenslust.

Mein Zorn wird durch das Verhalten von Herrn und Frau van der Pas geschürt. Sie grenzen sich so offensichtlich von mir ab. Und von meinen Eltern. Obwohl meine Eltern Pasje geliebt haben wie einen eigenen Sohn, ist die Trauer der van der Pas' anders. Sie gehört ihnen allein. Meine Eltern verstehen das. Ich nicht.

Dann kommen Pasjes Eltern eines Tages endlich zu Besuch. Als sie das Zimmer betreten, geht sie voran, er folgt ihr pflichtschuldig. Willem hat immer gesagt, er wolle nicht so werden wie sein Vater. Das hätte er beschlossen, als er sechzehn Jahre alt war und ihn seine erste Liebe verließ, um nach Paris zu gehen. »Da wusste ich, ich konnte so werden wir er, aber ich wollte kein Schwächling sein.« Und das war er auch nicht. Aber er hat die Wärme seines Vaters mit dem guten Aussehen seiner Mutter kombiniert.

Sie setzen sich zu mir. Sie ist kühl, er schüchtern. Ich schaue ihre Augen an. Es sind Willems Augen, aber doch nicht ganz. Ich beschließe, beim Reden lieber seinem Vater in die Augen zu sehen.

Ich falle zurück in die Rolle, die ich immer gespielt habe, wenn ich bei ihnen war. Mit achtzehn, neunzehn, zwanzig Jahren. Bevor sie anfing, mich abzulehnen, aus Gründen, die ich nie begriff. Ich liebte das Haus und alles, was darin war, die Einrichtung, das Essen, den Garten, die Familie. Ich fühlte mich zu Hause dort.

Wie damals erzähle ich Pasjes Eltern Geschichten. Ich erzähle ihnen, dass ich mit den Familien der anderen Absturzopfer gesprochen habe, mit der Schwester des Engländers und der schwedischen Witwe. »Unglaublich, oder?«, sagte ich. »Auf der letzten Geschäftsreise. Dann sollte der Ruhestand beginnen, sie wollten nach Portugal ziehen. Die arme Frau.«

Willems Eltern sehen jetzt entspannter aus. »Die Engländerin war weniger gesprächig«, fahre ich fort. »Nicht so offen. Vielleicht wollt ihr ihre Telefonnummer haben? Könnte ja sein, dass ihr eine Sammelklage anstrebt.« Es soll eine nette Geste sein, ich bin ja nicht erbberechtigt. Sie haben meinen Eltern gegenüber absolut klargemacht, dass sie Willems Erben sind, nicht ich. Schließlich waren wir nicht verheiratet. Ich gebe ihnen alle Telefonnummern, und es sieht so aus, als tauten sie langsam auf.

Ich erzähle ihnen von Noemi, die gestern Abend angerufen und gefragt hat, ob es uns gefallen würde, wenn sie eine Schule nach Pasje benennen.

»Die Willem-van-der-Pas-Schule«, spreche ich es laut aus. Das begeistert sie.

Beim Rausgehen erzählt Herr van der Pas meiner Mutter, dass er auf eine Weise froh ist, mit seiner Frau trauern zu können. Er hat ihre Trauer um ihre schwere Kindheit nie mit ihr teilen können, jetzt geht das, und dafür ist er dankbar. So kann man das auch sehen. Mag sein, dass er ein Schwächling ist, aber irgendwie ist er auch ein Heiliger. Seine Schwäche macht ihn stark.

Aufstehen

An Silvester mache ich meine ersten Schritte. Die ganze Familie ist dabei. Mein Vater geht neben mir her mit demselben Blick, den er wohl gehabt hat, als ich vor dreißig Jahren zum ersten Mal über denselben Teppich ging. In diesem Wohnzimmer, die gleiche Strecke. Ich bin erleichtert, dass ich es bis zur Couch schaffe. Neben dem Weihnachtsbaum, der ganz mit Silber und Engelshaar geschmückt ist. Wie immer gibt es auch ein paar echte Kerzen. Meine Geschwister und ich haben früher immer um den Baum gesessen und die Kerzen beobachtet. Jeder von uns hat sich eine Kerze ausgesucht, und es ging darum, welche als letzte ausging. Am Ende flackerten die Kerzen immer, als kämpften sie um ihr Leben. Mein Vater hat es einmal mit einer kämpfenden Seele verglichen. Pasje hat nur schief gelächelt. Er und einige andere hielten die Scherze meines Vaters für ziemlich schräg. Mein Pasje, der nicht kämpfen durfte.

Ich bekomme einen Brief vom Internationalen Direktor der Vietnam Airlines, abgesandt in Hanoi am 28. Dezember 1992: »Zum Beginn des neuen Jahres 1993 grüße ich Sie herzlich. Ich hoffe, Ihre Gesundheit ist bald wiederhergestellt. Fröhliche Weihnachten und die besten Wünsche für ein glückliches Jahr 1993, für Sie und Ihre Familie.«

Kein Wort über Pasje.

Eine Woche später erhalte ich eine Mitteilung, dass auf der Post ein Paket für mich liegt. Es kommt von Vietnam Airlines und enthält unsere Sachen, die im Dschungel gefunden wurden. Umringt von meiner Familie, öffne ich die Schachtel. Als ich das erste Päckchen aufmache, zittern mir die Hände. Pasjes 1940er Rolex! Sie ist verrostet und um Mitternacht stehen geblieben.

Meine Sachen sind in einem eigenen Behälter: drei Päckchen Zigaretten, ein Einwegfeuerzeug und eine Kamera.

Es ist ein sehr ergreifender Moment. Mein Bruder macht am Ende einen Witz und sagt, dass er jetzt aufhört zu rauchen. »Ich habe dir nicht geglaubt, dass du noch Zigaretten hattest, als du aufgehört hast. Aber wenn du es geschafft hast, dann kriege ich es auch hin.«

Die Kamera, so stellt sich später heraus, funktioniert noch. Und es ist ein Film drin, den ich entwickeln lasse. Die Bilder sind ein bisschen vergilbt, aber scharf: Aufnahmen von mir und Numachi in Tokio und das letzte Bild von Pasje, fotografiert auf dem Balkon seines Hotelzimmers am 13. November 1992.

Numachi kommt mich besuchen und bringt zwei Flaschen Sake aus Tokio mit, in denen Goldblättchen schwimmen. Er schüttelt die Flasche wie eine Schneekugel, um mir die goldenen Flocken zu zeigen. Das berührt mich sehr. Numachi ist der letzte Lebende, der mich noch im alten Zustand gesehen hat. Und er war auf eine Art mit mir im Dschungel, in Gestalt des toten Vietnamesen. Im Geiste. Jetzt sitzt er hier bei mir in dem Haus, in dem ich aufgewachsen bin. Mir fehlen die Worte.

Den ganzen Januar verbringe ich damit, wieder auf die Beine zu kommen, im wörtlichen wie auch im übertragenen Sinne. Nach mehr als einem Monat im Krankenhaus und in einer krankenhausähnlichen Situation kommt mir die Außenwelt gefährlich vor. Mein erster Frisörbesuch fühlt sich an wie eine Expedition. Die Autofahrt macht mir Angst, selbst auf dem Beifahrersitz. Und alle kennen mein Gesicht aus den Zeitungen, die mich als »Heldin« beschreiben. Tatsächlich fühle ich mich wie ein gefangenes Tier, das wieder in die Wildnis entlassen wird. Als ich zum ersten Mal ein Restaurant betrete, wird es plötzlich still im Raum. Ich spüre, dass ich unter Beobachtung stehe.

Am 1. Februar fliege ich zurück nach Madrid. Mit Jaime. Mein erster Flug als normaler Passagier. Es ist schrecklich, auch wenn sich Jaime um alles kümmert. Aber ich habe keine andere Wahl, ich muss mein Leben wieder aufnehmen und anfangen zu arbeiten, und ich bin Bankerin und Vielfliegerin.

Eine Woche darauf bin ich das erste Mal wieder im Büro. Die Kollegen begrüßen mich leicht nervös. Meine Chefin ist freundlich und heißt mich willkommen, aber sie scheint jeden Blickkontakt zu meiden. Viele andere verhalten sich ähnlich. Einer der Hausmeister hat mir einen Spezialhocker gebaut, auf den ich meine Beine legen kann. Ich muss sie immer noch hochlegen, damit sie nicht anschwellen. Der Hocker ist mit rotem Teppich belegt.

Und so kehre ich mit einer neuen Haut in meine alte Wirklichkeit zurück. Mit einer dünneren Haut. Meine Freunde, meine Familie in den Niederlanden haben mir bisher eine warme Decke umgelegt. Sie alle haben Pasje gekannt und geliebt. In Madrid kannte ihn niemand, nicht einmal Jaime. Das ist gut und schlecht zugleich, abgesehen von der Tatsache, dass Pasje und ich hier keinen Alltag erlebt haben. So kann ich mich leichter auf andere Dinge konzentrieren. Und Ablenkungen gibt es genug: der aufreibende Job, das Nachtleben, das Zusammensein mit Jaime. Alles Dinge, an denen Pasje keinen Anteil hatte und die ich schaffe, wenn auch mit schwerem Herzen.

Wenn ich allein in meiner Wohnung bin, spüre ich seine Abwesenheit am meisten. Dann ist die Endgültigkeit auf einmal da. Die Endgültigkeit von niemals und immer: Mein Pasje, mein Kompass und Alter Ego, ist nicht mehr da. Ich kann ihn nicht anrufen, kann seine Stimme nicht mehr hören. Kann ihn nicht nach seiner Sicht der Dinge fragen. Nie mehr. Unser gemeinsamer Blickwinkel existiert nicht mehr. *Wir* existieren nicht mehr.

So wunderbar sie auch sind, können meine Freunde den Verlust der Zukunft nicht ausgleichen. Und ich kann ihnen nicht vorwerfen, dass sie eine eigene Zukunft haben. Trotzdem tue ich es. Ihr Leben hat nicht aufgehört, sie leben einfach weiter. Ihre schwindende Aufmerksamkeit nach der Überdosis nach dem Absturz tut mir weh. Sie heiraten, kriegen Kinder. Es fällt mir schwer, nicht neidisch zu sein. Ich bin wütend. Wütend auf den Tod, auf das Leben, auf all meine unerfüllten Erwartungen.

Es gibt mehr als genug, worüber ich mich ärgern kann. Pasjes Familie, die mir den Eindruck vermittelt, mich verraten und ihn gestohlen zu haben. Sein Arbeitgeber, der mich vernachlässigt. Und die vietnamesische Regierung. Kurz vor Weihnachten, einen Monat nach dem Absturz, hat sie ein Gesetz verabschiedet, in dem sie die Verpflichtung der Airline zur Entschädigung von Ausländern bei einem Flugzeugabsturz beschränkt.

Ich glaube nicht, dass die Leute in Madrid mitbekommen, wie es in mir aussieht. Nach außen hin bin ich wie immer, fröhlich, immer zu einem Scherz aufgelegt. In meinem Inneren rotieren die bitteren Gedanken.

Ein neues Gesetz, eigens für uns. Was für ein nettes Weihnachtsgeschenk! Hätten sie ihre Energie nicht lieber darauf richten können, anständig zu untersuchen, was eigentlich passiert ist? Warum wir abgestürzt sind, warum es acht Tage gedauert hat, bis man uns fand? Zwanzigtausend US-Dollar. Mehr ist Pasjes Leben nicht wert? Meine Zukunft, meine Gesundheit, meine Niere? Und die ING-*Bank. Jetzt weiß ich endlich, warum sie als Kaufmannsbank bezeichnet wird. Warum kümmern sich diese Leute nicht um mich? Sie haben uns nach guter niederländischer Sitte immer wie ein Ehepaar behandelt, aber jetzt? Ein Blumenstrauß, und das war's. Kein Rechtsbeistand, keine finanzielle Unterstützung, als wäre nichts passiert. Elende Pfeffersäcke. Nach guter niederländischer Sitte, natürlich. Hätten wir doch bloß geheiratet, hätten wir doch bloß dieses blöde Stück Papier! Dann wären seine Eltern auch nicht so leicht weggekommen. Dann hätten sie mich mit einbeziehen müssen. Und als Ehefrau hätte ich wenigstens das Recht, an der Sammelklage gegen Vietnam Airlines teilzunehmen. Mit diesem blöden Stück Papier hätte ich mehrere Fliegen auf einen Streich erschlagen.*

Und dann der Groll gegen Pasjes Eltern, die mehr und mehr der Ansicht zu sein scheinen, seine Hinterlassenschaft gehöre ihnen.

»So ist das Gesetz«, sagen sie. Ja, so einfach ist das. Das Eigentum eines erwachsenen Mannes. Er war sechsunddreißig Jahre alt, nicht zwölf. Die Dinge, die uns als Paar dreizehn Jahre lang umgeben haben, befinden sich jetzt in seinem Elternhaus. Bilder, Briefe, die vielen Sachen, die wir zusammen gekauft haben, Stück für Stück, für unser künftiges Zuhause. Abgesehen von dem Geld, das ich ihm gegeben habe, um ein Grundstück in Chile zu kaufen, für unseren gemeinsamen Ruhestand. Und dann monopolisieren sie auch noch unsere Freunde! Meine Freunde. Herr und Frau van der Pas haben

eine Stiftung gegründet, zugunsten der Schule, die Noemi nach Pasje benannt hat. Und alle durften daran teilnehmen, nur ich nicht.

Gott sei Dank, dass es Miebeth gibt. Sie sorgt wenigstens dafür, dass ich meine persönlichen Gegenstände abholen kann. Aber sie hat Anweisung, genau aufzuschreiben, was ich mitnehme. Zwei silberne Salz- und Pfefferstreuer, die Pasje und ich in Chile gekauft haben. Die vielen Briefe und Zettel, die ich ihm geschrieben habe. Er hat sie alle aufbewahrt, in einer Blechdose.

Wäre ich nur eine offizielle Witwe mit schwarzer Kleidung. Dann müssten die Leute meinen Verlust anerkennen, und ich würde mich nicht so allein fühlen.

Ich bin verbittert. Sehr verbittert. Den Zorn über die ING-Bank und Vietnam Airlines löse ich auf, indem ich meine Ansprüche schriftlich geltend mache. Es führt zu nichts, aber ich fühle mich erleichtert, weil ich getan habe, was ich konnte.

Aber indem ich das *Niemals*-Urteil akzeptiere, lege ich die Saat für das *Immer.*

Perspektiven

Miebeth: Zwei Monate nach dem Absturz, Ende Januar, erfuhren wir, dass möglicherweise die Leichen vertauscht worden waren. Die Leichname der drei Europäer, die bei dem Absturz ums Leben gekommen waren, seien möglicherweise in den falschen Särgen gelandet. Jack, der Vater des britischen Opfers namens Hamish, hatte von Anfang an den Verdacht, dass sich die Vietnamesen nicht korrekt verhielten. Er ließ eine Autopsie machen, und dabei wurde festgestellt, dass es sich nicht um die Leiche seines Sohnes handelte. Hamish war nicht blond wie der Schwede gewesen, sondern dunkelhaarig wie mein Bruder.

Die britischen Behörden hatten daraufhin die Stadt Breda

kontaktiert und wollten den Sarg exhumieren lassen. Im März erfuhren wir, dass wir tatsächlich Hamish in Breda beerdigt hatten und nicht Willem.

Willem war in Schweden verbrannt worden. Der Schwede lag immer noch in der Pathologie in Großbritannien. Meine Eltern fuhren nach Stockholm, um Willems Asche zu holen.

Wir hatten alle das Gefühl, es sollte eine einfache Zeremonie geben, aber meine Mutter plante dann eine komplette zweite Beerdigung. Sie war entschlossen, diesmal ihren Willen durchzusetzen.

Ich verstand ihre Trauer, aber in Bezug auf Annette reagierten sie und ich vollkommen unterschiedlich. Meine Mutter hatte beschlossen, Annette aus allem auszuschließen, während ich all die Liebe, die ich für Willem empfunden hatte, auf Annette übertrug.

Die zweite Beerdigung

Im März teilt mir meine Mutter mit, dass sie die Leichen vertauscht haben. Unglaublich, dass Pasjes Freunde den Engländer zu Grabe getragen haben und dass Pasje in Schweden verbrannt worden ist. Pasjes Eltern reisen nach Schweden, um die Asche zu holen, und verstecken die Urne im Handgepäck, um die Formalitäten zu vermeiden. Offenbar soll es eine »zweite Beerdigung« in Breda geben. Ich bin zu der kirchlichen Feier eingeladen, aber nicht zum Tee danach. Meine Eltern sorgen dafür, dass ich eine Weile mit der Asche allein sein kann, bevor alle anderen kommen.

Auf dem Friedhof gehe ich an den Gräbern vorbei. Es ist ein schöner Friedhof, ländlich und ruhig, rundum von holländischer Landschaft umgeben: grüne Wiesen mit kräftigen Bäumen, dichte dunkelgrüne Büsche um die Grabsteine, Natur überall. Beim ersten Mal war mir das gar nicht aufgefallen. Ich erinnere mich an Fotos von dem Friedhof in den Zeitschriften, aber ich selbst habe kein Bild im Kopf. Ich sehe immer nur die weißen Rosen auf dem Sarg. Meine Rosen. Das macht mir Angst. Warum kann ich mich nicht an Pasjes Grab erinnern? Ich sehe mich um. Wie konnte das alles so kommen? Wie konnte sich unsere Geschichte von einem Märchen zu einem Horrorfilm und dann zu einer Seifenoper entwickeln?

Das letzte Mal, dass wir hier waren, war am Anfang unserer gemeinsamen Zeit. Er hatte mir immer von seinem geliebten Breda erzählt und versucht, mich zu überreden, eines Tages dort zu wohnen. Ich war da extrem zögerlich. Nachdem ich in einer größeren Stadt und nahe am Meer aufgewachsen war, kam es mir seltsam vor, beides aufzugeben. Wir gingen spazieren, obwohl ich eigentlich keine Lust hatte. Aber es war die Anstrengung mehr als wert. Wir gingen und redeten stundenlang, er den Arm um meine Schultern gelegt, wie er es so gern tat.

Die Bäume kommen mir jetzt noch schöner vor, nachdem ich im Dschungel ein ganz neues Verhältnis zu Blättern entwickelt habe. Ich atme sie förmlich ein und ziehe neue Energie aus ihnen.

Dann sehe ich seinen Grabstein. Er ist nicht rechteckig wie die anderen, sondern rund, mit einem Kupferstreifen, der herausfließt. Er sticht förmlich aus der Reihe heraus. Nicht wie er, nicht bescheiden und ruhig. Ich habe viel von diesem Stein gehört, der von dem Landhaus der Familie in der Normandie hierhergebracht worden ist. Seine Mutter wollte ihn eigentlich für ihr eigenes Grab, nun hat er ihn bekommen. Aber nachdem Willem jetzt nur noch den Platz einer Urne braucht, ist unerwartet viel Platz in dem Grab, und seine Mutter plant, sich ebenfalls darin beerdigen zu lassen. Mutter und Sohn, für immer vereint. Sie hat seinen Besitz und seine Geschichte für sich in Anspruch genommen, jetzt auch noch seinen Leichnam. Es tut weh.

Aus einem plötzlichen Impuls heraus schnappe ich mir die Urne, die auf dem Grab steht, eine einfache Schachtel aus schwedischem Holz, sie sieht ein bisschen aus, als käme sie von IKEA. Mit der Urne in den Händen gehe ich vom Grab weg zu einer Gruppe von Büschen. Ich sitze auf dem Boden unter den Bäumen, eine Weide mit grasenden Kühen vor mir. Schön ist es hier, wie auf einem Gemälde eines alten Meisters, nur nicht so viele Wolken. Es ist ein strahlender Sonnentag. Ich umarme die Urne, wiege sie in meinen Armen. Es fühlt sich wirklich gut an. Ich hatte eigentlich so getan, als ginge mich das alles nichts an. »Es ist nur seine Asche«, hatte ich gesagt. Aber es ist die Asche meines Liebsten, und es tröstet mich, ihn im Arm zu halten, und sei es nur in dieser Schachtel. Es schenkt mir Frieden.

Miebeth ruft nach mir. Sie hat nach mir gesucht, ist vor den anderen gekommen, und kann mich in den Büschen nicht sehen. Sie dreht sich um und geht zurück. Sie denkt, ich wäre mit der Asche weggegangen. Schnell komme ich unter den Bäumen hervor, die Schachtel im Arm. Sie lächelt erleichtert und umarmt mich. Zusammen stellen wir die Schachtel wieder aufs Grab, und dann warten wir auf die dreißig Leute, die sich dort versammeln. Ich stehe ein wenig abseits.

Willems Vater begrüßt alle. Er schaut bedeutsam und wiederholt dann: »Alle.«

Die Zeremonie geht weiter. Willems Vater bittet die Mutter, einige »Lieblingsgegenstände« ins Grab zu legen. Es sind Geschenke von ihr, sein Bademantel mit den aufgestickten Orten Breda und Santiago, der Aktenkoffer, den sie ihm geschenkt hat, als er seinen ersten Job bekam, und irgendein Spielzeug.

Ich kann es nicht mehr ertragen und laufe weg, über die Gräber, einfach nur weg. Dann setze ich mich auf eine Bank und suche hektisch nach der kleinen Ginflasche mit Wasser, die mein Vater mir mitgegeben hat. Er hat mit Absicht diese Flasche genommen, weil sie so klein ist. Ich setze sie an den Mund, hebe sie hoch wie die Leute in der Coca-Cola-Werbung.

»Tu den Gin weg, Herfkens!« Meine Freundin Jet ist gekommen, um mich zu retten.

Ich lache unter Tränen. »Da ist Wasser drin.« Ich stehe auf und hake mich bei ihr unter. Gemeinsam gehen wir zurück zum Grab und zu den anderen.

Es ist das letzte Mal, dass ich Pasjes Mutter sehe. Unmittelbar nach der Feier fahre ich mit meinen Eltern und meinem älteren Bruder zu ihm nach Hause, nach Dordrecht. Alle anderen gehen zum Tee in Pasjes Elternhaus.

In Den Haag hört meine Mutter bei einem Telefongespräch mit meinem anderen Bruder, Frau van der Pas hätte versucht, mich zu erreichen, um mir Willems Asche anzubieten. Sie hätte von Miebeth gehört, dass sie mir so viel bedeute. Aber als sie später mit meinen Eltern telefoniert, geht es nur noch darum, die Asche auszuleihen. Meine Mutter weiß nicht, was sie dazu sagen soll. Sie antwortet, das wäre wohl nicht so praktisch, da ich auf dem Weg über London und Paris nach Madrid reise. Frau van der Pas schlägt vor, ich könne die Urne im Handgepäck mitnehmen, das hätten sie auch gemacht auf ihrem Rückflug von Stockholm. »Es gab überhaupt keine Probleme mit dem Zoll.« Ich bitte meinen Bruder, das Angebot in meinem Namen abzulehnen. Ein wenig bitter scherze ich, ich wolle keine moderne Johanna die Wahnsinnige werden und mit dem Leichnam meines Liebsten durch Europa reisen. Zumal ich ihn dann immer im Flugzeug mitnehmen müsste, nicht in einer goldenen Kutsche.

Gedanken: Wenn jemand stirbt

Wenn jemand stirbt, wollen alle ein Stück von ihm behalten. So wie Kinder immer gern neben dem Geburtstagskind sitzen wollen. Aber es geht darum, was man absolut von diesem Menschen geschenkt bekommen hat, nicht relativ zu anderen Leuten. Ich lebe immer noch von dem, was Pasje mir geschenkt hat.

Bei Beerdigungen erfährt man oft viel über den Verstorbenen aus den Geschichten der anderen. Und man muss erkennen, dass dieser Mensch ein Leben hatte, bevor man ihn kannte.

In der Isolation der Trauer kann man das ignorieren. Eine Ehefrau kann sich die bisher unbekannten Geschichten aus dem Beruf oder dem Sport ihres Mannes anhören, sich aber immer sagen, am Ende sei er doch zu ihr zurückgekehrt. Sie war das Wichtigste in seinem Leben. Ich vermute, bei einer Mutter, die einen erwachsenen Sohn überlebt hat, ist das anders. Es ist der größte Verlust von allen.

Es war ganz natürlich, dass Frau van der Pas zu der Zeit, als Pasje starb, nicht mehr der Mittelpunkt seiner Welt war. Für sie waren die Nachrufe gleichzeitig die Belohnung für einen guten Job und ein Messer im Herzen, das die Trennung bestätigt. Und es ist nur zu verständlich, dass sie mich für diese Trennung verantwortlich machte. Und sei es nur, weil ich überlebt hatte.

Bei der ersten Beerdigung konnte man mich nicht übergehen. Die Presse hatte mich zur Nationalheldin hochstilisiert, und dann wurde ich noch dramatisch in die Kirche gefahren, auf einer Krankentrage, und später hinter dem Sarg über den Friedhof getragen. Ich sah ja selbst aus wie eine Tote. Wenigstens war das Gesetz auf der Seite der Mutter, sodass sie all sein Eigentum erhielt.

Bei der zweiten Beerdigung sah die Geschichte schon anders aus. Pasjes Mutter hatte beschlossen, die Erwachsenenjahre ihres Sohnes zu überspringen, in denen sie nur eine Nebenrolle gespielt hatte, und das Band zurückgespult bis zu seiner unschuldigen Kindheit. So konnte sie die Eigentumsrechte an ihrem Kind auf ewig in Anspruch nehmen.

Nach einem langen Lebenskampf ist Frau van der Pas fünfzehn Jahre nach Pasje gestorben. Als ich das Grab besuchte, in dem sie und Pasje liegen, hatte ich Angst, der konkrete Anblick würde mein bisschen Vergebung in Frage stellen. Aber ich sah die Schönheit. Der Stein, den ich so sehr gehasst hatte, als er nur seinen Namen trug, war mit der Zeit schön geworden.

Zwei Köpfe, die sich ergänzen

Ich habe Glück, dass ich diesen Job habe. Ich kann nach wie vor mit Anleihen handeln. Und ich habe Glück, diesen Job gemeinsam mit Jaime machen zu können.

Unsere Vorgesetzten in Spanien schätzen und respektieren uns. Sie sind nicht sehr korporativ eingestellt, denken eher als Händler. Und so führen sie auch ihre Bank. Sie verkaufen und nehmen Verluste hin, wenn es die Vernunft gebietet. Und sie halten immer eine ordentliche Reserve, damit sie in schlechten Zeiten billige Anleihen kaufen können. Sie gehen mit dem Geld um, als gehörte es ihnen, und auf eine Weise ist das ja auch so. Sie sind Haupteigner einer Bank, die ihre Väter und Großväter aufgebaut haben.

Wir sind gern Teil dieser dynamischen, wachsenden Organisation, so feudal sie sich manchmal auch anfühlt. Manchmal beordert unser Vorsitzender uns am Sonntag ins Büro, um unsere Sicht der Weltwirtschaft zu hören. Es könnte schlimmer sein. Einige Kollegen müssen mit dem Chef joggen, Golf spielen oder mit ihm im Privatjet nach Brasilien fliegen, um ihn unterwegs zu briefen.

Unsere direkte Vorgesetzte ist inzwischen Chefin der Investmentbank und nimmt uns mit. Technisch gesehen ist das eine Beförderung, wir sitzen jetzt im Vorstand. Aber wir sind vorsichtig, wir wollen Teil der »richtigen Bank« bleiben. Echtes Banking beruht auf der guten alten Angewohnheit, das Geld arbeiten zu lassen. Beim Investmentbanking geht es nur um Provisionen. Rotznasige MBAs kommen mit sexy Geschäftskonstruktionen daher, machen Gewinn und schauen nicht zurück. Ihnen geht es nur um den Dezember, wenn der Bonus ausgeschüttet wird.

Wir mögen eher die Geradlinigkeit unseres Geschäfts. Wir handeln im Auftrag der Bank, als würde sie uns gehören, auch wenn das nicht der Fall ist. Ich liebe meinen Job. Er ist ja auch alles, was ich noch habe.

Wie schaffen Jaime und ich es, jedes Jahr so viel Gewinn zu machen? Wie gelingt es uns, in einem so unbeständigen Markt zu überleben? Brasilien ist wie ein Jojo, die Sowjetunion ist zerfallen, Venezuela hat einen Staatsstreich erlebt. Wie geht das alles?

Wir beide lieben unser Geschäft. Das haben wir gemeinsam. Auf den ersten Blick wirken Jaime und ich auch ganz ähnlich. Wir sind charmant und erfüllt von dem, was wir tun. Gemeinsam füllen wir einen Raum. Aber eigentlich sind wir sehr verschieden. Wir ergänzen uns.

Ich schaue mehr aufs große Ganze, Jaime eher auf die Details. Er managt die Zahlen, ich die Leute. Ich lese wie besessen, Jaime schaut Nachrichten. Ich reise, Jaime bleibt, wo er ist.

Unser Markt wird reifer, inzwischen bekommen wir auf dem Bildschirm jede Kleinigkeit aus allen Ländern zu sehen. Jaime klebt am Monitor und bewegt die Augen nur, um sich mit winziger Schrift irgendwelche Notizen zu machen. Während ich ständig Gespräche am Telefon führe, geht es ihm nur um den Handel, ums Drinsein, ums Gewinnen. Ich brauche Kommunikation, Dialog, ein Gefühl für die Stimmung am Markt. Ich muss meine eigenen Gedanken klären und hören.

Wenn es um längerfristige Perspektiven geht, reise ich, um zu spüren, wie es einem Land geht. Ich rede mit Taxifahrern, schaue mir an, ob die Läden gute Geschäfte machen, und höre den Bankern vor Ort zu.

Ich schaue mir auch Grafiken und Sheets an, ziehe Linien zwischen den Kurven und komme auf diese Weise zu einem

Glückliche Zeiten mit Pasje:
links in Paris, im Mai 1981,
oben auf einer Kostümparty in Leiden 1983,
unten Abflug nach Chile, September 1983

El Taller Amistad, Santiago de Chile im Mail 1984

Januar 1989 in meinem Büro in London

usammen mit Pasje in Santia-
de Chile *(links oben)* und
f einer Reise nach Peru im
ezember 1983

Mit Jaime in der Zeitschrift *Hello*, Juni 1991

Letzte Sommerferien in Bahia, Brasilien, 1991

Das letzte Bild von Pasje, aufgenommen mit der Kamera, die den Absturz überlebte, Ho-Chi-Minh-Stadt, 13. November 1992

Aan het begin van hun vakantie
zijn op 14 november 1992
na een vliegtuigongeluk in Vietnam
vermist

onze lieve

ANNETTE HERFKENS, 31 jaar
en
WILLEM VAN DER PAS, 36 jaar

Zij hielden 12 jaar van elkaar

Den Haag, Ruychrocklaan 68	Breda, Valkenierslaan 307
B.D. Herfkens L. Herfkens-van der Staay Freek en Marije Eveline Bernard en Marijke	A.F. van der Pas T.A.M. van der Pas-de Jong Miebeth en Eric-Jaap Jasper en Sandra

Onze lieve neef

WILLEM VAN DER PAS

die zo van het leven hield en van mensen en van de wereld, is samen met zijn vriendin omgekomen bij een vliegtuigongeluk in Vietnam.

Riet van der Pas
Ans Hurkens-van der Pas en Frans Voncke
Jasper en Femy van der Pas-Weterman
Jos en Fieke van der Pas-Swinkels
Alice van der Pas en Ann Colt

Aan het begin van hun vakantie zijn op 14 november 1992 na een vliegtuigongeluk in Vietnam vermist

onze lieve

ANNETTE HERFKENS
31 jaar
en
WILLEM VAN DER PAS
36 jaar

Zij hielden 12 jaar van elkaar

Den Haag, Ruychrocklaan 68	Breda, Valkenierslaan 307
B. D. HERFKENS L. HERFKENS-VAN DER STAAY FREEK EN MARIJE EVELINE BERNARD EN MARIJKE	A. F. VAN DER PAS T. A. M. VAN DER PAS-DE JONG MIEBETH EN ERIC-JAAP JASPER EN SANDRA

Totgesagt: Die erste Todesanzeige erschien schon am 17. November in niederländischen Zeitungen

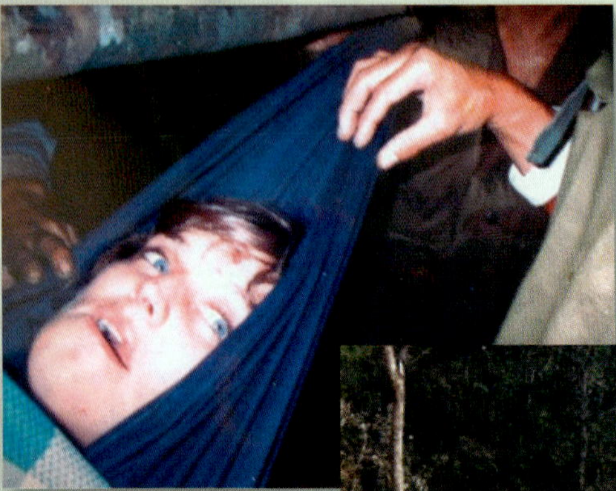

Nach der Rettung

Bruchstücke von VN 474

unten Mein zerschundenes Gesicht
unten rechts Zusammengeflickt, Singapur, 3. Dezember 1992

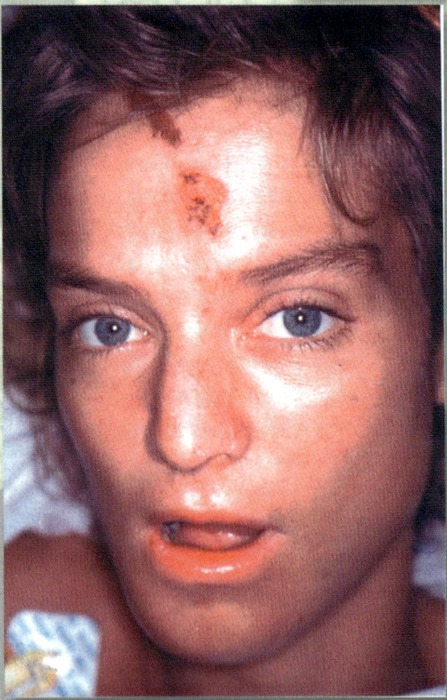

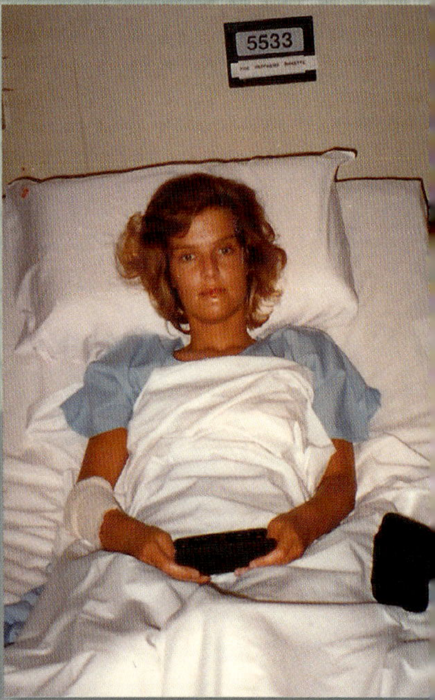

HOME

Survivor of Viet plane crash undergoes surgery here

Dutch woman went through eight-day ordeal with no food but only rainwater

By Tan Hsueh Yun

THE only known survivor of a plane crash in Vietnam, Miss Annette Herfkens, underwent surgery yesterday morning at a private hospital here.

Doctors worked for about two hours to mend her fractured jaw and her collapsed lung, and cleaned a deep wound on her left leg.

The 31-year-old Dutch woman was taken to Mount Elizabeth Hospital early on Tuesday morning after she was flown in from Ho Chi Minh City.

She was dehydrated and suffered multiple injuries, including fractures, infections and some internal bleeding.

She also lost about 10 per cent of her body weight, said Dr Paul Zakowich, who heads a team of four doctors looking after her.

But he added that she has a good chance of recovery and could be completely well in about three months.

Miss Herfkens went through an eight-day ordeal before being rescued from the crash site. She had nothing to eat, but was able to drink rainwater.

The Vietnam Airlines Yakolev-40 plane she was travelling in crashed on Nov 14, minutes before landing at Nha Trang, a coastal resort in southern Vietnam.

The plane was carrying about 29 other passengers and crew, including her boyfriend, Mr William van der Pas, who died. He headed the Vietnam office of the Dutch Internationale Nederlanden Bank.

News agency reports said that villagers found her sitting in the wreckage in a valley of dense jungle, surrounded by the mangled bodies of about 20 other passengers.

They then carried her in a hammock to the town of Khanh Son. From there, she was taken to Nha Trang by ambulance and then flown to Cho Ray Hospital in Ho Chi Minh City.

A decision was then made to send her to Singapore for further treatment.

AEA International, a Singapore-based group which provides emergency medical services in the Asia-Pacific, received a call from its Vietnam office at noon on Monday.

Dr Lyndon Laminack, who treated Miss Herfkens, said the group was contacted by both Mr van der Pas' employers and Vietnamese authorities.

A Lear Jet with Dr Laminack and a nurse on board were then sent to Ho Chi Minh City, and they arrived there at 10 pm.

Miss Herfkens was taken to the airport at about midnight. There, Dr Laminack stabilised her before she was flown to Singapore accompanied by her mother.

The plane landed at Seletar Airbase and she was taken to Mount Elizabeth Hospital at about 3 am on Tuesday, according to Dr Zakowich.

He said that she will remain in the critical care unit for another two to three days, adding that if her condition remains stable, she will be moved to a medical ward for another 10 to 14 days.

Said Dr Zakowich, a specialist in internal medicine: "She is now on a lot of strong antibiotics because of the infections.

"But the final plan is to bring her back to the Netherlands for further medical care."

Dr Zakowich said that besides her jaw, her pelvis is also fractured in two places, but he added that these do not need surgery and will heal slowly. She also has fractures in her toes, feet and left leg.

He said: "She's young, and she may be able to walk with supervision in about a month.

"She was confused and delusional when the rescuers found her, but now her mental status is good."

Dr Zakowich said that so far, she has been fed through a gastric tube, but starting today, she will be fed orally with liquids and porridge.

Her parents, sister and brother, who is a radiologist, are also in Singapore, but they declined comment.

Miss Herfkens: Dehydrated and has multiple injuries.

Zeitungsausschnitt nach meiner Rettung, November 1992

Mit Myra Elliot MD, die meinen Kiefer und meine Entschlossenheit wiederherstellte, Singapur, 3. Dezember 1992

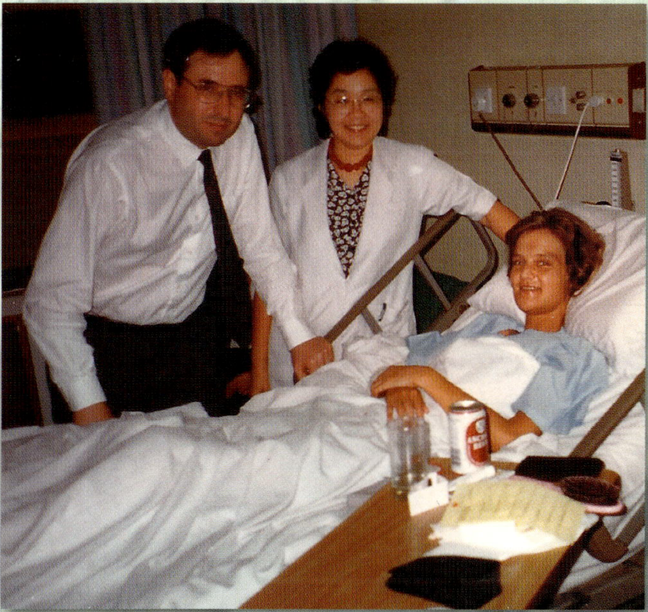

Mit meinem Bruder Bernard in London, Juni 1993

Wieder im Geschäft, mit Jaime Lupa, Madrid 1993

Mit Jaime 2000 beim Tennis im Central Park, New York, und auf dem Weg zum Stuyvesant Ball, 1996

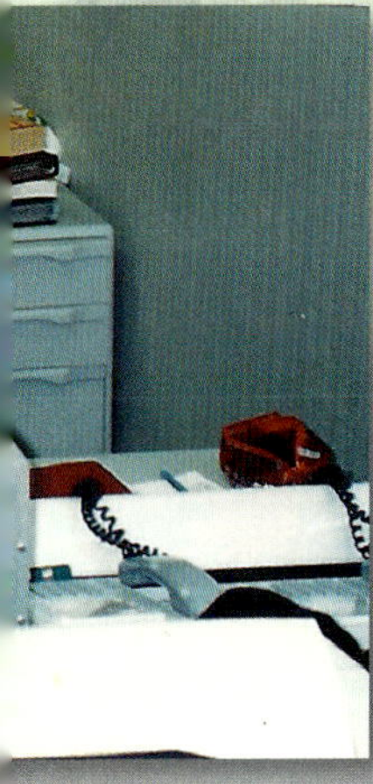

Familienfoto,
New York, 2000

»Jaime und zwei blonde Babies«

New York 2001

Der Dschungel in der Morgendämmerung: To Hap-Tal, Vietnam 2006

Jubel, Lachen und Tränen: O Kha Peak, Vietnam 2006

n Fenster des Flugzeugs,
Kha Peak, Vietnam 2006

Ein Buddha für Hamish und Sylvie:
O Kha Peak, Vietnam 2006

Oben »Der Mann in Orange«,
Unten Die ganze Mannschaft: O Kha Peak,Vietnam 2006

ndlich! Bao Dai's Villas, Nha Trang, Vietnam 2006

014, die zweite Reise an den Ort des Geschehens, diesmal mit Joosje

Oben Joosje und ich treffen Cao, den »Mann in Orange«, 2014
Unten Mit Maxie und Joosje in New York, 2014

Preislevel, das mir vernünftig erscheint. Und oft läuft es dann auch darauf hinaus.

Manchmal schlafe ich eine Nacht darüber, manchmal taucht die Zahl einfach in meinem Kopf auf. Ich kann es nur als qualifiziertes Raten beschreiben, das Ergebnis meines klugen Unterbewusstseins. Meine Zahlen entstehen nicht durch bewusstes Nachdenken, aber auch nicht durch Zocken. Im Kasino bin ich hoffnungslos.

So wie Jaime meiner Intuition folgt, höre ich auf seine kluge Sorgfalt. Er kümmert sich darum, dass alle unsere Transaktionen richtig ablaufen, bis zum Ende. Und wir bekommen immer Bestnoten für unsere Abrechnungen und Aufzeichnungen.

Aber am besten sind wir darin, einander zu entschlüsseln, zu lesen. Die Persönlichkeit des anderen mitzudenken. Das Ego vom Instinkt zu trennen, den Lärm von der Musik.

Perspektiven

Bastiaan, Junior Trader: Im Herbst 1995 kam ich zu Annette und Jaime. Ich hatte gerade meinen MBA in Amsterdam gemacht und keine Lust, mich mit den anderen um einen der wenigen Trainee-Plätze bei der ING, bei Heineken oder Unilever zu bewerben. Also beschloss ich, das Büroleben warten zu lassen und nach Madrid zu ziehen. Um Spanisch zu lernen und ein bisschen Hockey zu spielen. Wenn es wirklich nötig wäre, würde ich schon irgendwo einen Job finden.

Aber wenn man das Nachtleben genießen will, ist das Geld schnell weg. Meins reichte gerade für drei Monate. Eine Verwandte aus den Niederlanden stellte den Kontakt zu Jaime und Annette her, die zu dieser Zeit einen jungen Assistenten suchten. Unser Gespräch dauerte eine halbe Stunde, dann luden sie mich zum Abendessen ein. Ich erinnere mich, dass ich einen

Vietnamesen vorschlug, was keine besonders schlaue Idee war. Am Ende landeten wir bei Jaimes Lieblingsjapaner. Stundenlang führten sie mich in die »wunderbare Welt« des Anleihenhandels im Bereich Emerging Markets ein. Mir schwirrte der Kopf von all den neuen Begriffen. Vor allem aber stellten wir fest, dass wir gut miteinander klarkamen.

Es war gut, dass mich niemand vor den beiden gewarnt hatte. Ich hatte keine Ahnung, was ich von einem Einstiegsjob erwarten könnte, aber *das* hatte ich mir sicher nicht vorgestellt. Sie arbeiteten hart, voller Hingabe und mit sehr viel Gewinn. Und sie waren Nintendo-Asse, wobei Super Mario Bros. und Tetris ihre Spezialgebiete waren. Wir waren in unserem kleinen Trading Room aber auch sehr isoliert. Wir drei gegen den Rest der Welt. Vermutlich wegen der berühmt-berüchtigten Ausbrüche, die Jaime gelegentlich gegen Leute richtete, die seinen Intelligenzgrad nicht erreichten, trauten sich eigentlich nur Ana Botin und ihr Mann in diesen Raum.

Eines Tages, es war wohl ein Mittwoch, hatten Jaime und ich den ganzen Morgen darüber diskutiert, Mexiko-Anleihen zu kaufen. Wir hatten die Sache aus allen Blickwinkeln betrachtet: Wachstum des Bruttoinlandsprodukts, US-Wirtschaftsdaten, die am nächsten Tag fällig waren, Rohöl, Abwertung des Peso, selbst über das Privatleben des Präsidenten Vicente Fox hatten wir gesprochen. Schließlich waren wir überzeugt, wir sollten langfristige Anleihen kaufen. Jetzt musste nur noch Annette zustimmen, dann konnten wir eine Stellung aufbauen, mit etwa zwanzig oder dreißig Millionen US-Dollar.

Annette kam wie immer etwas zu spät, in diesem Fall kurz vor Mittag. Wir fielen sofort über sie her und unterbreiteten ihr alle möglichen Gründe für den Kauf mexikanischer Staatsanleihen und warum wir glaubten, sie würden steigen. Sie zog sich nicht mal den Mantel aus oder stellte ihre Einkaufstaschen ab, sondern ging sofort zum Bildschirm. Fünf Minuten schaute sie darauf, nahm die Preise in sich auf, die blinkten wie die Lichter an einem Weihnachtsbaum. Dann sah sie sich unsere Grafiken an, zog noch eine Linie und sagte: »Nein, lieber kurzfristige, es fühlt sich nicht gut an.«

Jaime und ich sahen uns ungläubig an. Hatten wir die ganze Grundlagenarbeit für nichts und wieder nichts gemacht? Aber Jaime wusste, dass man besser keine Geschäfte gegen Annettes Instinkt machte. Wenn sie nicht im Büro war, nannten wir sie oft *La Bruja,* die Hexe.

Dann kaufte er die kurzfristigen Anleihen, und wir machten in einer Woche fast eine Million Dollar Gewinn. Gute Hexe.

Plätze tauschen

Jeden zweiten Freitag fliegt Jaime von Madrid nach New York, um seine Söhne zu besuchen. Das hat er so ausgehandelt, zwei Business-Class-Tickets pro Monat. Dann bleibe ich als Burgwächterin da. Wir sind zwar nur für eine kleine Händlereinheit zuständig, aber unsere Cash lines sind gewaltig.

Da in Spanien nach wie vor lange zu Mittag und spät zu Abend gegessen wird, bleiben die Büros bis mindestens neunzehn Uhr geöffnet. Auf unserer Etage geht es in der Regel bis einundzwanzig Uhr. Allerdings nicht am Freitag. Am Freitagabend könnte man eine Stecknadel fallen hören.

Unser Büro ist – noch – nicht besonders elegant. Ein großer Raum mit ein paar Schreibtischen und Neonlicht. Kein Trading System mit Touchscreens bisher, nur ein paar altmodische Telefone mit mehreren Leitungen, die von der spanischen Telefongesellschaft eher unzuverlässig bedient werden. Ich habe normalerweise einen kühlen Kopf bei der Arbeit, aber wenn das Telefon nicht mehr geht, drehe ich durch.

An einem Freitagnachmittag sind die Leitungen drei Stunden lang tot, während wir kurzfristige Mexiko-Anleihen am

Laufen haben. Das ist keine strategische, sondern eine sogenannte Arbitrage-Position. Ich habe morgens ein paar mexikanische Bankanleihen verkauft, um sie später zurückzukaufen, wenn New York aufmacht. Als die Telefone den Geist aufgeben, gerate ich in Panik. Ich gebe einem Trader auf unserer Etage, der inzwischen zögernd an mich berichtet, Anweisung, sie zu jedem Preis zurückzuholen. Er freut sich darüber und bezahlt einem guten Freund bei J.P. Morgen eine fette Prämie dafür. Das war das letzte Mal, dass ich mich von Emotionen bei einer Kauf- oder Verkaufsentscheidung leiten ließ. Selbst wenn die großen Jungs in New York ständig versuchen, mich zu etwas anderem zu verleiten.

»Hallo, junge Dame, was machen Sie gerade?«

»Nichts, ich hänge hier nur rum.«

»So ganz allein?«

»Ja.« *Herablassender Kerl!* »Genau. Was verschafft mir die Ehre, Morgan?«

»Ach, ich dachte nur, lass doch mal sehen, was die große, aufstrebende Santander gerade macht.«

»Ach ja.« *Er weiß genau, dass Jaime nicht da ist.*

»Kennen Sie sich mit den Preisen aus?«

»Selbstverständlich.« Man muss den entsprechenden Betrag definieren und einen Deal zusagen, wenn man nicht mehr rausholen kann.

»Wollen Sie mit ein paar Millionen anfangen?«

»Mehr.«

»Fünf?«

»Zehn, wenn Sie wollen«, sage ich, um ein bisschen anzugeben.

»Okay, welches Land?«

»Welches auch immer«, antworte ich, um noch ein bisschen mehr anzugeben. »Osteuropa oder Lateinamerika«, füge ich hinzu. »Oder soll es Afrika sein?« Jetzt bluffe ich.

»Mexiko«, sagt er. Natürlich. Mexiko ist Morgans Land

Nummer eins. Das heißt, ich muss entsprechend schlau vorgehen. »Sie wählen die Assets«, fährt er fort. Ich schaue mir schnell das Sheet an. Wir haben einen schönen Stock an mexikanischen Par Bonds, und ich hätte ganz gern noch ein paar davon. Der Durchschnittspreis liegt im Moment deutlich unter dem Marktwert, und mit zusätzlichen zehn Millionen wären wir immer noch drunter. Außerdem mag ich mexikanische Pars. Ich würde gern kaufen, also muss ich den Preis festlegen. Aber er soll denken, ich will verkaufen.

»Fangen Sie an«, sagt er.

»Fünfundvierzig, fünfundvierzigeinhalb«, sage ich. Das heißt, ich kaufe zu 45 Cent pro Dollar und verkaufe für 45,5 Cent.

»Fünfundvierzig, fünfundvierzig drei Achtel«, antwortet er. Das heißt, er will verkaufen. Gut.

»Fünfundvierzig, fünfundvierzig drei Sechzehntel«, erwidere ich und tue so, als wollte ich ebenfalls verkaufen.

»Ein Sechzehntel, drei Sechzehntel«, sagt er. Blufft er? Ja, wahrscheinlich.

»Ein Sechzehntel, ein Achtel«, sage ich.

»Die zehn Millionen gehören Ihnen.« Bingo. Ich habe sie zu dem Preis bekommen, den ich wollte. Er hat es noch gar nicht kapiert.

»Noch mehr?«, frage ich fröhlich. Keine Antwort. »Oder sollen wir noch mal mit größeren Beträgen spielen?« Aber er will das Gespräch offenbar lieber beenden.

Ich krieg dich, du großer Zampano.

Verletzungen und Hochzeiten

Im ersten Jahr nach dem Unfall verbinde ich fast jede Reise nach Holland mit einem Arztbesuch. Jeden Morgen checkt ein Kieferchirurg die Schrauben in meinem Kiefer, bis sie im Sommer 1993 endlich entfernt werden, eine langsame, schmerzhafte Angelegenheit. Dann muss der Zahnarzt einen Spezialzahn bauen, der in den Bruch passt. Danach steht mein Kiefer etwas vor, und mein Gesicht ist leicht schief.

Meine Niere ist hin, im Ultraschall sieht man, wie sie einschrumpft. Irgendwann wird sie ganz verschwinden. Die andere Niere hingegen sieht vergrößert aus.

Ein Spezialist in plastischer Chirurgie kümmert sich um die Narben. Das geschieht unter Vollnarkose. Mein Glück, dass seine Kollegen in Madrid die Verbände wechseln können, aber ich muss trotzdem noch ein paar Mal zum Überprüfen hinfahren. Die Ergebnisse sind okay, aber auf meinen Armen und Beinen werden sichtbare Narben bleiben. Das macht mir nicht viel so viel aus.

Meine Zehen schmerzen immer noch. Die Spitzen sind weg, und ich habe Phantomschmerzen. Nerven brauchen lange, um zu heilen. Die Narben an meinen Knöcheln erlauben keine schicken Schuhe, keine langen Reisen und kein langes Stehen. Dann spielen die Nerven in den Zehen verrückt.

Wenn ich nicht beim Arzt bin, nehme ich an Hochzeiten teil. Alle meine Freunde heiraten. Meistens fliege ich von Madrid aus hin, ziehe mein Partykleid und ein breites Lächeln an und suche mir ein Geschenk von der Wunschliste des Brautpaares aus.

Nachdem ich nun also nicht heiraten werde, beschließe ich, mich selbst um die materiellen Dinge zu kümmern. Harrods hat, wie ich höre, jedes Jahr einen großen Schlussverkauf mit Geschirr und Besteck, und ich beschließe, mir meine eigene Wunschliste zu kaufen. Ich recherchiere, schreibe Listen und befrage Freunde. Was braucht man wirklich und wie oft? Ich spreche sogar mit einem Verkäufer in Stoke-on-Trent in England, wo das Wedgwood-Porzellan gemacht wird. Er sagt mir, als Holländerin würde mir vermutlich Edme Queensware gut gefallen, aber da ich in Spanien lebe, könnte es auch Amherst sein. Vielleicht aber auch das einfache weiße Porzellan, das die Italiener so gern kaufen.

Ich entscheide mich für Italien. Das Weiß bringt das Essen gut zur Geltung, und Essen liebe ich. Auf einer Geschäftsreise nach London kaufe ich das gesamte Service bei Harrods und ein Besteck aus englischem Altsilber in einem »Militärkoffer« aus Holz, beides zum halben Preis. Ich sorge dafür, dass es nach Madrid geschickt wird, dann gehe ich zu Harvey Nichols und kaufe mir ein paar ausgefallene Platzteller, die ich im Flugzeug mitnehme.

Fertig.

Gedanken über Flugangst

Ich werde oft gefragt, wie ich es geschafft habe, nach dem Absturz wieder zu fliegen. Überhaupt ein Flugzeug zu betreten.

Ehrlich gesagt, ich habe es gar nicht geschafft. Aber was sollte ich machen? In Holland bleiben? Mein Leben und meine Wohnung in Spanien aufgeben? Meinen Beruf? Alles, was mir noch geblieben war?

Fliegen gehörte zu meinem Job. Es war ein Mittel, um das zu erleben, was mir immer am meisten Freude gemacht hatte: andere Kulturen und Blickwinkel. Reisen setzte die Dinge für mich ins rechte Licht und schenkte mir eine andere Selbstwahrnehmung. Zum Glück gab mir dieser Job, der so viel Reisen von mir verlangte, auch die Möglichkeit, auf erträgliche Weise zu reisen. Unser Reisebüro buchte mir immer einen Platz in der ersten Reihe. Auf Europaflügen hieß das Business Class. Auf Interkontinentalflügen First Class.

Und Jaime war ja da. Auf dem ersten Flug von Singapur, auf dem ersten Flug nach Madrid und auch beim ersten Mal zurück nach Amsterdam. Er begleitete mich auf diesen Flügen mit so viel Mitgefühl, dass Schmerz und Angst nachließen. Schon der Anblick eines Flugzeugs machte mich nervös. Jaime beschrieb mir den Typ und die Bauart des Flugzeugs und normalisierte die Situation auf diese Weise. Ich hatte wirklich Glück, dass er bei mir war.

Selbst heute noch brauche ich im Flugzeug Beinfreiheit. Ich habe lange Beine und immer noch Schwierigkeiten, wenn ich den Vordersitz an meinen Knien spüre. Sofort denke ich dann an den Sitz, der mitsamt dem Toten darin auf mir lag.

Mein erster Flug allein ging von Amsterdam nach Hamburg zur Tagung der Inter-American Development Bank 1993. Da hatte die Reservierung irgendwie nicht geklappt, und auf den Plätzen in der ersten Reihe saßen – ausgerechnet – die Direktoren der ING-Bank. Ich saß also hinter Pasjes Chefs. Natürlich war ich zu stolz, um sie zu fragen, ob wir die Plätze tauschen könnten. Also litt ich still vor mich hin, nicht nur wegen meiner Knie am Vordersitz, sondern auch vor lauter Zorn und Neid. Diese Typen waren alle noch am Leben, und Pasje war tot. Pasje, der so viel mehr zu geben hatte als sie alle zusammengenommen, dachte ich. Da saßen sie ganz entspannt herum und machten Witze, ohne zu ahnen, dass ich hinter ihnen Mordpläne schmiedete.

Nach diesem ersten »Alleinflug« wurde es besser. Wenn wir in der Luft sind, genieße ich das Fliegen, lese den *Economist* und habe den Überblick. Die wenigen Male mit Turbulenzen oder in der Warteschleife vor der Landung hat mir irgendein freundlicher Gesprächspartner geholfen. So zum Beispiel, als wir in New York nicht landen konnten und mehr als eine Stunde in der Luft kreisten. Da bot mir ein älteres Vorstandsmitglied der ABN AMRO an, mir die Hand zu halten. Und er hielt sie wirklich die ganze Zeit, bis wir schließlich landeten – in Boston. Ich habe erlebt, dass Menschen immer bereit sind zu helfen, wenn ich nur darum bitte.

Es ist wieder Weihnachtszeit. Ein Jahr ist seit dem Absturz vergangen. Jaime weiß, dass ich keine Ahnung habe, wie ich damit umgehen soll. Dass ich nirgendwohin will. Dreizehn Jahre lang habe ich Weihnachten immer mit Pasje verbracht, wo auch immer. Letztes Jahr lag ich in einem Krankenhausbett in meinem Elternhaus und war ziemlich benebelt. Jetzt habe ich das Gefühl, es ist das erste Mal ohne Pasje. Jaime versteht das. »Komm mit mir und den Jungs nach Aruba«, lädt er mich ein. Ich nehme an. Das karibische Klima, die Jungs und die Tatsache, dass alle drei Juden sind, macht die Sache einfacher. Ich kann so tun, als wäre gar nicht Weihnachten.

Nach Weihnachten fahre ich allein nach Curaçao und besuche eine Schulfreundin, die ihren ersten Mann verloren hat, einen Freund aus unserer Kindheit. Es ist gut, mit jemandem zusammen zu sein, der dasselbe erlebt hat wie ich. Dann lädt mich ein freundlicher ING-Banker zur Silvesterparty bei sich zu Hause ein. Er war Pasjes Chef in Amsterdam, aus dieser Zeit kennen wir uns, wir sind manchmal zusammen ausgegangen. Jetzt managt er ING Curaçao. Ich weiß, die Party wird schwierig, die ganze Atmosphäre wird mich zu sehr an die Vergangenheit erinnern. Aber ich denke auch, ich sollte diese Konfrontation nicht vermeiden, sondern mich der Realität stellen. Also zwinge ich mich dazu, und es wird ein informelles Treffen mit vielen ehemaligen Kollegen.

Kurz vor Mitternacht trifft mich der Schmerz so sehr, dass ich Magenkrämpfe bekomme. Es fühlt sich an wie Ertrinken, als würde mich eine riesige Welle umreißen und ich würde ersticken. Ich ertrinke im Schmerz und ersticke an meiner Angst. Schmerz wegen Pasje, Angst vor all den Weihnachtsfesten und Silvesterabenden, die mir noch bevorstehen. Ein dumpfer Phantomschmerz überkommt mich, überwältigt mich total. Er ist so heftig, als würde Pasje wieder direkt vor meinen Augen sterben, hier und jetzt. Ich gehe hinaus in den Garten und setze mich an den Rand des Pools, hänge die Füße ins Wasser, um die schmerzenden Narben zu kühlen. Narben an meinen Füßen und an meinem Herzen. Dann weine ich.

»Wenn du schon einmal geliebt hast, dann wirst du auch wieder lieben«, höre ich jemanden sagen. Eine angenehme Stimme mit deutschem Akzent. Eine ältere Frau setzt sich neben mich, die Mutter meines Gastgebers. Ich schaue auf und erblicke mitfühlende Augen. Sie weiß, was ich durchmache. Sie hat es selbst erlebt, das kann ich ihr ansehen. Ich lege meinen Kopf an ihre Schulter und weine.

Zweiter Teil

Die Rückkehr

1993-2006

Der Mensch ist Teil eines Ganzen, das wir Universum nennen, aber wir erleben uns, unsere Gedanken und Gefühle als getrennt von allem anderen. Es handelt sich dabei um eine Art optischer Täuschung unseres Bewusstseins. Diese Täuschung ist wie ein Gefängnis und beschränkt uns auf unsere persönlichen Sehnsüchte und die Zuneigung zu den wenigen Menschen, die uns nahestehen. Unsere Aufgabe muss darin bestehen, uns aus diesem Gefängnis zu befreien, indem wir unseren Kreis von Verständnis und Mitgefühl vergrößern, bis er alle Lebewesen in der Natur und ihrer Schönheit umfasst. Niemand kann das vollständig erreichen, aber das Streben danach ist für sich genommen schon Teil der Befreiung und begründet unsere innere Sicherheit.

ALBERT EINSTEIN in einem Brief aus dem Jahr 1950,
abgedruckt in der *New York Times*

Kapitel 4

Vorbereitung

Power Lunch
New York 2006

Ich sitze in einem trendigen Downtown-Restaurant, zusammen mit einer Alphatype von hochgestochener Lektorin, einem reservierten blonden Literaturagenten und einem intellektuellen Autor, Typ Alte Welt. Der Autor hat vorgeschlagen, ein Buch über mein Leben zu schreiben. Titelvorschlag: *Accidental Life.* Der Vorschlag umfasst auch eine Reise nach Vietnam und eine Besteigung meines Berges. Lektorin und Agent haben ernsthaftes Interesse gezeigt, wollten mich aber kennenlernen, bevor sie Geld in das Projekt investieren.

Der Autor hat mir versichert, ich müsse mich auf dieses Treffen nicht besonders vorbereiten. »Seien Sie einfach Sie selbst«, sagt er. Aber da kennt er mich schlecht.

Ich komme gerade aus den Niederlanden, wo ich immer den Sommer mit meiner Familie verbringe. Erst vor einer Woche haben wir meinen Vater beerdigt. Ich bin immer noch sehr emotional und auch noch ziemlich im »Holland-Modus«: sarkastisch und geradeaus. Außerdem habe ich meinen Sohn gerade auf Roosevelt Island in seiner Schule für Kinder mit besonderen Bedürfnissen abgeliefert, sein erster Schultag. Es war nicht einfach, ihn hineinzubringen an diesem warmen Septembermorgen. Mit anderen Worten: Ich komme aus einer anderen Welt.

Meine Gastgeberin, die Lektorin, ist in selbstbewusstes Schwarz gekleidet und trägt eine gepflegte dunkle Föhnfrisur.

Sie kennt den Autor gut und hat schon einige Bücher von ihm bearbeitet.

»Sie ist eine der Besten«, hat er mir versichert. Und so verhält sie sich auch. Sie plaudern über das Condé-Nast-Gebäude, den Soho Club und die kosmetischen Wünsche der Ehefrau des Autors, Herausgeberin einer angesehenen Modezeitschrift. Sie sprechen über mein Aussehen und vergleichen es mit dem des Agenten. »Skandinavisch« nennen sie es.

Plötzlich wendet sich die Lektorin mir zu. »Jetzt sagen Sie mir doch mal, Annette: Was haben Sie da draußen im Dschungel gelernt? Was wissen Sie, was ich nicht weiß?« Ich werfe dem Autor einen Blick zu. Jetzt ist mir klar, ich hätte mich doch vorbereiten sollen. Denn darauf kann ich nicht einfach so antworten.

Diese acht Tage im Dschungel waren nicht entweder traumatisch oder göttlich. Es war ein Bewusstseinszustand mit göttlichen Augenblicken, möglicherweise gefördert durch die Endorphine, die ich brauchte, um das körperliche Trauma und den Hunger zu ertragen. Und in der Zeit danach gab es viele Momente der Trauer und, im Ergebnis, noch mehr schöne Momente.

Ich schaue in das selbstsichere Gesicht. Was soll ich ihr sagen? Ich fühle mich so sehr in die Ecke gedrängt, dass ich mit ein paar Zitaten antworte, die ich in den letzten zwei Jahren während meiner spirituellen Reise aufgeschnappt habe. Dass ich eine mystische Erfahrung gemacht habe. Dass das Ganze etwas mit bedingungsloser Liebe zu tun hatte, mit Vertrauen und Hingabe als Gegenteil von Angst und Kontrolle.

Sie sieht enttäuscht aus. Also erzähle ich ihr, dass ich wirklich nicht weiß, woran ich glauben soll, dass ich aber ganz stark den Eindruck habe, ich muss zurück nach Vietnam. Dass ich immer meiner Intuition folge. Dass ich an eine zusätzliche Dimension glaube und dass ich dort war.

So wie sie mich ansehen, ist mir klar, das alles wollen sie nicht hören. Sie wollen Tragödie und Überleben, mehr nicht.

Aber wenn meine Geschichte auf eine Zeile reduziert werden kann, warum soll ich sie dann erzählen? Das Klischee besagt, dass das Leben die besten Geschichten schreibt, und ich glaube, so ist es tatsächlich. Warum erwarten Leute, die mit einem Romanautor bereitwillig auf Reisen gehen, von den Erzählern wahrer Geschichten, dass sich die Sache auf eine Zeile reduzieren lässt?

»Was haben Sie gelernt? Wie haben Sie sich verändert? Was ist die Essenz Ihrer Erfahrungen?«

Jetzt stimmt der Autor auch noch in das Verhör ein, dabei dachte ich doch, er steht auf meiner Seite! Er schaut mich bedeutungsvoll an und fragt: »Warum wollen Sie gerade jetzt nach Vietnam zurückkehren? Wie wird diese Reise nach Vietnam Ihr Leben verändern?«

Mein Leben verändern? Das will ich nicht hoffen. Als ich nicht antworte, fragt er mich drängender und mit noch mehr Pathos: »Woher diese Leidenschaft, zurückzukehren? Warum *müssen* Sie an den Ort ihres Missgeschicks zurückkehren?«

Missgeschick. Ich lasse das Wort auf mich wirken. Meine Gründe sind so anders als das, was sie offenbar erwarten. Ich will nicht nach Vietnam, um eine Erklärung zu finden, einen Schluss, sondern um auf eine ganz andere Weise damit umzugehen. Eigentlich geht es um Öffnung. Um eine Erkenntnis der Liebe. Es geht darum, diesen Ort der Schönheit mit den Augen von heute zu sehen, nach allem, was ich inzwischen erlebt und gelernt habe. Über Verlust und Liebe. Ein Verlust nach dem anderen, Schicht für Schicht.

»Warum gerade jetzt?«, drängt mich der Autor.

Weil es Zeit ist! Nach dem Absturz habe ich den größten Teil meiner Energie darauf verwendet, wieder dieselbe zu werden und auch so zu wirken. Wieder die Alte zu werden, so wie die Menschen in meiner Umgebung. Vielleicht um andere zu trösten, vielleicht um mich selbst zu trösten. Ich wollte mich möglichst wenig von den anderen unterscheiden. Also behielt ich den Dschungel für mich und arbeitete daran, nicht aufzufallen und die Welt vergessen zu lassen, dass das Überleben ein Teil meiner Identität ist. Ich wollte, dass sie sich in meiner Gegenwart wohlfühlten, dass sie merkten, ich war immer noch die gute alte Annette. Als hätte ich nichts zu sagen. Der Himmel war genauso blau oder grau wie vorher. Ich hatte das Geheimnis gesehen, aber ich hatte es geheim gehalten.

Dann wurde mein Vater krank. Sterbenskrank. Mehr als zwei Jahre lang lasen wir gemeinsam alle möglichen spirituellen Bücher. Er hatte sich immer für die Quantenphysik und ihre Verbindung zur Spiritualität interessiert. Als ich mich seiner Reise anschloss, erkannte ich, dass ich etwas von dem erlebt hatte, was diese Bücher beschrieben. Und dass ich vielleicht im Kopf übersetzen konnte, was mein Herz nach dem Erlebnis im Dschungel schon begriffen hatte. Ich erkannte, dass der Dschungel mir einen Schatz geschenkt hatte, dass ich eine Geschichte zu erzählen hatte. Dass es vielleicht nur noch darum ging, die richtigen Worte dafür zu finden.

»Es war wie ein Orgasmus«, platze ich heraus. »Man kann meine Erfahrung im Dschungel mit einem Orgasmus vergleichen.« Als ich ihre entgeisterte Reaktion sehe, füge ich schnell hinzu: »Im Kopf, meine ich. Eine Nahtoderfahrung.« Meine Gastgeber haben immer noch glasige Augen, also erkläre ich weiter. »Die Nahtoderfahrung eines jungen Menschen, die erst viel später, aus dem richtigen Blickwinkel, verstanden wird. Nachdem man geliebt hat, gereift ist. Ich musste einfach noch mehr leben, verstehen Sie?«

Nein, das war alles nichts, jetzt habe ich offenbar die falsche Zeile benutzt, das sehe ich ihren Gesichtern an.

Orgasmus. Wo kam das denn her?

Egal. Die wirkliche Frage lautet doch: Warum erhielt jemand eine Viertelstunde Redezeit in einer Talkshow? Sicher nicht, um dem Gastgeber die Schamesröte ins Gesicht zu treiben.

Am nächsten Tag ruft mich der Autor an, um mir zu sagen,

dass das Projekt gecancelt ist. Die Lektorin glaubt, ich könne noch nicht richtig formulieren, worum es mir geht.

Da könnte sie recht haben.

Der Umzug
Madrid 1995

»Ana, jetzt ist es drei Jahre her, dass mein Freund gestorben ist, und das Unvermeidliche ist passiert.« Sie saß an ihrem Schreibtisch und blätterte ein paar Notizen durch. Unsere Chefin saß jetzt im Elfenbeinturm, ich musste mir einen Termin geben lassen, wenn ich mit ihr sprechen wollte. Und einen Zahlencode eingeben, um in ihr Büro zu kommen.

»Was?« Alarmiert blickte sie auf.

»Ich will Jaime heiraten.« Sie war schockiert, entsetzt. »Aber wir wollen weiter zusammenarbeiten«, fügte ich schnell hinzu.

Keine Antwort.

»Eigentlich sind Sie schuld«, scherzte ich. »Ich kann ja nie jemand anderen kennenlernen, ich bin immer nur mit ihm zusammen und arbeite.«

Endlich lächelte sie. »Wollen Sie eine große Hochzeit feiern und die ganze Bank dazu einladen?«

»Nein«, erwiderte ich. »Gar nicht.«

»Das ist auch besser so«, sagte sie. »Dann ist es gut. Mir wäre es am liebsten, wenn möglichst wenig darüber gesprochen würde. Ich bin einverstanden, herzlichen Glückwunsch.« Früher, als sie noch bei uns auf der Etage gearbeitet hatte, wäre sie jetzt aufgestanden und hätte mich geküsst. Aber sie blieb an ihrem Schreibtisch sitzen, in Managerpose.

Ich war begeistert, zögerte aber noch.

»Gibt's noch was?«, fragte sie.

»Ja, eine Sache noch. Wir würden unser Büro sehr gern nach

New York verlegen. Wir wünschen uns Kinder, und ich werde nicht jünger. Es wäre alles viel einfacher, wenn wir normale Arbeitszeiten hätten.«

Also zogen wir um. Nach sieben ereignisreichen Jahren in Spanien zogen wir mit Hausstand und Büro nach New York.

Jaime wollte am liebsten auf der eher konventionellen East Side wohnen, mir gefiel die entspanntere West Side besser. Ich bluffte, ich würde nur auf die East Side ziehen, wenn er sich die Haare schneiden ließe. Ich wusste, Kollegen hatten ihm Zehntausende Dollar angeboten, wenn er sich von seiner Mähne trennte, und er hatte sich immer geweigert. Diesmal nahm er mich beim Wort. Wir zogen in ein Gemeinschaftshaus auf der East Side, die Haare wuchsen langsam, aber sicher wieder nach.

Bedeutung? Was für eine Bedeutung?
New York 2005

Den Autor lernte ich über gemeinsame Bekannte an der Schule meiner Tochter kennen. Jeden Donnerstagmorgen trank ich mit den anderen Eltern Kaffee, bevor wir in der Schule an der East 91st Street zum Gottesdienst gingen. Eines Morgens erwähnte jemand meine Geschichte. Viele Eltern dort hatten noch nie von meinem Flugzeugabsturz gehört, wir hatten einfach nie darüber gesprochen. Mir macht es nichts aus, darüber zu sprechen, aber die viele Aufmerksamkeit stört mich schon, vor allem in Gruppen.

»Das müssen Sie verfilmen!«

»Darüber müssen Sie ein Buch schreiben!«

»Das werde ich auch«, antwortete ich, wie immer, wenn ich das Thema schnell beenden wollte. »Irgendwann mache ich das. Wenn ich noch mal in Vietnam war. Ich schreibe bloß nicht so gern.«

»Da kenne ich den Richtigen«, sagte eine Mutter. »Ein Autor, der gerade nach einem neuen Stoff sucht. Vielleicht sind Sie es ja. Er wird Ihnen gefallen.«

Und er gefällt mir, zumindest am Anfang. Er bringt mich zum Nachdenken, sogar zum Schreiben. Ich schreibe ihm jede Menge Mails. Aber er scheint mich nicht zu verstehen. Und ich verstehe ihn auch nicht. Er besucht mich zu Hause, um ein Gefühl für mich zu bekommen. Er sagt, er ist überwältigt von dem starken europäischen Kaffee und dem vielen Tageslicht, das durch unsere großen Fenster hereinfällt. Da er mich nicht fragt, erzähle ich von mir aus, dass ich Jaime geheiratet habe und dass wir jetzt zwei Kinder haben. Dass ich aufgehört habe zu arbeiten, als sich herausstellte, dass unser Sohn unter Autismus leidet. Dass Jaime seinen Job verloren hat.

»Wir sind im Moment nicht besonders gut gestellt«, gestehe ich. »Aber bitte schreiben Sie nicht über Jaime oder unsere Beziehung, so interessant das für die Leser auch sein mag.« Oder für den Autor, denke ich, als ich sein enttäuschtes Gesicht sehe. »Es ist mir wichtig im Interesse unserer Familie«, füge ich hinzu und versuche einen Scherz: »Unsere Küche ist ein bisschen klein für zwei Leute, da wird es zu heiß.«

Der Autor schaut mich verwirrt an. Ungläubig sagt er: »Sie haben also einen autistischen Sohn, keinen Job, Ihre Ehe ist in Gefahr, und trotzdem sehen Sie aus, als hätten Sie überhaupt keine Sorgen. Wie können Sie bloß so glücklich sein?«

»Wie sollte ich nicht glücklich sein?«, erwidere ich und deute auf meine Umgebung: Familienfotos auf dem Klavier und die Skyline vor dem Fenster.

Er sieht mich bewundernd an, ich blicke leicht irritiert zurück. »Sie klingen wie ein Romantiker«, sage ich. »Ich bin Realistin. Ich fixiere mich nicht darauf, wie die Dinge sein sollten, sondern nehme sie so, wie sie sind. Glück bedeutet nicht, zu haben, was man will, sondern zu wollen, was man hat.«

Er versucht mich immer noch einzuschätzen, um eine Geschichte daraus zu machen. Er sagt, das müsse er erst einmal übersetzen. Nicht vom Holländischen ins Englische, sondern »die Bedeutung herausdestillieren und den Gewinn definieren«.

Das verstehe ich nicht ganz. Warum erzählt er nicht einfach die Geschichte und überlässt die Interpretation dem Leser? Gibt meine Geschichte nicht ein ganz konkretes Beispiel dafür, wie das Leben selbst unter den schlimmsten Bedingungen Sinn ergibt?

Ein weiterer Reibungspunkt: Ich will, dass er über meinen Sohn Maxi schreibt. Der Absturz war wie ein Stein, der ins Wasser fällt. Er hat mir Tiefe gezeigt, aber die Kreise sind irgendwann verschwunden, und ich kam wieder an die Oberfläche. Maxi ist chronisch krank, diese Kreise verschwinden nicht. Ich muss immer wieder in die Tiefe gehen.

»Chronische Krankheiten gefallen den Leuten nicht«, sagt der Autor in einem Telefongespräch wenig später. »Die Leute mögen Unfälle, Trauerprozesse und Heilung. Sie wollen eine Lösung hören.«

Aber die Lösung liegt doch direkt vor ihrer Nase, denke ich. In jeder Situation gibt es Schönheit. Und wenn man die Schönheit erkennt, folgt das Glück auf dem Fuße.

Kurz nach dem Besuch des Autors erfahre ich, dass ich operiert werden und danach zwei Wochen im Bett liegen muss. Ich entschließe mich, aus diesen Zitronen Limonade zu machen, indem ich endlich alles aufschreibe. Wie es war, nicht was es bedeutet.

Das Geschriebene schicke ich dem Autor per E-Mail, und er macht einen Buchvorschlag daraus. Der kommt beim Verlag auch gut an, aber dann verderbe ich alles durch meinen Auftritt bei dem gemeinsamen Mittagessen.

Und jetzt fahre ich ohne ihn nach Vietnam.

Gedanken

Liebe ist das Wort, das wir für unser Streben nach Ganzheit benutzen, für unsere Sehnsucht nach Vollständigkeit.

PLATON

Manche Leute haben mich gefragt, wie es war, als Jaime und ich uns nach dem Absturz zusammengetan haben. »Woher wusstest du, dass er der Richtige war, um in Pasjes Fußstapfen zu treten? Hat es sich nicht wie Betrug angefühlt? Hattest du Schuldgefühle?«

Die Wahrheit ist, ich habe ihm getrotzt. Mit meinem Herzen, meinem Körper und ja, mit meinem Geist.

Mit dem Geist, den ich im Dschungel erlebt hatte. Der mich gelehrt hatte, über mich selbst hinauszuwachsen. Der sich nur in der Hingabe zeigt.

Die höchste Seligkeit liegt in der Hingabe. Und dabei ist jedes Selbst-Bewusstsein, jede Selbst-Wahrnehmung uns nur im Weg. Wie Einstein in einem Brief an die belgische Königin Elisabeth schrieb: »Wenn man sich frei von der eigenen Identifikation mit den Begrenzungen und Unzulänglichkeiten des Menschen fühlt, wenn man staunend auf die zutiefst bewegende Schönheit des Ewigen schaut, auf das Unfassbare: Leben und Tod fließen ineinander, und es gibt weder Entwicklung noch Schicksal, sondern nur Sein.«

So war es, Jaime nach dem Absturz zu lieben. Es war schön. Ein kleiner Tod, wie die Franzosen es nennen. Der kleine Tod, genau wie im Dschungel, als mich der große Tod an die Hand nahm.

Jaime und ich erleben es oft, dass wir von Leuten zum Abendessen eingeladen werden, nur damit wir meine Geschichte erzählen. Jaime lässt sich dann wunderbar, mit Pathos und Drama, darauf ein und übertrifft noch die Erwartungen unserer Gastgeber. Ich dagegen spiele die Sache immer herunter. Ich zucke mit den Schultern und sage: »So schlimm war das gar nicht«, oder: »Nein, es hat mich nicht wirklich verändert.« Und bleibe damit immer hinter den Erwartungen zurück.

Dann kommt zum Glück unvermeidlich der rätselhafte Mann in Orange zur Sprache. Der Mann, von dem ich glaube, dass er mich im Dschungel beobachtet hat.

»Das muss ein Mönch gewesen sein«, vermuten einige. »Die tragen dort doch orangefarbene Kleidung.«

»Aber es war so ein leuchtendes Plastikorange«, widerspreche ich. »So was Offizielles. Vielleicht war er ein Beamter, der darauf gewartet hat, dass wir alle sterben, damit keine Entschädigungszahlungen fällig werden. Es ist ja offensichtlich, dass sie viel darum geben, so etwas zu vermeiden.«

Dann fragen sie, warum ich kein Geld bekommen habe. Und ich erkläre das Gesetz, das kurz nach dem Absturz von der vietnamesischen Regierung verabschiedet wurde und die Entschädigung von Ausländern auf 20 000 Dollar beschränkte, was weit unter den internationalen Standards liegt.

»Zwanzigtausend Dollar? Mehr nicht?«, ruft der Gastgeber entsetzt aus.

Ich berichte, dass ich mich geweigert habe, das Geld anzunehmen. »Nein danke. Damit hätte ich alle künftigen Ansprüche abgetreten, und wer weiß, was in Zukunft noch passiert. Vielleicht kümmern sie sich irgendwann doch um Touristen. Und ich – ich könnte irgendwann behindert sein, körperlich oder geistig. Nein, ich habe beschlossen, keinem Vergleich zuzustimmen.«

»Das könnte ein Motiv sein«, schlägt der Gastgeber vor. »Dass sie den Mann in Orange geschickt haben, damit er beobachtet, wie Sie sterben.« Darüber habe ich auch schon nachgedacht.

Jemand fragt: »Aber sie haben doch einen Hubschrauber geschickt, um Sie zu retten.«

Ich zucke wieder mit den Schultern. »Davon habe ich gehört, aber ich habe keinen Hubschrauber gesehen. Und ich denke, ich hätte ihn bemerkt, ich habe ja die ganze Zeit zum Himmel geblickt.«

»Und der Mann in Orange, was hat er gemacht? Hat er irgendwas gesagt? Haben Sie versucht, auf sich aufmerksam zu machen?«

»Ich habe geschrien, gewinkt, in jeder Sprache geflucht, aber er stand einfach nur da, wie eine Statue. Er hat keinen Finger gerührt.«

Am Ende sind sich alle einig, dass ich wohl halluziniert habe.

Der Vertrag
New York 1996

Nachdem Jaime und ich nach New York gezogen waren, musste ich mich auf die »Bedingungen« konzentrieren, die ich mit Ana Botin besprochen hatte. Schwanger zu werden war allerdings eine andere Sache. Da gab es nichts zu bestimmen, auch hier ging es um die Aufgabe von Kontrolle. Auf sehr schmerzhafte Weise, wie sich herausstellte: Ich hatte drei Fehlgeburten.

Ana hatte uns gebeten, alles geheim zu halten, also fühlte ich mich verpflichtet, mir etwas einfallen zu lassen. Der erste Schritt betraf natürlich die Kleidung. Ich stellte mir vor, denselben Hosenanzug in verschiedenen Größen zu kaufen, sodass mein Bauch immer hineinpasste. Aber die Fehlgeburten fanden zu unterschiedlichen Jahreszeiten statt, der Hosenanzug, den ich für eine Sommer-Schwangerschaft gekauft hatte, war im Winter nicht tragbar und umgekehrt. So ging meine gesamte Planung schief.

Ich habe wohl mindestens zwanzig Schwangerschaftstests gekauft. »Entspann dich doch mal«, sagte man mir. »Sonst geht gar nichts.« Entspannen? Ach ja? Ich war vollauf damit beschäftigt, schwanger zu werden und zu bleiben. Erst wartete ich auf den richtigen Zeitpunkt für den Test, dann darauf, die ersten drei Monate hinter mich zu bringen, danach war es sicherer. Nach acht Wochen fing ich an zu hoffen, wagte es aber kaum. Jedes Mal, wenn ich ins Bad ging, erwartete ich, wieder Blut zu sehen.

Was mir an den Schwangerschaften gut gefiel, war die mühelose Verbindung zu anderen Frauen. Eine echte Verbindung auf Augenhöhe, kein Wettbewerb. Im Krankenhaus gibt es einen seltsamen Elendswettbewerb, sobald Kinder auf der Welt sind, beginnt der Wettstreit in der Schule oder auf dem Spielplatz, das Rennen um Erfolg. Aber in der Schwangerschaft sind die Erwartungen ziemlich gleich, da gibt es keinen Wettstreit. Es ist eine sehr »reine« Verbindung zwischen Frauen, anders als später, wenn alle die Endprodukte vergleichen.

Das gefiel mir. Frauen aus dem West End und dem East End von London, spanische und niederländische Frauen, Frauen der unterschiedlichsten Hautfarben in Amerika und Frauen, die man normalerweise gar nicht anschauen würde oder die sich sofort von mir abgrenzen würden – auf einmal schauten sie alle auf mein Bäuchlein, fragten mich, wann es so weit wäre, und erzählten mir von eigenen Erfahrungen.

Als ich das dritte Baby verlor, war ich gerade im Büro. Ich hatte die dreizehnte Woche geschafft und dachte, das wär's. Aller guten Dinge sind drei.

Und als ich gerade die ersten Anrufe machen wollte, um die gute Neuigkeit zu verbreiten, fing ich an zu bluten. Im Büro.

Jaime fuhr mich ins Krankenhaus, wo eine Ausschabung gemacht wurde. Aber mein Körper produzierte Hormone und

Gefühle, als wäre das Kind noch da. Mir brach fast das Herz. Jaime versuchte verzweifelt, mich zu trösten. Hilflos sagte er, er würde mir alles kaufen, »alles, was du willst«. Und ich sah die Kinderwagen auf unserer Straße und heulte: »Ich will nur endlich ein Baby.«

Es war ein entsetzlicher Verlust, und die Aussicht, das alles noch einmal durchzumachen, fühlte sich furchtbar an. Aber dann dachte ich an den Dschungel und wurde ruhig. Mitten in dem Verlust. Lehnte mich an, legte mich hinein, ließ mich ganz von dem Verlust überwältigen.

Danach konnte ich aufstehen und weiterleben.

Der Weg zurück
New York 2005

Ich habe immer gesagt, dass ich eines Tages nach Vietnam zurückkehren würde. Zurück an den Ort des Absturzes, auf meinen Berg. Mein Vater hatte mir versprochen, er würde mitfahren. Aber dann bekam er Krebs und starb.

Jetzt sind dreizehn Jahre vergangen, und ich habe das Gefühl, es muss jetzt sein, oder nie.

Zunächst einmal nehme ich Kontakt mit Jack auf. Jack ist der Vater des britischen Absturzopfers, von Hamish, den wir in den Niederlanden beerdigt hatten. Jack ist seit Jahren damit beschäftigt, herauszufinden, was wirklich passiert ist. Warum das Flugzeug abgestürzt ist, warum sie so lange gebraucht haben, um uns zu finden, was die vietnamesischen Behörden eigentlich vertuschen. Die Autopsie seines Sohnes nach der Rückkehr nach Großbritannien kam zu dem Schluss, Hamish habe noch einige Zeit gelebt. Mehrere Tage vermutlich. Und er sei nicht unbedingt an seinen Verletzungen gestorben, sondern verdurstet. Jack glaubt, sein Sohn hätte gerettet werden können und müssen. Ein englischer Parlamentsabgeordneter hat den vietnamesischen Behörden unangenehme Fragen gestellt. Und Jack hat eine Website zu dem Absturz und den fragwürdigen Umständen eingerichtet.

Mit einiger Verspätung haben die Vietnamesen Jack schließlich zu einem Besuch eingeladen, damit er sich selbst ein Bild machen kann. Und in Jacks Fußstapfen hoffe ich, auch für mich einen Weg zu dem Wrack zu finden.

Von: Jack Emerson
An: Annette Herfkens
Datum: 1/11/2006

Liebe Annette,
danke für die Kontaktaufnahme, ich brauchte einen Tritt, um weiterzumachen.
Ich schicke eine Kopie meines Berichts an einen Freund, der eine Vorstellung von dem Ort gibt, vom Weg zum Absturzort und von der Unterkunft, die wir in To Hap hatten, dem Verwaltungszentrum der Region, nur zwei Meilen vom Ende der Straße entfernt. Auf dem Weg kommt man an dem Krankenhaus vorbei. Ich versuche auch, Ihnen ein Bild von der Gebetsflagge – eher ein Teppich – und mir am Absturzort zu schicken. Wenn Sie wollen, kann ich Ihnen noch mehr Fotos schicken. Kommt Ihnen etwas bekannt vor? Die Bäume sind inzwischen sicher gewachsen. Links ist ein Turm, dort stürzte das Flugzeug herunter und riss Bäume mit, sodass eine Lichtung entstand, die Stelle, an der sie den Mann gesehen haben. Rechts gibt es eine Art zugewachsene Höhle, wo jetzt wohl die Waldarbeiter tätig sind, und dahinter einen steilen Felshang. Bitte teilen Sie mir Ihre Gedanken mit, und fragen Sie mich, was immer Sie wollen.

Ich freue mich, wieder mit Ihnen ins Gespräch zu kommen.
Beste Grüße
Jack

Gedanken über das Zählen

Jedes Jahr am 14. November erinnere ich mich.

Natürlich vor allem an Pasje. »Heute wäre er achtunddreißig, neununddreißig, zweiundvierzig, fünfzig.« Und so weiter.

In den nächsten acht Tagen zähle ich weiter. Wie viel ich esse und trinke, von sieben Uhr morgens am ersten Tag über den zweiten und dritten bis um siebzehn Uhr am achten Tag, als ich gerettet wurde. Da kommt einiges zusammen. Zwei Scheiben dunkles Brot mit Käse und Tee mit Milch zum Frühstück, Kaffee mit Milch und noch eine Scheibe Brot am Vormittag. Mittagessen, Tee mit Keksen, ein Drink mit Salami und Oliven, Abendessen mit Wein, Tee mit Schokolade. Und Wasser. Viele Gläser Wasser.

Keine fixe Idee. Ich zähle einfach nur mit.

Der Wächter
New York 2005

»Wenn du nach Vietnam willst, musst du Chris einschalten«, sagt Jaime. »Er hat dir damals das Leben gerettet, und ich bin sicher, er würde dir auch jetzt gern helfen. Und er hat Kontakte.«

Da hat er vermutlich recht. Es gehen bereits E-Mails zwischen mir und dem niederländischen Botschafter hin und her; die Botschaft wurde kurz nach dem Flugzeugabsturz wieder aufgemacht. Der Botschafter hat mir Unterstützung versprochen und mir zugesagt, er werde unsere gesamte Korrespondenz unter dem Decknamen »Pilgerfahrt« geheim halten.

Chris ist Jaimes Held. Jaime spricht immer voller Ehrfurcht von Chris, wenn er sich an dessen Einsatz im Zusammenhang mit dem Unfall erinnert. Aber ich hatte noch nie Kontakt mit ihm. Frau van der Pas schon, sie hat diese Beziehung monopolisiert wie alles, was zu Pasje gehörte. In diesem Fall hat es mir nichts ausgemacht, da ich ihn nicht kenne und keinerlei emotionale Bindungen an Vietnam habe. Umso seltsamer kommt es mir jetzt vor, Kontakt mit Chris aufzunehmen. Was soll ich ihm sagen? »Hallo, ich habe gehört, dass Sie mir das Leben gerettet haben. Tut mir leid, dass ich dreizehn Jahre lang nichts von mir habe hören lassen, aber jetzt habe ich die Absicht, nach Vietnam zu kommen, würden Sie mir wieder helfen?«

»Chris macht das nichts aus«, sagt Jaime geradezu feierlich. »Schreib ihm einfach eine E-Mail.«

Und es macht Chris wirklich nichts aus. Er beantwortet meine Nachricht sofort und klingt tatsächlich außerordentlich nett und klug. Und er bringt die Dinge auf den Punkt. »Ich werde alles tun, nur den Berg werde ich nicht besteigen«, schreibt er. »Ich bin Raucher.«

Wieder einmal rettet er mich. Er koordiniert die Kontakte zwischen der niederländischen Botschaft und Vietnam Airlines, beruhigt mich, findet in jeder E-Mail den richtigen Ton und die passenden Worte. Mein Wohlergeben liegt ihm offensichtlich am Herzen. Er macht sich sogar Gedanken über die Motive des Autors, der mich begleiten soll. Dann schreibe ich ihm, dass der Autor aus dem Spiel ist. Und dann noch einmal. Ein weiterer Autor ist abgesprungen, ebenso wie ein Journalist und ein Filmemacher. Beide sind ganz begeistert von der Sache, bis sie Jacks Bericht von der Besteigung des Berges und den Härten der Reise lesen. Chris macht sich offenbar große Sorgen, ich könnte doch noch einen Journalisten mitbringen, der »seinen Vorteil aus meiner Geschichte zieht«. So große Sorgen, dass er mir schließlich schreibt, er habe die Absicht, »den verdammten Berg nun doch zu besteigen«.

Zwei blonde Babys
New York 1997–1999

»Unter Schmerzen sollst du Kinder gebären«, hat Gott zu Eva gesagt, nachdem sie und Adam die Frucht von dem verbotenen Baum gegessen hatten.

Gott hatte die Welt erschaffen und gesehen, dass sie gut war. Aber Adam langweilte sich, also machte Gott aus Adams Rippe Eva, und damit fingen die Probleme an. Das Problem der Gegensätze. Der Dualität.

Eva langweilte sich nämlich auch. Deshalb hörte sie auf die Schlange und pflückte die Frucht vom Baum der Erkenntnis von Gut und Böse. Diese Frucht wurde zum Symbol der Entdeckung und Erkenntnis der Dualität: männlich/weiblich, Leben/Tod, gut/böse, Schmerz/Freude.

Dualität gehört zu unserem Leben. Das Leben gehört zur Dualität. Schöpfung entsteht aus Gegensätzen. Und Kinder zu haben ist wohl die größte Dualität. Der schlimmste Schmerz und die größte Freude. Aber auch Schöpfung.

Ich dachte, ich sei durch meine Schmerzen im Dschungel immunisiert und es würde mir leichtfallen, Kinder zu bekommen. Ich würde weder diese Atemübungen noch irgendwelche Schmerzmittel brauchen. Selbst meine Frauenärztin meinte, für mich wären das alles »Peanuts«, und so achtete ich während des Vorbereitungskurses mehr auf meine Mitstreiterinnen als auf das Atmen. Zum Glück passte Jaime auf, und als es so weit war hielt er meine Hand mit der für ihn so typischen Zärtlichkeit und Fürsorge.

Aber diese Sache konnte er mir nicht abnehmen, das hier war kein Anleihendeal und auch keine Steuererklärung. Das hier musste ich selbst schaffen, oder besser gesagt, ich musste loslassen. Im Dschungel hatte ich mich von meinem Körper abgetrennt, während bei einer Geburt die Verbindung von Körper und Geist von entscheidender Bedeutung ist. Im Dschungel war ich mit meiner zusammengefallenen Lunge gezwungen gewesen, richtig zu atmen. Jetzt, nachdem ich elf Stunden gelitten und sowohl den Atem als auch mein Baby zurückgehalten hatte, erklärte man mir, es gäbe zwei Möglichkeiten: Rückenmarkspritze oder Kaiserschnitt. Ich entschied mich für die erste Option, und eine Stunde später war Josephine da. Als ich durch meine Freudentränen Jaime ansah, der mit seiner Tochter sprach, während ich genäht wurde, wusste ich alles über die Dualität des Lebens.

Meine Mutter hatte endlich ihre Enkelin bekommen. Wir nannten sie zärtlich Joosje.

Jaime hatte Anas Wunsch nach Geheimhaltung unserer Beziehung streng befolgt. Er war weiterhin unerbittlich: Niemand in der Bank oder auf den Märkten sollte davon erfahren. Als wir endlich unseren Mitarbeitern verrieten, dass wir ein Paar waren und dass ich im siebten Monat schwanger war, blieb den Leuten der Mund offen stehen. Der Trick mit den Hosenanzügen hatte funktioniert.

Die zweite Schwangerschaft war viel leichter zu verstecken als die erste. Inzwischen war ein Jahr vergangen, und die Kollegen hatten sich daran gewöhnt, dass ich nur selten im Büro zu finden war. Sie nahmen an, ich sei auf Geschäftsreisen. Unsere Mitarbeiter riefen mich zu Hause an, wenn sie etwas zu besprechen hatten. Manchmal kamen sie auch in unsere Wohnung, um »etwas am Computer zu reparieren«. Dann spielten sie fröhlich mit Joosje und waren stolz, ein gemeinsames Geheimnis mit der großen Ana Botin zu haben, der charismatischen Miteigentümerin unserer Bank.

Da ich von zu Hause aus arbeitete, führte ich in sehr buchstäblicher Weise das Doppelleben einer berufstätigen Mutter. Ich tat, was ich immer schon getan hatte: Ich passte mich verschiedenen Welten an und bewegte mich zwischen ihnen hin und her. Wenn ich mit den »echten Müttern« aus Joosjes Vorschule auf dem Spielplatz saß, betrachtete mich niemand als berufstätige Mutter. Und wenn ich immer wieder einmal übers Handy mit Jaime telefonierte, sahen die anderen das wohl eher als Liebesgeflüster denn als Marktanalysen. Wenn ich mit einem Kaffeebecher in der Hand auf der Bank saß, hörte ich staunend den zeitlosen Gesprächen zu. Wenn ein Krabbelkind sie unterbrach, vergaßen sie das Thema und machten mit einem neuen weiter, als wäre das alles nicht von Bedeutung. Und das stimmte auch, denn sie lebten mit ihren Kindern ganz im Augenblick. So war das bei mir nicht. Ich fühlte mich als Fremdling, genau wie bei meinen Gesprächen mit berufstätigen Müttern, die sich über die unkonzentrierten Hausfrauen beklagten. Ich lebte irgendwo dazwischen und versuchte, meine Rolle zu finden.

Angesichts der Tatsache, dass wir mitten in der Höhle des Löwen lebten, auf der Upper East Side, wo die meisten Investmentbanker wohnten, erlebten wir erstaunlich wenige komplizierte Situationen.

Als Joosje zwei Monate alt war, begegneten wir in der Nähe des Krankenhauses einem Trader von Salomon Brothers. Jaime erzählte ihm, er müsse auf seine kleine Nichte aufpassen, und da er keine Ahnung hätte, was man mit so einem Kind machte, hätte er mich angerufen und um Hilfe gebeten. Der Trader fragte: »Und Annette weiß, was man mit so einem Kind macht?«

»Ich bin ein Naturtalent«, antwortete ich mit meinem besten Pokerface.

Ein Jahr darauf liefen wir mit Joosje im Kinderwagen beinahe einem Kollegen von Santander bei Blockbuster in die Arme, aber Jaime konnte gerade noch rechtzeitig abbiegen. Ähnlich wie im Park, als er auf einmal seinen ehemaligen Chef von der Citibank entdeckte.

Erst als Maxi kam, flogen wir auf. Jemand schickte ein Fax von einem New Yorker Büro in ein Londoner Büro. Dieser

Jemand hatte Jaime Lupa mit einem Doppelkinderwagen gesehen. Und in diesem Kinderwagen saßen zwei blonde Kinder, die beide genauso aussahen wie Annette.

Angst vor der Angst
New York 2006

Ich kehre nach Vietnam zurück. Allein. Alles ist in die Wege geleitet. Chris, Vietnam Airlines, der niederländische Botschafter – alle rechnen mit mir.

Der Flug ist für den März gebucht. Ich wollte eigentlich schon letzten November fliegen, zum dreizehnten Jahrestag, aber es gab so viele Veränderungen, und vielleicht ist es auch besser so. Im November herrscht Monsun, wie ich ja eigentlich wissen sollte. Da können Flüge gecancelt werden, und in den Bergen ist es möglicherweise zu nass zum Wandern. Ich will das Schicksal nicht zum zweiten Mal herausfordern.

Jetzt muss ich mich vorbereiten, körperlich und geistig, um diesen schrecklichen Anstieg zu schaffen. Jack sagt, ich müsse wirklich Durchhaltevermögen aufbauen. Ein- bis zweimal in der Woche Yoga nützen mir im Dschungel gar nichts. Die Absturzstelle ist ganz oben auf dem Berg, da geht es fünf Stunden steil bergauf, »in schwüler Hitze«, wie Jack schreibt.

Also fange ich an, mit einer Freundin um unseren Wohnblock zu laufen. Sie sorgt dafür, dass ich mindestens eine Runde schaffe, ohne stehen zu bleiben. Ich gehe jeden Tag zu Fuß in unsere Wohnung im einundzwanzigsten Stock. Am Anfang keuche ich heftig, und ab dem achten Stock rast mein Herz, aber irgendwann schaffe ich es bis zum vierzigsten. Dann macht mir Jack noch mehr Angst. »Du musst rauf- und runter- und wieder raufläufen, am besten mit ein paar Steinen auf dem Rücken.«

Und dann ist da die Frage meiner geistigen Verfassung. »Du musst darüberstehen«, schreibt Jack. Ich sage mir, dass ich es nicht unbedingt bis ganz nach oben schaffen muss. Dass es schon eine Leistung wäre, an den Fuß des Berges zu kommen, »meines Berges«. Mit meiner Klaustrophobie wäre es schon toll, überhaupt dorthin zu kommen. Ein langer Flug nach Singapur, dann der Flug mit Vietnam Airlines nach Ho-Chi-Minh-Stadt. Und schließlich der Inlandsflug nach Nha Trang. In einem Flugzeug, das dem gleicht, mit dem wir abgestürzt sind. Kein russisches, aber die Größe ist dieselbe. Dann mit dem Kleinbus – wieder ein enges Fahrzeug – zum Gästehaus. »Es hat manchmal fließendes Wasser und Strom«, schreibt Jack. Dort muss ich die Nacht verbringen und früh um fünf am nächsten Morgen in den Dschungel aufbrechen. »Unser Kleinbus hatte eine Panne, und wir mussten stundenlang auf einen neuen warten«, schreibt Jack. Ich erleide tausend Tode, habe Angst vor der Angst, fürchte mich vor einer posttraumatischen Stressreaktion, vor der mich alle ständig warnen. Selbst hartgesottene Bergsteiger kriegen so was, wenn sie an den Ort eines Unfalls zurückkehren.

Ich versuche es mit Hypnose. Magdalena Agabs. Ihre Telefonnummer habe ich in dem Zug nach Roosevelt Island bekommen, wo Maxi zur Schule geht. Es ist ein stets überfüllter Zug, der durch einen Unterwassertunnel fährt. Doppelt eingesperrt. Ich habe die Dame neben mir gefragt, ob ich mir ihre Zeitung ausleihen könnte, um etwas gegen meine Angstgedanken zu tun. Sie gab mir die Zeitung und erzählte mir, Magdalena habe mit Hypnose die Ängste ihres Sohnes beseitigt. Als ich aufstand, gab sie mir die Telefonnummer. »Es hat einen Grund, dass wir uns hier getroffen haben«, sagte sie. Also musste ich der Sache nachgehen.

Magdalena ist ein exotischer Typ, genauso exotisch wie ihr Name. Sie sagt, ich solle mich entspannen. Ich starre in ihre samtig dunklen Augen, denke an das Dschungelbuch, die Szene, wo Mogli von der Schlange hypnotisiert wird und die Augen zum Kaleidoskop werden. Da muss ich lachen, und so geht es weiter. Es funktioniert nicht. Immer wenn ich fast weggleite, verschränke ich die Arme und komme zurück.

»Sie haben einen zu starken Willen«, sagt sie. »Sie können sich nur selbst hypnotisieren. Konzentrieren Sie sich mit exakt der gleichen Kraft auf zwei Dinge.«

Das funktioniert. Mit etwas Yogaatmung und etwas Eso-Denken funktioniert es. Ich nehme die U-Bahn nach Brooklyn, zur Rushhour, unter dem Wasser hindurch. Zur Übung. Die Bahn ist überfüllt, ich finde kaum einen Wagen, in den ich einsteigen kann. Es ist eine ziemliche Herausforderung für einen Menschen mit Platzangst, andere nicht zu verurteilen, wenn man mit so vielen Leuten auf engem Raum eingesperrt ist. »Du liebst sie alle, du liebst sie, du liebst sie«, sage ich mir. Und auf einmal tue ich es.

Also bin ich bereit. Ich werde nach Vietnam fliegen.

Yoga
New York 2001

Als ich nach all dem Gerede darüber endlich vierzig wurde, war ich mehr als bereit für das nächste Lebensjahrzehnt. So viel war in meinen Dreißigern passiert: der Absturz, Jaime, Joosje, Max. London, Madrid, New York. Der einzige Nachteil war, dass ich mir selbst versprochen hatte, mit vierzig würde ich anfangen, Sport zu treiben. Das war fremdes Gelände für mich, so etwas hatte ich noch nie gemacht. Ich hatte immer das Gefühl gehabt, das hätte ich nicht nötig. Erst mit vierzig.

Ich entschied mich für Yoga, den Weg des geringsten Widerstandes, wie mir schien, und überredete eine Freundin, mitzukommen.

Wir meldeten uns in einem etablierten Yogastudio mit einem

etablierten Yogi irgendwo in Midtown an. Dort stellte sich dann heraus, dass es gerade »in« wurde, Yoga zu machen. Und die Frauen dort waren ein ganz eigener Schlag: lange Haare, schlank bis mager, gerader Rücken, sanftes Lächeln. Sie trugen alle Tanktops und Leggings mit Leopardenmuster, und sie umarmten sich ständig.

»Nein, was für ein toller Pullover«, sagte die eine zu der anderen, und ich dachte mir: *Na, soll wohl, der ist von Prada.*

Mitten unter diesen langbeinigen Nymphen saß ein kurzbeiniger Yogi mit Bäuchlein, deutlich in den Fünfzigern, mit langen grauen Haaren. Selbst reine Gemüter hätten das sexuelle Vergnügen nicht ignorieren können, das in der Luft lag. Man dachte unwillkürlich an Hugh Hefner.

Eine der hübschesten unter den Nymphen, Rachel mit Namen, sollte unsere halb private Yogalehrerin werden. Wir trafen uns in einem kleinen Raum mit Blick auf die sich brav verbiegenden Midtown-Mädels.

So fremd mir die ganze Szenerie war, hörte ich Rachels Anleitungen doch mit untypischer Konzentration zu. Es war mir immer schon schwergefallen, gleichzeitig zuzuhören und den Anweisungen zu folgen. Ich spürte dann immer den Drang, einen Witz zu machen. Aber das war vorbei, ich gehorchte. Ich war vierzig.

Rachel ließ uns auf einem Bein stehen. Den anderen Fuß sollte ich in beide Hände nehmen und dabei starr auf einen Punkt am Boden blicken. Ich schaute meine Narben und meine fehlenden Zehen an, während ich den Fuß wiegte wie ein Baby. Die noch gebliebenen Zehen brauchten dringend eine Pediküre. Ich stolperte und fing mich mit einem Schritt nach hinten.

»Konzentration!«, sagte Rachel.

Ich musste tief atmen, ein und aus, wie ein Perverser bei einem obszönen Anruf. Ein und aus, ein und aus. Ein Bein nach hinten, beide Arme nach vorn. Mein scheinbar so fitter Körper fühlte sich schrecklich eingeschränkt an. Ich konnte nicht einmal die Beine durchdrücken.

»Es muss aus eurer Mitte kommen«, sagte Rachel. *Woher?* »Körper und Geist im Gleichgewicht«, sagte sie. *Du musst darüberstehen,* dachte ich. Ich hielt die Luft an und schob mich zur Brett-Stellung hoch.

»Falsch«, sagte sie. »Der Atem soll fließen. Du verbindest Geist und Körper durch deinen Atem.«

Ich versuchte es zu begreifen. Diese Verbindung fehlte mir. Ich schätzte meinen Körper durchaus, aber eher als von »mir« getrennte Einheit. Bisher hatte er mir gute Dienste getan, er war da, wenn ich ihn brauchte, und ließ sich gut ignorieren, wenn ich das wollte. Vor allem aber war er ein guter Kleiderständer. Ich sammelte Kleider. Ich versuchte mich zu erinnern, an welchen Klamottenläden ich nach dem Yogakurs auf dem Weg zum Büro vorbeikommen würde. Konzentration!

»Der Krieger«, sagte Rachel. Eine Stellung, die mir gut gefiel.

Dann ließen wir uns wieder auf den Boden nieder, um in die Radstellung zu gehen. Dafür war ich zu schwach.

»Nicht urteilen«, sagte Rachel. »Nicht vergleichen.«

Jetzt, wo sie es sagte, fiel mir auf, dass meine Freundin viel besser war als ich, viel konzentrierter und stärker.

Denk nicht an sie. Konzentration!

Ich beobachtete, wie sich meine Freundin konzentrierte. Sie kümmerte sich überhaupt nicht um ihre Umgebung, jetzt jedenfalls nicht. *Den Rest des Tages gibt sie ständig Urteile ab, über laute Kleinkinder, Kleinkinder, die noch nicht auf den Topf gehen, dicke Kleinkinder, magere Kleinkinder, berufstätige Mütter und nicht berufstätige Mütter mit Kindermädchen. Sie beurteilt sogar kinderlose Frauen, die ihre Katzen lieben, als wären sie Kinder.*

Wie kann man über die Liebe eines anderen Menschen urteilen?

Lass es los! Hör auf, sie zu beurteilen. Konzentriere dich auf deinen Atem.

Ich schaute auf die Uhr. Noch eine Viertelstunde. Rachel sagte den Kopfstand an. Der fiel mir leicht. Ich wirkte jetzt zwar ziemlich steif, aber als Kind war ich gut in Gymnastik gewesen, und den Kopfstand hatte ich geliebt. Meine Mitte war nicht besonders stark, aber ich war leicht und biegsam. Rauf mit den Beinen, gegen die Wand. Meine Freundin kämpfte noch. *Hey, schau mich an!* Ich atmete ein und aus wie ein wütender Hund.

»Kein Ego«, sagte Rachel. »Einfach loslassen.«

Und endlich tat ich es. Während der Meditation am Ende der Yogastunde ließ ich los, und plötzlich war er da: mein Dschungel. Mein Dschungel in all seiner Herrlichkeit und Schönheit, mit seinen üppig grünen, energiegeladenen Blättern. Mein Geist wurde leer. Schweigendes Gold.

Später beschrieb es die Lehrerin als Samadhi, den überbewussten Zustand der Einheit mit dem Göttlichen, in dem die Geistesbewegungen ganz und gar zum Stillstand kommen. Wenn sich das kleine Selbst mit dem höheren Selbst, mit der Mitte, dem Universum verbindet.

Ich sah ihr an, dass sie es kaum glauben konnte, dass ich überhaupt an diesen Punkt kommen würde, geschweige denn so schnell. Ich, die materialistische, meinungsstarke, schinkenfressende, extrovertierte, logisch denkende Investmentbankerin.

Es war Anfängerglück. Wie in der ersten Golfstunde, als ich den Ball richtig weit und gerade schlug und sogar das Geräusch perfekt war.

Danach dauerte es Jahre, bis ich wieder an diesen Punkt kam. Viele Yogakurse und Lehrer später lernte ich, mich über den Atem mit meinem Körper zu verbinden. In meine schmerzenden Schultern hineinzuatmen. Ich lernte sogar, den Atem zum Zügeln meines Gehirns zu nutzen, um in denselben neutralen Zustand zu gelangen, den ich im Dschungel kennengelernt hatte. Den Zustand, in dem ich mich selbst und meine Umgebung wie ein Zeuge beobachtete. Im Dschungel hatte mich mein mühsamer, einseitiger Atem ständig daran erinnert, dass jedes Hoch und jedes Tief sich aus einem neutralen Punkt erhebt und wieder dorthin zurückkehrt. Dass es eine Stille in der Pause zwischen zwei Atemzügen gibt, eine Stille, die immer da ist und erreichbar ist. Für jeden, jederzeit.

Amulette
New York 2006

»Die Engel werden dich auf diesen Berg tragen. Gott wird dich schützen. Die Energie der Bäume wird deinen Geist erheben«, sagen meine moralischen Unterstützer. Sie raten mir zu Bergstiefeln, Teva-Sandalen, leichten Bergstöcken, einer Bluse mit UV-Schutz und schmutzigen Socken, um die Moskitos abzuwehren.

Ich nehme ein »Energie«-Amulett mit, ein Bild des heiligen Franziskus, des Freundes der Natur und der Tiere, ein silbernes Pillendöschen von meinen Freunden und einen Brief, in dem mir die neunjährige Joosje Glück wünscht.

Verurteilt
New York 2001

Jaime und ich saßen auf einer Couch. Es war ein Zweisitzer, wir saßen also eng nebeneinander. Ich hatte das Gefühl, wir sollten uns an den Händen halten wie die Paare im Fernsehen, die abwarten, welchen Preis sie bekommen, oder die Menschen um Hilfe für ihr krankes oder verschwundenes Kind bitten. Natürlich hielten wir uns nicht an den Händen, aber irgendetwas in mir sagte mir, es wäre keine schlechte Idee. Die ganze Szene fühlte sich an wie im Theater: das elegante Büro mit den gestreiften Tapeten und schweren Vorhängen, die Ottomane mit dem Damastbezug und den goldenen Tressen, die dazu passende viktorianische Couch, auf der wir saßen. Auftritt der Upper-East-Side-Therapeutin mit Hermès-Schal um die Schultern, das rötliche Haar hochgesteckt.

Sie war hier, weil es Paare wie uns gab. Paare, die bereit waren, Hunderte von Dollar pro Stunde für die Sprachtherapie ihres Zweijährigen auszugeben. In der Woche zuvor hatte sie Maxi getestet. Da hatte ich allein auf dieser Couch gesessen, mit verkrampften Zehen und weißen Knöcheln. Maxi hielt sich ganz offensichtlich nicht an die Anweisungen der Therapeutin, so wie er sich auch nicht an die Anweisungen in der vornehmen Musikstunde bei Diller Quaille hielt, wo mich die anderen Mütter oft genervt anschauten, weil ich es zuließ, dass mein Sohn ihre perfekte Welt zerstörte. Nach dem Unterricht flüsterten sie miteinander, und wenn wir unsere Kinder in ihren Buggys anschnallten, vermieden sie jeden Blickkontakt und achteten auch sorgfältig darauf, nicht gemeinsam mit mir die Madison Avenue hinunterzugehen. Wenn ich an einer Ampel zu ihnen aufschloss, schwiegen sie auf einmal. Es war schon okay. Er war mein zweites Kind, ich hatte schon viel erlebt. Tatsächlich war ich diese Straße schon mit den anderen Müttern hinuntergegangen und hatte ihren Hühnerhofgesprächen über das *eine* Kind zugehört, das sich nicht an die Regeln hielt. Und indem ich mit ihnen ging, vermied ich den Kontakt mit der Außenseiter-Mutter. Jetzt wusste ich, wie sie sich gefühlt haben musste.

Die Sprachtherapeutin hatte darauf bestanden, dass Jaime und ich zu diesem Termin gemeinsam kamen. Und da waren wir also, saßen auf dieser Couch, auch wenn wir uns nicht an den Händen hielten. Sie sah uns mit jenem gut einstudierten Mitgefühl an, von dem wir noch gar nicht wussten, dass wir es verdienten.

»Ihr Sohn macht mir große Sorgen«, sagte sie. Ich spürte ein Klingeln im Ohr. »Ich habe nicht nur seine Sprache getestet.«

O Gott, dachte ich.

»Und ich habe Grund zu der Annahme, dass er an PDD leidet.« Jaime schaute verständnislos, ich wusste, worüber sie sprach. Erst vor vierzehn Tagen hatte ich Jaime weinend geweckt, weil ich befürchtete, Maxi könne an Autismus leiden. Morgens um vier, nachdem ich zwei Stunden lang mit rasendem Puls im Internet recherchiert hatte. Mütter wissen immer am besten Bescheid, heißt es. Blödsinn, ich wünschte, es wäre nicht so. PDD ist die Abkürzung für Pervasive Development Disorder, zu Deutsch »Tiefgreifende Entwicklungsstörung«. Diese Diagnose hat man für Kinder erfunden, die nicht alle Kriterien für Autismus erfüllen. Das tun Zweijährige nie, also lässt diese Diagnose noch etwas Raum für Hoffnung. Autismus ist hoffnungslos, es ist eine Prognose des Niemals und Immer. Das alles wusste ich. »Es ist gut, dass Sie so früh gekommen sind«, sagte sie. »Mit einer intensiven Therapie hat er die Möglichkeit zu einem vollständigen Leben.« Jetzt nickten wir beide, als hörten wir einem Richter zu, der das Strafmaß verkündete. »Aber Sie müssen sofort handeln. Ich schicke meinen Bericht an das beste Zentrum für Frühförderung.«

Auf dem Hinweg waren wir noch ganz oben gewesen, ein Siegerpaar, das die Park Avenue hinuntergeht. Gut angezogen und selbstsicher waren wir an der Vorschule unserer Tochter vorbeigegangen, die zu einer Kirchengemeinde Ecke Park und 85th Avenue gehörte. Sie war dadrinnen, und das war ein gutes Gefühl, zumal als wir über den Typen sprachen, der eine Million Dollar dafür bezahlt hatte, dass sie sein Kind dort aufnahmen. Wir hatten uns gratuliert, ohne überhaupt zu begreifen, wie viel Glück wir immer gehabt hatten. Wir waren überall sofort reingekommen, sowohl in die Eigentümergemeinschaft unseres Hauses als auch in die Vorschule oder die musikalische Früherziehung. Alles Dinge, die in dieser Gegend eine große Rolle spielten. Nach der Vorschule würde Joosje in den Kindergarten gehen, irgendwann in eins der besten Colleges und so weiter.

Dabei hatten wir uns nicht einmal verändert. Jaime hatte immer noch lange Haare, und ich platzte mit allem heraus, was mir durch meinen holländischen Kopf ging. Wir lebten in einer Seitenstraße der Park Avenue, unsere Wohnung hatte eine riesige Terrasse, wir verdienten gutes Geld, hatten ein reges gesellschaftliches Leben. An unserem Kühlschrank hingen jede Menge gedruckte Einladungen, und wir schrieben viele Dankbriefe auf persönlichem Briefpapier. Wir hatten zwei reizende kleine Kinder, die Zukunft lag strahlend hell vor uns.

Als unser Strafmaß verkündet wurde, versuchte ich über die Gefühle hinauszuhören, die in meinen Ohren dröhnten. Ich beobachtete mich, wie ich Telefonnummern aufschrieb, die mir die Therapeutin sagte, wie ich meine Tasche nahm und die Praxis verließ. Und jetzt? Ich versuchte, mich an diese neue, veränderte Zukunft anzupassen. Kein Golfwägelchen für uns vier, mehr fiel mir nicht ein. Ich stellte mir Raymond aus dem Film *Rain Man* vor. Leer. Eine eiskalte Hand legte sich um mein Herz. Wir hatten soeben Maxis Zukunft verloren.

Der alte Jaime
New York, Amsterdam 2006

Es ist vielleicht übertrieben, wenn ich sage, dass Jaime und ich uns fremd geworden sind, aber in den letzten paar Jahren hat er sich jedenfalls zurückgezogen, vielleicht sogar isoliert. Von unseren Freunden, vom Leben, von mir. Von jedem außer Maxi und Joosje.

Eigentlich habe ich das Ausmaß dieses Rückzugs erst begriffen, als ich anfing, meine Reise zu planen. Langsam, aber sicher kommt er zurück zu mir, und erst jetzt merke ich, wie weit wir uns voneinander entfernt haben.

Nach meiner Abreise nach Vietnam rufe ich aus dem Auto

noch einmal an, um mich zu verabschieden und das in seiner Stimme zu hören: die Wärme, das Interesse, die Hingabe. Die Art, wie er früher war.

Er klingt immer noch so, als ich vom Flughafen in Newark anrufe, und auch noch, als ich in Holland angekommen bin. Sein Anruf erreicht mich in einem Schuhgeschäft in Den Haag, wo ich mir gerade noch ein Paar Wanderschuhe kaufe. »Sandalen, die um meine Narben herumpassen«, sage ich zu ihm. Ich habe Sorge, dass meine kaputten Füße mich nicht auf den Berg tragen werden.

»Du kannst das, ich weiß es«, sagt er mir immer wieder.

Schließlich rede ich noch einmal mit ihm, als ich auf dem Flughafen in Amsterdam bin, unmittelbar vor dem Einsteigen in die Maschine nach Singapur, zu diesem endlosen Flug.

»Über zehn Stunden Flug!«, beschwere ich mich. »Was, wenn ich einen Anfall von Klaustrophobie bekomme?«

»Bekommst du nicht. Du sitzt ganz vorn, genieß es, unterhalt dich mit deinem Sitznachbarn, und denk an die alten Zeiten. Du hast das schon gemacht, du hast schon viel Schlimmeres durchgestanden.« Da ist die warme Stimme wieder, er ist wieder bei mir. *Denk an die alten Zeiten.*

Verdammt
New York 2001

Wir waren bei Freunden zum Abendessen eingeladen. Es war noch früh, also ging ich zu Barnes & Noble und in die Abteilung mit Büchern über Behinderungen. Ich zögerte, weil ich das Gefühl hatte, mit jedem Buch, das ich las, würde Maxis Diagnose unumkehrbarer.

Es gab nur wenige Bücher über Autismus. Ich zog eins aus dem Regal, schlug es auf und schaute auf die Seite. »Autistische

Kinder zerstören Familien«, las ich. »Die schlaflosen Nächte, die ständige Unberechenbarkeit – 85 Prozent der Elternpaare trennen sich irgendwann.« Ich schlug das Buch zu.

Dann ging ich wie betäubt zu den Freunden, wie in einer eigenen Welt gefangen. Einer neuen, erschreckenden Welt. Meine Freundin machte mir die Tür auf, sie hatte die Schürze noch um, war noch beim Kochen. Ich erzählte ihr, was ich gerade gelesen hatte. Sie drückte mir ein Glas Sancerre in die Hand.

Dann brach ich in Tränen aus.

Geheilt
Singapur 2006

Der lange Flug von Amsterdam nach Singapur erweist sich überraschenderweise als angenehm. Die Frau neben mir spürt meine Nervosität, trotz des perfekten Platzes in der ersten Reihe. Kaum dass wir in der Luft sind, plaudern wir schon. Sie ist Australierin und macht eine Weltreise. Ich erzähle ihr, was ich vorhabe. Sie schenkt mir ein Kreuz, ein kleines Holzkreuz mit silbernen Ecken und einem winzigen Jesus.

»Ich weiß auch nicht, warum ich die sammle«, sagt sie. »Ich bin nicht mal Christin. Sie können es mir irgendwann zurückgeben.« Es ist schön. Ich lege es zu meiner Sammlung von Glücksbringern und entspanne mich.

Ich freue mich darauf, Myra wiederzusehen, die Kieferchirurgin, die mich nach dem Unfall behandelt hat. Sie hat auch meine Entschlossenheit wiederhergestellt, indem sie mich mit japanischem und indischem Essen gefüttert hat. Außerdem hat sie meiner Familie vorgeschlagen, mir den ersten Gameboy zu kaufen. Jetzt wird sie meine Nerven reparieren. Sie erwartet mich am effizientesten Flughafen der Welt. Sie ist eine so warmherzige, offene Person, und sie hatte absolut recht, mir diese Unterbrechung meiner Reise vorzuschlagen, damit ich mich geistig und körperlich akklimatisieren kann, bevor ich auf den Berg steige. Es ist eine gute Idee, sich unter ihrer mütterlichen Führung langsam einzugewöhnen. Seit meiner Genesung nach dem Unfall schreiben wir uns Briefe, und ihre sind immer voller Wärme und Weisheit.

Myra nimmt mich mit in einen Supermarkt und bittet mich, mir etwas zu essen auszusuchen. Ich staune über die internationale Vielfalt des Angebots. Als wir zu ihrem Haus in einer ruhigen Wohngegend von Singapur kommen, zeigt sie mir ihr schönes Gästezimmer und gibt mir ihren Hausschlüssel.

»Den kannst du behalten«, sagt sie. »Du kannst ja nicht wissen, wann du mal wiederkommst.« Das Gästezimmer geht auf einen Orchideengarten hinaus, um den sich ihr Mann kümmert, der Professor für Psychologie ist. Sie sind ein wunderbares Paar. Er ist in Singapur geboren, als Kind idealistischer britischer Eltern, die aus England hierhergezogen waren, um den perfekten Staat mit aufzubauen. Sie ist chinesische Einwanderin. Ihre Mutter ist mit den kleinen Kindern zu Fuß aus China gekommen, um in Freiheit zu leben.

Myra hat eine gut gehende kieferchirurgische Praxis im Krankenhaus und fliegt um die ganze Welt, um Hasenscharten zu operieren. Außerdem bäckt sie hochkomplizierte Hochzeitstorten für jeden, der sich eine wünscht. Zu mir ist sie noch großzügiger. Als ich ihren Ring bewundere, erzählt sie mir, dass sie ihn in Thailand speziell für den darin eingefassten Stein hat machen lassen. Dann zeigt sie mir, wie das Licht auf der Oberfläche des blauen Steins einen Stern aufleuchten lässt, nimmt ihn ab und sagt: »Den schenke ich dir, er passt zu deinen Augen.« Selbstverständlich protestiere ich, aber sie besteht darauf. Er passt mir perfekt. Noch ein Glücksbringer.

Wir diskutieren, wie viele Religionen friedlich in Singapur nebeneinanderleben. Die Leute bemühen sich nicht um politische Korrektheit, sondern erlauben sich sanfte Scherze über die

Religion des jeweils anderen. Myra und ihr Mann sind rationale, gebildete Intellektuelle, die von sich sagen, sie glaubten an keine Spiritualität oder Religion. Aber gehen so hingebungsvoll mit anderen Menschen, mit der Welt um und sind in allen Aspekten ihres Alltags so achtsam, dass ich sie nur als perfektes Beispiel sehen kann, wie sich Spiritualität in der Wirklichkeit verwurzelt.

Am nächsten Tag nimmt mich Myra mit ins Mount Elizabeth, das Krankenhaus, in dem man mich vor dreizehn Jahren zusammengeflickt hat. Sie fragt, mich, ob ich es wiedererkenne. Ein bisschen.

»Das Gefühl ist noch da«, sage ich.

»Also, das glaube ich nicht«, antwortet sie. »Wie erkennt man ein Gefühl wieder?«

Aber so ist es.

Die Ärzte und Pflegekräfte sind großartig, und sie erinnern sich tatsächlich noch an mich. Sie können davon erzählen, wie zerbrechlich, geisterhaft, krank, anämisch, dehydriert und dem Tode nahe ich war, als sie mich das letzte Mal gesehen haben.

Anpassungen
New York 2002

Nach Maxis vorläufiger Diagnose musste ich erst einmal um mein Bild von seiner Zukunft trauern. Ich musste den Verlust definieren und darin zur Ruhe kommen, die Dinge, die er nie würde tun können.

Überall sah ich glückliche Familien. »Normale« Familien. Väter und Söhne beim Baseball, Brüder und Schwestern beim Fangenspielen. Fotografierende Mütter. Alle Kinder schauten in die Kamera und lächelten. Wenigstens wusste ich jetzt, warum Maxi das nie tat.

Autismus. Vollbild. Irgendwann kam diese Diagnose. Jahre später, nachdem wir Tausende von Dollar ausgegeben und Stunden bei Spezialtherapien und Tests verbracht hatten. Es gibt einen richtigen Markt für müde, verzweifelte Eltern wie Jaime und mich.

Wir unterwarfen uns zahllosen Untersuchungen und Fragebogen. Ich entdeckte einen ganz neuen Zeitvertreib. Schon bei der ersten Sitzung bei der Sprachtherapeutin hatte ich erstaunt festgestellt, dass ich eine ganze Stunde im Wartezimmer saß und nichts tat, einfach nur wartete, gemeinsam mit anderen Eltern. Ihre resignierten Gesichter schockierten mich. Dabei war das erst der Anfang.

In den kommenden Jahren würde ich mit Maxi durch ganz Manhattan fahren, mit dem Rad, dem Bus und dem Taxi, zur Ergotherapie, zu Sozialisations- und Zuhörkursen. Ich lernte neue Gegenden und die Relativität der Zeit kennen. Und langsam erweiterte sich mein Horizont und öffnete sich für diese neue Welt. Eine liebevolle Welt.

Die Stadt bot ein Frühförderungsprogramm für New Yorker mit behinderten Kindern an. Eine Armee von jungen Frauen kam zu uns nach Hause und machte mit Maxi Sprach-, Physio- und Ergotherapie sowie Verhaltenstherapie. Letzteres war eine der wenigen anerkannten Fördermaßnahmen bei Autismus. Es war hart, oft hörte ich Maxi im Nebenzimmer schreien vor Frustration. In den ersten fünfzehn Sitzungen ging es darum, auf Gegenstände zu zeigen und ihnen mit den Augen zu folgen, wenn sie auf den Boden fielen. Man musste ihm das »befehlen«, autistische Kinder lernen nichts von sich aus. Sie müssen die einfachsten Fertigkeiten lernen, immer und immer wieder. Nur so geht es. Maxi musste lernen, wie man auf etwas zeigt, wie man abmalt, wie man etwas anschaut, wie man mit dem Mund Worte bildet, wie man mit Spielzeug spielt, wie man zeichnet. Nichts kam von selbst. Man musste ihm beibringen, wie man lebt.

Immer wieder ließ die Therapeutin ein Spielzeug von seinem Hochstühlchen fallen, und Maxi reagierte, indem er ins Leere starrte. Dann nahm sie sein Gesicht in ihre Hände und drehte es, damit er das Spielzeug ansah, und sie nahm seinen Finger, damit er darauf zeigte. Dabei sprach sie sehr laut, damit er ihr zuhörte. Nicht meine Art, gar nicht, aber nur indem man massiv in Maxis Welt eindrang, konnte man überhaupt Fortschritte erzielen.

Wenn Maxi auf das Spielzeug zeigte, bekam er sofort ein Stückchen Keks. Wenn nicht, bekam er nichts. Dann schrie er, aber irgendwann funktionierte es. Er war ganz wild darauf, es richtig zu machen, diese kleinen, erreichbaren Aufgaben zu bestehen. Seine Nase zu berühren oder sich hinzusetzen. Und als er besser verstand, was man von ihm erwartete, gab es kompliziertere Befehle. Er liebte das Lob und die Chips und Kekse, die er als Belohnung bekam. Ja, er war tatsächlich versessen darauf, Leuten Freude zu machen.

Und damit nicht genug. Maxi lernte nicht nur relativ schnell, er behielt das Gelernte auch. Viele autistische Kinder verlieren eine Fertigkeit auf geheimnisvolle Weise wieder, die sie in stundenlanger Arbeit erlernt haben. Und im Gegensatz zur allgemeinen Auffassung sind autistische Kinder nicht notwendigerweise hochintelligent. Achtzig Prozent von ihnen haben einen unterdurchschnittlichen IQ, und die meisten besitzen keine besondere Begabung. Nur besondere Interessen.

Die Begleitung all dieser Therapien wurde zu einem Vollzeitjob für mich. Ständig sagte mir jemand, was wir zu tun und zu lassen hatten. Am Ende musste ich sogar meine Arbeit bei der Bank aufgeben. Jede Therapeutin kam mit neuen Anweisungen, und alle hatten einen Masterabschluss und kannten sich mit der Störung meines Sohnes aus.

Irgendwann gab es ein Treffen mit allen Therapeutinnen, weil ich Max nicht in eine Sonderschule schicken wollte. Das war ein großer Schritt. Zu dieser Zeit ging er noch in dieselbe Vorschule wie Joosje, zum Glück wurden Geschwisterkinder nicht so genau durchgecheckt, bevor man sie aufnahm. Dort hatte er einen »Schatten«, eine Person, die ständig auf ihn aufpasste. Er war nicht aggressiv, warum sollte ich ihn also da rausnehmen? Max war glücklich, und ich hatte das Gefühl, gute Vorbilder wären wichtig für ihn. Schließlich war ich seine Mutter, ich musste es doch wissen.

Aber je älter Maxi wurde, desto klarer wurde auch, dass er dort nicht hineinpasste. Alle fühlten sich unwohl mit der Situation: die Lehrkräfte, die anderen Eltern und der »Schatten« ebenfalls. Und sie wurden nicht dafür bezahlt bzw. bezahlten nicht dafür, sich unwohl zu fühlen. Ich musste ihn rausnehmen.

Eine Vorschule für behinderte Kinder zu finden, war keine leichte Aufgabe. Eigentlich war es ein Albtraum. Überall, wo wir Maxi vorstellten, wurde er freundlich begrüßt, aber kühl verabschiedet. Alle Schulen, auf die ich meine Hoffnung gesetzt hatte, lehnten ihn ab. Wir hatten Glück, dass er zu den zwanzig Prozent der autistischen Kinder gehörte, die einen durchschnittlichen oder hohen IQ haben, aber die meisten Kinder in dieser Gruppe leiden an Asperger-Autismus und können gut sprechen. Bei Maxi war das nicht der Fall, und deshalb passte er in viele Behinderteneinrichtungen nicht richtig hinein, er war entweder »zu gut« oder »zu schlecht«. So viel Tee ich auch mit Vorständen trank, so viele Bittbriefe ich auch schrieb, es gab immer Kinder auf der Warteliste, die besser passten.

Schließlich fanden wir eine Vorschule in einer beschützenden Einrichtung. Das war nicht einfach. Auf dem Weg nach oben halfen wir blinden und schwer geistig behinderten Kindern, den Aufzug zu finden. Im ersten Moment reagierte ich mit Abgrenzung, sagte mir, da wären wir besser dran. Ich konnte nicht über die Behinderungen hinwegsehen, reagierte immer noch aus Mitleid heraus, nicht aus Mitgefühl. Mitleid beinhaltet ein Gefühl der Überlegenheit und fühlt sich am anderen Ende an wie Herablassung. Es ist immer eine Abgrenzung. Mitgefühl schafft Verbindung.

Je älter er wurde, desto schwieriger wurde Maxi auch. Monatelang wollte er nicht links abbiegen. Wir mussten ein Taxi nehmen, um Joosje bei einer Freundin nebenan abzuholen. Das heißt, wenn ich ihn überhaupt dazu brachte, das Haus zu verlassen und ihn nicht wieder nackt vorfand, nachdem ich ihn schon vier Mal angezogen hatte.

Jahrelang wachte er mitten in der Nacht auf, schaltete überall das Licht an und drehte den Fernseher auf volle Lautstärke. »Tag«, sagte er dann. Als diese Phase endlich zu Ende war, wachte er immer noch jeden Morgen um fünf auf. Wenn ich ihn einen Moment aus den Augen ließ, konnten die verrücktesten Dinge passieren. Er schlug Eier in einem Schuh auf oder spülte meine Armbanduhr die Toilette hinunter. Aber langsam gewöhnte ich mich an die Welt am frühen Morgen, wenn alle anderen noch schliefen. Diese frühen Stunden gehörten uns beiden ganz allein.

Mit Maxi aus dem Haus zu gehen war schwierig, es gab zahllose peinliche Momente. In Restaurants, wenn er einem Fremden die Pommes frites vom Teller klaute. Auf dem Spielplatz, wenn er anderen Kindern das Spielzeug wegnahm oder ein Kleinkind umhaute. Auf der Eisbahn, wenn er das Eis vom Boden aß. Oft wurde ich scharf angefahren, ich sei eine schlechte Mutter.

Aber im Laufe der Zeit lernte auch er. Er lernte zuhören, Schlittschuh laufen, Rad fahren. Kein Essen zu klauen und keinen Schnee zu essen. Abzuwarten, bis er dran war. Und links abzubiegen.

Numachi
Singapur 2005

Am nächsten Tag treffe ich mich mit Numachi, meinem japanischen Kollegen, der vor dreizehn Jahren meine letzten Tage in Tokio so minutiös beschreiben konnte. Der mir Sake mit Goldblättchen mitgebracht hat, als ich in Holland wieder gesund wurde. All die Jahre sind wir in Kontakt geblieben und haben uns lange Weihnachtsbriefe geschrieben. Gelegentlich rufe ich ihn an und frage ihn, wie es ihm geht. Er wird mich immer an den Vietnamesen im Dschungel erinnern, der mir seine Hosen geliehen hat. Ich erinnere mich, dass ich den Mann für mich sogar Numachi genannt habe und wie tröstlich die Ähnlichkeit war.

Numachi hat sich mit einer eigenen Firma selbstständig gemacht, er arbeitet die Hälfte der Zeit in Japan, die andere Hälfte in Singapur. Ich bestehe darauf, mit ihm Golf zu spielen und da weiterzumachen, wo wir beim letzten Mal aufgehört haben.

Er nimmt mich mit auf einen Golfplatz nahe der Grenze zu Malaysia. Als unser Taxi in einem riesigen Stau stecken bleibt, bekomme ich eine Angstattacke, die durch meine Furcht vor der bevorstehenden Reise noch angefeuert wird. Numachi lächelt mich fröhlich an und sagt: »Na, du kannst jetzt nichts machen. Aussteigen kannst du nicht.« Ich muss an die überfüllte U-Bahn in Tokio denken, in der wir damals saßen. Da hat er etwas Ähnliches gesagt, und ich habe mich über seinen Mangel an Empathie amüsiert. Aber da war ich auch noch jünger und tapferer.

Ich denke an Joosje. Einmal hat sie bei den Hausaufgaben gesagt: »Mut ist nicht die Abwesenheit von Furcht, sondern das Wissen, dass etwas anderes wichtiger ist als die Furcht.« Ich gebe mir den Befehl, über die Angst hinwegzukommen, wende mich nach innen. Mit Hilfe meines Atems und der neuen Selbsthypnosetechniken gelingt es mir.

Willkommen in Holland
New York 2002

Jetzt gehörten wir also zur Welt der »special needs«, der Behinderten. Dort bekommt man auch ganz andere Werbung. Wir bekamen ständig Post mit Fotos von Kindern mit Down-Syndrom, im Rollstuhl oder mit anderen Behinderungen. Am Anfang machte ich sie gar nicht auf, aber eines Tages fand sich in meinem Briefkasten ein Büchlein mit einem bunten Bild mit Tulpen auf dem Cover und dem Titel »Willkommen in Holland«. Schon im Aufzug fing ich an, darin zu lesen.

Es stellte sich heraus, dass die Autorin »Holland« als Metapher für das Leben mit einem behinderten Kind verwendete. Um zu erklären, wie sich das anfühlt, verglich sie die Schwangerschaft mit der Planung einer Traumreise nach Italien: Man macht die Tour im Kopf tausend Mal, liest Bücher, ist voller Pläne, voller Vorfreude. Aber dann landet das Flugzeug, und man stellt fest, dass man gar nicht in Italien ist, sondern in Holland. Wichtig ist dann, sich klarzumachen, dass Holland kein schrecklicher Ort ist, sondern lediglich anders. Natürlich muss man sich anpassen: eine neue Sprache lernen, neue Reiseführer lesen, neue Pläne machen. Aber bald findet man heraus, dass Holland schön ist und dass man dort neue Leute trifft. Das Problem ist nur, alle anderen um einen herum kennen nur Italien. Alle erzählen davon, wie wunderbar es dort ist, und den Rest des Lebens werden sie einen daran erinnern, dass man ja eigentlich nach Italien wollte. Sie wissen Holland einfach nicht zu schätzen, und sie nehmen die Wertschätzung, die man selbst für Holland entwickelt hat, auch nicht ernst. Das tut weh, und dieser Schmerz vergeht nicht. Er ist noch schlimmer als der Verlust des Traums, der für sich genommen ja schon ein sehr, sehr bedeutender Verlust ist. Aber wenn man sich nun darauf einlässt, ein Leben lang um Italien zu trauern, dann verpasst man eine sehr besondere, liebevolle Welt: Holland.

Und so stellte sich also heraus, dass ich nach all den Reisen, die ich in meinem Leben gemacht hatte, am Ende in Holland festhing.

Gastfreundschaft
Vietnam 2006

Von Singapur nach Ho-Chi-Minh-Stadt fliege ich mit Vietnam Airlines, auf ihre Kosten. Die Fluggesellschaft hat mich eingeladen. Das Ticket muss ich im Büro der Airline in Singapur abholen, irgendwo im elften Stock. Voller böser Vorahnungen nehme ich den Aufzug, schon das Logo verursacht mir eine Gänsehaut. Es ist, als würde man einem alten Feind wieder begegnen.

Die junge Frau hinter dem Schalter lächelt, als ich mich vorstelle. Ich frage sie höflich, ob ich einen Platz in der ersten Reihe des Flugzeugs haben kann.

»Ich habe einen Absturz überlebt, wissen Sie? Als Einzige, und als ich aufwachte, lag ein Toter in seinem Sitz auf mir. Außerdem habe ich lange Beine, und ich bekomme Angst, wenn ich den Vordersitz an den Knien spüre.« Die junge Frau lächelt wieder, aus Mitgefühl, denke ich. Nicht nötig, ihr zu erzählen, dass es auf einem Flug ihrer Airline passiert ist. Denke ich.

Myra bringt mich zum Flughafen, bewaffnet mit nützlichen Telefonnummern und Reisetipps. Ich danke ihr noch einmal für den Ring, den ich am Finger trage.

Beim Einsteigen bin ich sehr nervös, und noch nervöser werde ich, als ich feststelle, dass ich nicht in der ersten Reihe sitzen werde. Es ist ein Platz in der ersten Reihe der Economy Class, aber was nützt mir das? Ich quetsche mich hinter die letzte Reihe der Business Class, die komplett leer ist, und fühle mich eingesperrt. Die Gedanken rasen.

Es kümmert sie überhaupt nicht. Dabei würde es sie so wenig kos-

ten, wenigstens so zu tun. Wird so auch mein Empfang in Vietnam aussehen? Wohin werden sie mich in dem kleinen Flugzeug nach Nha Trang setzen? Und die Reise durch den Dschungel, wie wird die ablaufen? In einem alten Kleinbus? Wie bei Jack, der auf halbem Wege zum Berg eine Panne hatte? Ich werde wieder dort feststecken!

Als sie den Vorhang zwischen den beiden Klassen schließen, schlägt mir das Herz bis zum Hals. Ich muss aufstehen und gehe auf die Stewardess zu.

»Entschuldigen Sie, aber ich habe extreme Platzangst, könnten Sie mir eventuell ein Upgrade für die erste Reihe anbieten?«

»Nein, Madam, dazu bin ich nicht befugt.«

»Ich habe einen Absturz mit Ihrer Fluggesellschaft überlebt. Vietnam Airlines ist dafür verantwortlich, dass ich da vorn sitzen muss«, sagte ich drängender. Ihr Puppengesicht verrät keine Emotion, sie bleibt vollkommen ungerührt. Ich gerate noch mehr in Panik, es scheint wirklich, als wäre ich ihr vollkommen gleichgültig. Es erinnert mich an die Männer in dem Krankenwagen und an die Situation im Krankenhaus 1992. Dieselbe Gleichgültigkeit und Distanziertheit. Die Erinnerungen brechen über mich herein. *Was mache ich hier? Was denke ich mir eigentlich?*

Ich gehe zu meinem Platz zurück und kann nichts anderes tun als atmen und mich mit dem Geschäftsmann aus Singapur anfreunden, der neben mir sitzt. Wir unterhalten uns den ganzen Flug über, hauptsächlich über die Gnadenlosigkeit, die die Vietnamesen gelegentlich an den Tag legen. Er wünscht mir viel Glück.

Auch während der Busfahrt zum Terminal mache ich meine Atemübungen. Der Bus ist sehr voll, hauptsächlich Vietnamesen. Es fühlt sich an, als säßen sie auf meiner Brust.

Der Business-Class-Bus ist leer. *Es würde sie gar nichts kosten, mich einfach so zu behandeln, als kümmerten sie sich um mich.*

Ich las jedes Buch, das ich finden konnte, in jeder Sprache. Um meinen Sohn zu verstehen, um ihn besser kennenzulernen. Sein Verhalten war so abseitig, dass ich eine Übersetzung brauchte. Ich musste in seine Welt eindringen, um einen Platz für ihn in meiner Welt zu finden.

Meine Lieblingsbücher waren die, die von Autisten geschrieben waren. Dort bekam ich eine Ahnung von dem, was in seinem Kopf vorging – oder vorgehen würde. Am Anfang verglich ich alles, was er tat, mit einem angenommenen »Normalzustand«, versuchte seinen Zustand kleinzureden, zu marginalisieren. Maxi hat dies nicht, Maxi tut das nichts. »Wenigstens …« Immer dieses Wort. Oft las ich die Bücher mit Herzklopfen, immer auf der Suche nach der nächsten Hürde. Aber allmählich lernte ich, die Situation zu akzeptieren und der Art, wie sein Kopf funktionierte, mehr Wertschätzung entgegenzubringen. Seiner Art, die Welt zu sehen. Solange ich dagegen ankämpfte und mich darauf konzentrierte, ihn zu »heilen«, verpasste ich, was da war, hier und jetzt, direkt vor meinen Augen. Ich musste loslassen lernen, musste meine Erwartungen loslassen.

Es kostete mich viel Mühe, über sein Verhalten hinauszublicken und nicht bei jeder Bewegung »oh, autistisch« zu denken. Aber irgendwann war ich so weit. Und als ich lernte, ihn so zu nehmen, wie er war, entdeckte ich, was da war. Von da an ging es bergauf, und er wurde zu meinem Lehrer.

Ich glaube nicht, dass sich irgendwo in Maxi ein »echter Mensch« befindet, der schreit, weil er rauswill. Maxi ist ein echter Mensch. Sein echtes Ich ist da, nicht irgendwo eingesperrt und unsichtbar. Er ist ein in jeder Hinsicht wertvoller Mensch. Er sieht die Welt anders, aber ich mag seine Sichtweise. Er wacht lächelnd auf und schläft lächelnd wieder ein, und die Augenblicke dazwischen genießt er.

Ob ich die Hoffnung aufgegeben habe? Nein, ich habe nur

die Erwartungen abgeschrieben, die ich für seine Zukunft hatte. Hoffnung ist etwas anderes als Erwartung. Hoffnung ist etwas anderes als der Wunsch, das Leben möge sich unseren Erwartungen anpassen. Hoffnung heißt, bei der Wahrheit zu bleiben. Und die Wahrheit ist anders als unsere Wünsche. Maxi ist die Wahrheit.

Die Hoffnung half mir durch die schwierigen frühen Jahre hindurch, in denen ich mich der Tatsache stellen musste, dass es für Maxi keine Heilung gab. Nicht mit Tabletten, nicht mit Entgiftungsbehandlungen, nicht mit Kursen oder bestimmten Ernährungsformen. Maxi hat das alles tapfer ertragen, manchmal mit einem hohen Preis, und oft auf Kosten meiner Tochter und meiner Ehe.

Ich habe aufgehört zu glauben, dass ich die Dinge kontrolliere. Das ist die Wahrheit. Meine Hoffnung wurzelt in der Wahrheit, im Hier und Jetzt. Ich sehe viele Möglichkeiten für Max, aber anders als früher. Ich denke nicht mehr an Football-Mannschaften, den Ball zum Highschoolabschluss oder Universitäten. Ich will, dass er dem Leben in all seinen Erscheinungsformen offen gegenübersteht. Offen gegenüber der Wirklichkeit, nicht gegenüber meinen Erwartungen. Und indem ich das begriffen habe, bin ich an den Punkt gekommen, ihn nicht nur zu akzeptieren, sondern zu feiern.

Für mich besteht das Leben im Umgang mit dem, was ist. Mit dem, was wir haben. Er hätte einen Schlaganfall bekommen können, einen Unfall oder eine Hirnhautentzündung. Solche Dinge passieren ja. Warum ich, warum wir? Warum nicht? Ich habe meine Erwartungen abgeschrieben, aber Maxi habe ich nie abgeschrieben. Oder meine Hoffnung. Ich habe so viel getan, wie ich konnte, und wenn es nötig ist, werde ich noch mehr tun. Ich führe ein äußerst hoffnungsvolles Leben.

Kapitel 5

Zurück in Vietnam

Endlich Chris
Vietnam 2006

Als ich auf dem Flughafen von Ho-Chi-Minh-Stadt vor ihm stehe, hat Chris in meinem Kopf den Status einer Legende angenommen, so viele Heldengeschichten hat Jaime mir über sein Eingreifen nach dem Absturz erzählt. Und in seinen E-Mails nach meiner Kontaktaufnahme hat er immer das Richtige gesagt. Holländischer Pragmatismus trifft östliche Weisheit – so etwas.

Jetzt ist es komisch, ihn tatsächlich zu treffen. Er ist definitiv älter, als ich erwartet habe, und sieht aus wie ein ganz durchschnittlicher Europäer, also ähnlich wie ich. Er ist eher untersetzt und schwitzt heftig in der Hitze. Ich warte, bis meine Enttäuschung sich in Luft auflöst, und konzentriere mich in der Zwischenzeit auf seine nette Stimme. Ich entspanne mich. Als wir im Auto sitzen, füllt Chris die Lücke der dreizehn Jahre seit unserem letzten »Treffen«. Er ist mit seinem Geschäft ziemlich wohlhabend geworden. Dann hat er einen vietnamesischen Popstar geheiratet, aber die Frau hat ihn nur ausgenommen. Damit waren die Frau und das Geld weg, und er musste noch mal ganz von vorn anfangen. Aber er hat wieder geheiratet, eine Kambodschanerin, und sie haben zwei kleine Kinder.

»Ich bin pleite, aber glücklich«, lacht er.

Er lädt mich ins Restaurant auf dem Dach des Rex Hotel ein, ein Lokal mit der Atmosphäre der französischen Kolonialzeit, tropischen Pflanzen und den Geräuschen der Stadt als

Hintergrundmusik. Hier oben war ich auch an meinem ersten Abend mit Pasje. Und hier hat Chris Jaime gesagt, dass ich am Leben bin.

Als wir Platz nehmen und unsere Drinks bestellen, schaut mir Chris in die Augen und fragt: »Also, was willst du wissen?«

Seine plötzliche Direktheit verwirrt mich. Nach ein paar Momenten antworte ich, dass ich ihm vor allem für alles danken will, was er nach dem Unfall getan hat. Für uns alle. Und dass ich für mein langes Schweigen um Entschuldigung bitte. Dass die Familie van der Pas und ich uns sozusagen getrennt haben und dass er bei ihnen blieb, weil er Pasjes guter Freund in Vietnam gewesen war, der letzte, der ihn kannte.

Chris schaut mich nachdenklich an. »Ich habe mir schon so etwas gedacht. Aber ehrlich gesagt, ich kannte ihn kaum. Wir sind nur ein paar Mal miteinander ausgegangen, und ich habe ihm ein bisschen Starthilfe gegeben, so wie vielen anderen Neuen hier im Land.« Chris muss mir ansehen, wie erschrocken ich bin. Er fügt hinzu: »Tatsächlich mochte ich ihn sehr und dachte, wir könnten vielleicht echte Freunde werden. Er war so geerdet und echt.«

Ich bin immer noch schockiert. Sitze ich nicht eigentlich wegen dieser angenommenen Freundschaft mit ihm hier?

»Wenn nicht aus Freundschaft zu Willem, warum willst du mit mir auf diesen verdammten Berg steigen?«

»Weil du auf mich tiefen Eindruck gemacht hast, darum.«

Ich versuche die Fassung zu bewahren, öffne meine Kameratasche, lege den Camcorder auf den Tisch und sage: »Könntest du mir vielleicht sagen, weshalb? Wenn es dir nichts ausmacht?«

Chris, Vietnam 2006: Damals 1992 war ich erfolgreich, und mein Leben hatte Schwung. Mein Geschäft und alles andere wuchs und gedieh, ich wohnte in einem großen Haus nahe der Stadtmitte von Ho-Chi-Minh-Stadt. So groß, dass ich ein Zimmer an Carola, Willems Stellvertreterin, vermietete. Dadurch habe ich sie kennengelernt. Als das Flugzeug abstürzte, habe ich die Ereignisse verfolgt, mich aber im Hintergrund gehalten. Ich habe Carola ein paar Tipps für den Umgang mit der kommunistischen Bürokratie gegeben. Das arme Mädchen, sie musste mit allem ganz allein fertigwerden, nur mit Hilfe einiger Typen aus Willems Bank in Hongkong.

Willem kannte ich ein bisschen, wir waren ein paar Mal zusammen ausgegangen, und ich spürte, dass uns etwas verband. Er machte sich wirklich Mühe, Land und Leute kennenzulernen, anders als viele andere Ausländer hier. Er machte keine billigen Scherze auf Kosten unseres Gastlandes. Ein Woche vor dem Absturz gingen wir zusammen etwas trinken, und Willem erwähnte, dass er mit seiner Freundin ein paar Tage Ferien in Nha Trang machen wollte. Aus der Art, wie er über sie sprach, schloss ich, dass sie ihm sehr viel bedeutete, dass sie etwas ganz Besonderes war und dass er einige Überraschungen vorbereitet hatte. Es war ein schöner Abend, wir fühlten uns einander nahe, weil wir ähnlich neugierig und abenteuerlustig waren. Es war eigentlich klar, dass wir die Gesellschaft des anderen noch mehr suchen würden. Aber dazu kam es ja dann nicht mehr.

Nach dem Absturz waren die Familien und die Leute aus der diplomatischen Vertretung sehr frustriert über den Mangel an Sorgfalt und Effizienz, den sie bei den vietnamesischen Behörden wahrnahmen, vor allem was die Rettungsaktion betraf. 1992 war Vietnam noch auf dem Weg, ein echtes Mitglied der Weltgemeinschaft zu werden. Das US-Embargo war noch in Kraft, es wurde erst ein Jahr später aufgehoben. Man war mit einem solchen Zwischenfall, in den Ausländer verwickelt waren, eindeutig überfordert. Kommunikation mit Ausländern war überhaupt nicht die Stärke der Vietnamesen. Wer trug die Verantwortung für die Rettungsarbeiten, wer würde sie koordinieren? Durchaus möglich, dass solche Fragen hier zum ersten Mal auftauchten. Die Frustration war berechtigt, aber das führte zu nichts. Man konnte nur etwas erreichen, wenn man auf Kooperation setzte, Konfrontation war sinnlos.

Als Carola mich um Hilfe bat, war ich schon im Alarmmodus. Der niederländische Botschafter in Bangkok hatte mich angerufen und gebeten, dass ich mich kümmerte. Es gab so viele Gerüchte, jetzt wollte er meine Kontakte nutzen, um Klarheit zu schaffen. Also ging ich in die Spur und entwickelte eine ganz gute Beziehung zu einem stellvertretenden Direktor von Vietnam Airlines, der für die Koordination in Ho-Chi-Minh-Stadt zuständig war.

Am Samstagmorgen wurde ich gebeten, ins Büro von Vietnam Airlines zu kommen und mitzuhören, wie die Rettungsmission anlief, eine gemeinsame Aktion von Militär, Fluggesellschaft und anderen offiziellen Stellen. Offenbar hatte man das Wrack gefunden und machte sich auf den Weg. Aber das Schicksal schlug noch einmal zu: Wenig später wurden wir informiert, dass der Rettungshubschrauber abgestürzt war und dass alle an Bord ums Leben gekommen waren. Bis heute weiß man sehr wenig über diesen Unfall, aber ich bin sicher, durch die Ungewissheit stieg die Spannung in dieser sich immer dramatischer entwickelnden Angelegenheit.

Am nächsten Tag ging das Gerücht um, es gebe einen, möglicherweise auch mehrere Überlebende. Es war nicht klar, wer überlebt hat und wie. Die Erwartungen und der Druck stiegen weiter. War das Rettungsteam zu spät gekommen? Hatte es zunächst Überlebende gegeben, die aber inzwischen gestorben waren? Wir fragten uns nur, ob Willem und Annette noch am Leben waren, aber wir bekamen keine Antwort. Inzwischen war ich mehr mit der Sache befasst, wir Helfer von außen blieben bei unserer Haltung, keine Schuldzuweisungen auszusprechen, sondern lediglich für Klarheit zu sorgen. Wenig später erfuhren wir, dass ein Rettungsteam zu Fuß zur Absturzstelle unterwegs war. Es muss wohl Carola gewesen sein, die zuerst davon hörte, dass Annette überlebt hatte. Als ich es dann auch hörte, konnte ich es zuerst nicht glauben. Ich war schon im Dschungel gewesen und konnte mir nicht vorstellen, dass eine junge Frau aus dem Westen dort länger als einen Tag durchhielt.

Die Nachricht, dass man Annette gefunden habe, gelangte nach Bangkok, und die Anweisungen des Botschafters waren absolut klar: »Sorgen Sie dafür, dass sie möglichst schnell da rauskommt.« Das war meine Priorität.

Carola beschloss, nach Nha Trang zu fliegen, um sich bei Annettes Ankunft dort um sie zu kümmern. Auch diesmal einigten wir uns darauf, dass es nur darum ging, die Rettungs- und Bergungsarbeiten voranzutreiben, und dass wir keine aufdringlichen Fragen stellen würden. Nach Carolas Abflug war es meine Hauptaufgabe, mich um die Familien zu kümmern. Die erste Gruppe – Annettes Kollege Jaime und Willems Geschwister – würden bald eintreffen; sie wussten noch gar nicht, dass Annette am Leben war. Ihre Eltern und ihre Schwester hatten aber davon erfahren und würden ebenfalls nach Ho-Chi-Minh-Stadt kommen, um sie »abzuholen«. Ich wusste aus den Zeitungen und durch die »Buschtrommeln« einiges über den Ruf ihrer Schwester, der man ziemliche Bulldozer-Qualitäten nachsagte. Außerdem war mir klar, dass man mit Annettes Kollegen rechnen musste. Meine erste Sorge galt dem Versuch, die Kommunikation mit den Behörden vor Ort klar und offen zu halten. Ich wusste, wir brauchten gute Beziehungen, um sie möglichst schnell außer Landes zu bringen. Da waren Großmäuler keine Hilfe. Aber ich muss sagen, dass ich Jaime sofort mochte.

Ich erinnere mich noch, wie ich Jaime, Miebeth und Jasper die traurige Nachricht überbrachte, dass Willem den Absturz nicht überlebt hatte – und die großartige Nachricht, dass Annette lebte. Jaime sprang auf und rief: »Ich habe es gewusst. Ich habe es gewusst!« Es wurde eine lange Nacht, in der ich erlebte, was es heißt, Freude und Verzweiflung gleichzeitig zu empfinden.

Annette sah ich zum ersten Mal auf der Landebahn in Ho-Chi-Minh-Stadt. Ich fuhr mit ihr im Krankenwagen in die Klinik, sie lag auf einer Trage auf dem Boden dieses klapprigen russischen Oldtimers mit der heulenden Sirene und der harten Federung. Obwohl die holprige Fahrt für sie sicher sehr unangenehm war, blieb sie unglaublich klar. Ihre Augen leuchteten, und sie redete sofort mit mir. Über »Pasje«. Über den schrecklichen Geruch. Und dass sie gehört hatte, wie andere Passagiere stöhnten. Da beschloss ich, ihr nicht mehr von der Seite zu weichen. Niemand würde hören wollen, dass es unmittelbar nach dem Absturz noch weitere Überlebende gegeben hatte. Nach acht Tagen der Frustration war es nicht zu weit gedacht, dass solche provokativen Details ihre Ausreise nur erschweren würden.

Als wir ins Krankenhaus kamen, blieb ich also die ganze Zeit bei ihr, im Flur, beim Röntgen und später in ihrem Zimmer. Als dann ihre Eltern kamen und sie nur noch Niederländisch sprach, war ich überzeugt, jetzt sei sie in Sicherheit, und konzentrierte mich hauptsächlich auf die Verhandlungen, um sie möglichst schnell außer Landes zu bringen. Die vielen verschiedenen Interessen, die damit verbunden waren, machten die Sache nicht einfacher. Ich versuchte, ihre Eltern und Eveline auf meinen Zugang zu den Behörden einzuschwören, aber nach einer Woche der Verzweiflung und Trauer lagen bei ihnen die Nerven natürlich blank. Sie konnten bei jeder Kleinigkeit hochgehen und waren verständlicherweise sehr frustriert, trotz aller Erleichterung und Freude. Aber angesichts der fragilen Situation konnte ich es überhaupt nicht gebrauchen, dass jemand auf empfindliche vietnamesische Zehen trat.

Am schlimmsten war der französische Arzt. Er arbeitete für eine internationale kommerzielle Rettungsfirma, die einzige, die zu dieser Zeit in der Stadt ansässig war. Sobald Annette in Ho-Chi-Minh-Stadt ankam, versuchte er sie in ein Flugzeug der Air France zu packen, um sie sofort nach Bangkok auszufliegen. Er zeigte nicht nur vollkommene Missachtung der Vietnamesen, sondern wollte sie vorher nicht einmal medizinisch untersuchen. Man konnte es den Vietnamesen also nicht verdenken, wenn sie seine Qualifikation anzweifelten, zumal sich dann im Krankenhaus zeigte, dass ihre Lunge zusammengefallen war. Ein Transport in einer Druckluftkabine ohne entsprechende Vorsichtsmaßnahmen – wie sie später getroffen wurden – hätte in einer Katastrophe geendet.

Das nächste Problem waren die Gaffer und natürlich die Journalisten. Während wir auf die Untersuchungsergebnisse warteten, ruhte sich Annette in einem Zimmer im zehnten Stock aus. Ich hatte sie dort allein gelassen, um mir fünf Minuten lang die Beine zu vertreten. Als ich zurückkam, waren zwei Leute bei ihr im Zimmer, die ihr eine Kamera vor die Nase hielten und Fragen stellten. Die habe ich rausgeschmissen, aber sie verstanden gar nicht, was das sollte. Dass sie sich unsensibel und übergriffig verhielten, kam ihnen nicht in den Sinn.

Die wichtigste Person in der ganzen Angelegenheit war Mrs. Chien, die stellvertretende Gesundheitsministerin. Sie musste Annettes Ausreise genehmigen und die entsprechenden Dokumente unterzeichnen. Sie war eine toughe Frau, die selten lächelte, aber sie dachte auch realistisch und klar. Sie hatte während des Vietnamkrieges als Ärztin des Vietkong in den Tunneln von Cu Chi gearbeitet, war stolz auf die Errungenschaften des Vietkong und achtete sehr auf die internationale Presse. Annette war ein wichtiger Fall, und ihre Entscheidung würde sich weit über die Grenzen des Landes hinaus auswirken. Deshalb änderte sie wohl auch ein paar Mal ihre Meinung über bestimmte Klauseln im Übergabeprotokoll. Die Situation blieb bis zum letzten Augenblick auf dem Flughafen angespannt. Aus irgendeinem Grund gab es Verzögerungen. Ich persönlich glaubte, es hatte mit der Fluggesellschaft zu tun, die Annette transportieren sollte. Ich konnte nur hoffen, dass man ihr ein Beruhigungsmittel gegeben hatte, vor allem, als ich sah, wie klein das Flugzeug war.

Als es endlich gestartet war, endete meine Mission. Aber ich habe nie diese trotzigen Augen vergessen, die auf keinen Fall aufgeben wollten.

Wahrnehmung und Perspektiven
Vietnam 2006

Ich habe ein Klingeln in den Ohren. Chris hat mir so viele Informationen gegeben, von denen ich bisher nichts wusste. Unglaublich, dass es tatsächlich einen Hubschrauber gab, der auf dem Weg zu mir abstürzte, nicht etwa auf der Suche nach dem Flugzeug. Acht Leute starben, weil sie *mich* retten wollten!

In vielen Bereichen hat Chris eine andere Sicht der Ereignisse: noch eine neue Version der Wahrheit.

Nach dem Mittagessen setzt mich Chris am Continental ab. Es ist ein Hotel mit authentischem Lokalkolorit, ein bisschen wie die staatlichen Hotels in Russland, die ich kenne. Ohne den Luxus der internationalen Ketten, aber mit einer ganz eigenen nationalen Note. Das gefällt mir, ich tauche gern in andere Kulturen ein. Ich mache einen Spaziergang um den Block, um mich zu orientieren. Der Verkehr ist überwältigend, wenn man über die Straße geht, ist es wie beim Doppelseilhüpfen in Holland: Der gefährlichste Moment ist der Einstieg. Ich kaufe mir bei einem Straßenhändler ein Buch aus hiesiger Produktion. Chris hat mir erzählt, dass hier alles kopiert wird, was man sich nur denken kann.

Das Buch hat den Titel *When Heaven and Earth Changed Places* und ist von einer Autorin namens Le Ly Hayslip, einer Vietnamesin, die während des Vietnamkrieges aufgewachsen ist, den sie hier den amerikanischen Krieg nennen. Es scheint mir passend, gleich mit dem Lesen anzufangen, also bestelle ich mir mein Essen über den Zimmerservice und stürze mich auf das Buch. Sofort tauche ich tief in die Erinnerungen der Autorin ein. *Diese starke Frau hat das alles erlebt. All die Scheußlichkeiten, die die Franzosen, die südvietnamesische Regierung, der Vietkong und die Amerikaner diesem Land angetan haben. Wie kann ich den Vietnamesen einen Vorwurf machen, dass sie sich nicht um das Schicksal einer Ausländerin kümmern?* Mein plötzliches Verständnis kann meine paranoiden Gedanken allerdings nicht beruhigen. *Soll ich der Regierung einen Vorwurf machen, dass sie den Mann in Orange geschickt hat, um zu beobachten, wie ich sterbe? Wenn das überhaupt geschehen ist? Wollten sie ihre so dringend benötigte Tourismusindustrie schützen? Ein Leben für das Wohl vieler? Wer bin ich?*

Der Dschungel und der Alltag
New York 2006

»Tut mir leid, dass ich zu spät komme«, sagte ich in den großen, leeren Yogaraum hinein, in dem meine Lehrerin auf mich wartete. »Es gab einfach keine Taxis.«

»Kein Problem«, antwortete sie mit ihrem hübschen Lächeln. »Ich bin auch gerade erst reingekommen.«

»Unglaublich, womit ich mich gerade beschäftige«, fuhr ich fort, während ich den Pullover auszog und auf meine große Einkaufstasche warf. »Partygeschenke«, sagte ich mit einem Blick auf die Tasche. »Für die dreißig besten Freundinnen meiner Tochter, die nächste Woche zu ihrer Geburtstagsparty kommen.« Ein Seufzer. »Und heute Mittag kommen fünfzehn

Freunde zum Essen zu mir. Zu *meinem* Geburtstag. Frauen von der Upper East Side mit den entsprechenden Erwartungen. Was habe ich mir bloß bei dieser Einladung gedacht?«

Ich rollte meine Yogamatte aus und setzte mich, stellte mich auf die neue Lehrerin ein, eine eins achtzig große Göttin mit langen blonden Locken. Ein Topmodel, das sich aus gutem Grund entschlossen hatte, Yogalehrerin zu werden. Oder aus schlechten Gründen, könnte man auch sagen: Sie hatte alles durchgemacht, was mit dem Leben als Model einhergeht. Aber sie war strahlend und weise herausgekommen.

»Leg die Beine senkrecht an die Wand, und beruhige dich«, sagte sie. Ich folgte ihren Anweisungen und dachte immer noch an den Gazpacho, den ich machen wollte. Hatte ich zu viel Lebensmittel eingekauft? »Geh nach innen. Atme.« Ich versuchte es. »Leg die Hand auf den Bauch, und atme in die Hand hinein.« Das tat ich. »Leere deine Lungen vollständig, zieh die Magenmuskeln zusammen. Halten. Pause. Dann füll die Lunge wieder mit Luft, mach wieder eine Pause, und lass sie wieder leer werden. Hör auf die Pause zwischen den Atemzügen.«

Ich füllte meinen Bauch mit Luft und hielt sie an. Atmete aus, leerte die Lungen ganz und gar, drückte alle Luft hinaus und blieb still liegen. Es fühlte sich an, als würde mein Magen mein Rückgrat berühren. Ich hielt ihn ein wenig dort fest. Mein Kopf wurde leicht. Da war sie: die Pause, die Stille, die Mitte. Der Dschungel.

Rückschritt
Vietnam 2006

Früh am nächsten Morgen holt mich Chris zu einer Stadtrundfahrt ab. Auf einem Motorrad. Ich halte mich fest, als ginge es um mein Leben. Der Verkehr ist heftig, überall Motorräder, die sich den Weg abschneiden, rote Lichter, ständiges Hupen, zentimetergenaues Überholen. Auf einigen Motorrädern ganze Familien, tote Schweine, Hühner. Alle tragen dreieckige Tücher vor dem Gesicht. Der Wilde Osten.

Ich habe Chris gebeten, mit mir zu Pasjes Büro zu fahren, das eine halbe Stunde entfernt liegt. Wir halten vor einer Kolonialvilla. Ich bin froh, das Büro endlich zu sehen, schließlich weiß ich, wie viel Anstrengungen es Pasje gekostet hat, es aufzubauen.

Chris erzählt mir, dass die ING es zwei Jahre nach dem Absturz wieder geschlossen hat. Das ärgert mich maßlos. Und als wollte er dem Schaden noch Spott hinzufügen, sagt er: »Ich habe auch keine Ahnung, warum er diesen Platz so weit draußen gewählt hat, so weit weg vom Finanzdistrikt. Keine kluge Wahl.«

Ich gehe in Verteidigungsstellung.

»Aber ich weiß es: Mr. Hung hat nicht zugelassen, dass er einen besseren Ort fand. Das Haus gehörte einem Verwandten von Mr. Hung, dem Mann, der ihm von der vietnamesischen Regierung zugewiesen war.« Pasjes Wachhund hat alle anderen Möglichkeiten vereitelt, bis Willem endlich klein beigab und die Büroräume hier mietete. Es waren andere Zeiten, ohne Handy, ohne Laptop, ohne Hochhäuser. Willem musste die Filiale eines ausländischen Unternehmens aus dem Nichts aufbauen und mit dem zurechtkommen, was da war. Es gab fast keine ausländischen Banken im Land. Ich bin ziemlich beeindruckt.

Eine Weile reagiere ich gereizt, aber beim Mittagessen in einer Garküche lernen wir uns besser kennen. Chris hat viel Humor, vielleicht ein Erbe seiner walisischen Mutter. Das in Verbindung mit dem Pragmatismus seines niederländischen Vaters und seinen Kenntnissen der östlichen Kultur macht ihn zu einem sehr liebenswerten Menschen.

Ich frage mich nur, warum ich auf einmal in alte Gewohnheiten zurückfalle. Als er mich in sein Büro mitnimmt und kurz an einen Schreibtisch setzt, komme ich mir wieder vor wie ein Trainee. Chris' Trainee oder vielleicht seine kleine Schwester. Wenn ich unter Druck gerate, muss sich meine angelernte Weisheit erst bewähren. Dann fühlen sich die alten Kontrollszenarios meiner Kindheit und meines ursprünglichen Charakters sicherer an. Ich sollte wohl mehr Vertrauen aufbauen, wenn ich mit diesem Berg fertigwerden will.

New York 2001
12. September

Und ich kenne keine Menschenseele, die nicht verletzt ist;
kein Freund von mir fühlt sich mehr wohl.

SIMON AND GARFUNKEL: *American Tune*

Dieses Lied hörte ich immer wieder am Tag nach dem 11. September 2001. Um zu verstehen, was passiert war. Um mich auf die Verwirrung und den riesigen Schmerz einzulassen, den ich jetzt mit meiner geliebten Stadt New York teilte.

Ich schickte das Lied an Freunde überall auf der Welt, weil es am besten zeigte, was ich empfand. Was *wir* empfanden. Es ging nicht um mich, das wollte ich auch gar nicht. Ich wollte nur helfen. Wirklich helfen. Wie eine echte Amerikanerin. Mich hatte immer schon beeindruckt, wie schnell die Amerikaner sich organisieren, wenn es nötig ist. Ich wollte den Fremden mit den ausdruckslosen Gesichtern, die wie Roboter in der Stadt herumliefen, meinen Mantel geben. Diesem Zug von Menschen, die mit grauem Staub bedeckt waren. Oder war es Asche? Ich wollte als Übersetzerin in einem der Notfallzentren arbeiten, wollte den Leuten sagen, dass sie weiterhin fliegen sollten, so wie ich es getan hatte.

Auf einmal wurde mir klar, was Gemeinschaftsgeist bedeutet. Das hier war unsere Gemeinschaft. Unsere Stadt brannte. Der graue Rauch hatte langsam den blauen Himmel erobert. Und dann der Geruch. Der Geruch des Todes.

Für mich war der Union Square immer die Essenz von New York. Diese vielen Leute, die ihre Not teilten. In unserem Drang, bei den Menschen zu sein, gingen Jaime und ich über den Platz. Überall Fotos von Vermissten. Die Restaurants waren voll, alle wollten zusammen sein, mit den anderen in Verbindung bleiben. Ein Plakat hing dort: »Die New Yorker sind die zähesten Menschen auf dieser Erde«. Normalerweise hätte mich irritiert, wie leichtfertig die Amerikaner mit Begriffen wie Erde, Welt und Universum ihre eigenen Emotionen und Träume beschreiben. Diesmal stimmte ich zu. Es war der 12. September, und an diesem Tag waren alle New Yorker.

Am Tag zuvor hatte ich mit Nana, Maxis Kindermädchen, einen Schrank in Maxis Zimmer aufgeräumt. Maxi und seine Therapeutin waren bei uns, sie saßen sich gegenüber. Maxi hatte seine kleinen Hände in den Schoß gelegt, wie es ihm die Therapeutin gesagt hatte. Sie brachte ihm bei, »Halt« zu sagen. Immer wieder fuhr sie ihm mit einem nassen Tuch durchs Gesicht, und er duckte sich nur weg. Jaime war im Schlafzimmer und machte sich fertig, um zur Arbeit zu gehen. Er war spät dran, unsere Kollegen waren schon im Büro. Ich würde noch später kommen, denn ich musste noch zu einer Besprechung in Joosjes Vorschule.

»Komm mal her und sieh dir das an«, schrie Jaime plötzlich. Ich ging ins Schlafzimmer und schaute auf den Fernseher, wo gerade ein Flugzeug ins Trade Center flog. In Gedanken noch bei dem Schrank, zuckte ich mit den Schultern. Warum zeigt er mir immer Flugzeuge und Abstürze? Als hätte ich eine besondere Vorliebe dafür. Und warum lassen sie überhaupt immer diese kleinen Maschinen fliegen?

Ich ging zurück in Maxis Zimmer. Maxi weinte jetzt, und ich ärgerte mich noch mehr, weil man meinen kleinen Sohn absichtlich reizte. »Halt!«, schrie er endlich.

»Du musst dir das ansehen!«, brüllte Jaime, und dann sah ich auf diesem Bildschirm in meinem Schlafzimmer, wie einer der Türme in sich zusammenbrach. Wie ein rechteckiger Pilz. Oder war es eher ein Schmelzen? Wir riefen Nana und die Therapeutin dazu, standen alle schweigend und mit aufgerissenem Mund da, sahen uns ungläubig an. Dann begriffen wir, dass Joosje es auch sah. »Ich muss jetzt ins Büro«, sagte Jaime und schob sie aus dem Zimmer in die Diele.

»Papa! Papa!«, schrie sie hysterisch. »Du darfst nicht gehen! Du verbrennst da draußen und kommst nie mehr wieder.«

Jaime machte sich trotzdem auf den Weg. Ich tröstete Joosje und blieb bei den Kindern, obwohl ich eigentlich nur rauswollte.

Irgendwann ging ich wirklich. »Ich muss Wasser holen«, sagte ich.

Die Szene auf der Madison Avenue erinnerte mich an Stummfilmmaterial vom Ausbruch des Zweiten Weltkriegs in Europa. Die Leute waren wie gelähmt. Autos standen mitten auf der Straße, die Türen geöffnet, die Radios eingeschaltet. Im Supermarkt gab es riesige Schlangen. Die Handys funktionierten nicht, aber alle klammerten sich daran fest, als hinge ihr Leben davon ab. Alle redeten mit allen. Der Schmerz verbindet die Menschen.

Verfolgungswahn
Vietnam 2006

Als ich ins Hotel zurückkomme, hat sich die Sorge über den Rest meiner Reise und die bevorstehenden Flüge noch nicht gelegt. Ich beschließe, den Stier bei den Hörnern zu packen und eine E-Mail an den niederländischen Botschafter in Hanoi zu schreiben. Ich berichte, dass ich bisher von Vietnam Airlines nicht besonders gut oder gastfreundlich behandelt worden bin und dass ich es sehr begrüßen würde, wenn er dafür sorgen könnte, dass ich wenigstens die gewünschten Plätze im Flugzeug bekomme. Chris setze ich ins CC.

Fünf Minuten später klingelt das Telefon. Chris. Er wirkt vollkommen verändert. Mit eiskaltem Ton rät er mir, doch mal einen Blick in den Spiegel zu werfen und mich zu fragen, warum ich eigentlich hergekommen bin. Und er sagt mir, er sei sich nicht mehr sicher, ob er noch mit der Sache zu tun haben wolle.

Ich flippe aus. *Was habe ich denn getan? Warum ist er so wütend? Warum wendet er sich plötzlich gegen mich?*

Mir kommen Zweifel an ihm. *Auf welcher Seite steht er eigentlich? Wer ist er überhaupt? Arbeitet er wirklich für die Regierung, wie Jack angedeutet hat?*

Jack hat mich mehr als einmal gewarnt, ich solle vorsichtig sein, wenn ich telefoniere oder E-Mails schreibe. »Sie beobachten alles.« Was weiß ich denn? Was ist hier eigentlich los?

Und was die vietnamesische Regierung angeht: Wie interessiert ist sie an meinem Wohlergehen? Ich erinnere mich lebhaft, wie wenig Empathie der Militär für mich hatte, als ich halb tot gefunden wurde. Wie viel Toleranz bringen sie wohl jetzt für die Hysterie einer verwöhnten Ausländerin auf?

Und dann die Theorien über den Mann in Orange. Dass er den Befehl hatte, das Wrack aufzuspüren und darauf zu achten, dass alle tot waren, bevor die Rettungsaktion begann. Plötzlich wird mir klar, dass ich ihm begegnen könnte, wenn ich das Dorf besuche. Vielleicht will er seinen Auftrag doch noch erfüllen.

Allmählich drehe ich durch und sehe überall Verschwörungen.

Fast eine Heimkehr
New York 2001

In jenem September 2001 bewarben wir uns an Schulen, für Joosje. Seltsame Sache, eine Vierjährige so darzustellen, dass sie an einer der elitären Privatschulen angenommen würde. Sie musste einen Intelligenztest absolvieren, jede Schule verlangte ein Gespräch mit ihr und mit uns Eltern. Getrennt. An jeder Schule gab es einen Infoabend. Zehn Schulen, dreißig Termine. Und nach all diesen Stunden mit Schreiben, Reden und Nachdenken – besessenem Nachdenken – waren wir überzeugt, dass eine solche Schule genau das Richtige für Joosje war. Für uns. Ebenso wie für alle anderen in unserer Gegend.

Ein seltsames Spiel auf einem sehr ungleichen Spielfeld. Alles in der Hand der Schule, die auch die Informationen zuteilt. Entscheidend ist der Brief, in dem es um die erste Wahl geht – da legt man auf einem Nachfragemarkt die Karten auf den Tisch. Jaime und ich waren Händler, und Joosje war ein kluges Kind, also fanden wir, wir sollten uns einige Optionen offenhalten. Ich hatte eine katholische Schule in die engere Wahl genommen, weil ich dort einige Familien kannte. Eher zur Sicherheit, ohne darüber nachzudenken, was mein jüdischer Ehemann dazu sagte. Wir feierten die jüdischen und christlichen Feiertage, waren aber ansonsten nicht besonders religiös. Ich war als Kind zur Kirche gegangen, aber dann waren die Niederlande sehr schnell säkularisiert worden. Meine Generation hatte einen gewissen Zynismus entwickelt und hielt die Religion für die Quelle aller Konflikte. Die Leiterin der Auswahlkommission an der katholischen Schule war ein Althippie genau wie Jaime. Die beiden mochten sich auf Anhieb. »Lieber christliche Werte als gar keine«, witzelte Jaime während unseres Gesprächs.

»Versuchen Sie es doch einfach mal«, sagte sie. »Kommen Sie mal zu unserem Schulgottesdienst und probieren Sie, ob Sie damit leben können.«

Ich verhielt mich neutral, eigentlich war mir die Schule ein bisschen zu schmusig und mädchenhaft. Die Uniform gefiel mir überhaupt nicht, diese rot-weiß karierte Schürze sah aus wie eine Tischdecke. Meine Tochter war in der Vorschule immer sehr cool angezogen, und dort würde sie aussehen wie eine deutsche Kellnerin.

Wir gingen zu einem Adventsgottesdienst. Das ohnehin schon beeindruckende, elegante Gebäude war spektakulär und geschmackvoll mit Kränzen und Bogen geschmückt, die Mädchen trugen passende Haarkränze.

In der aus Holz gebauten Kapelle saßen wir ganz hinten, Jaime angenehm unbehaglich, ich unangenehm behaglich. Dann zogen die Mädchen ein, ohne Schürzen. Sie sahen aus und sangen wie die Engel. Der Priester schien ein großes Herz zu haben, wirkte fast ein bisschen esomäßig, und in seiner Predigt vermittelte er eine sanfte Botschaft der Liebe. Eine Botschaft, die wir in diesem Winter nach dem 11. September bitter nötig hatten. Jaime lächelte, ich weinte. Das war es, was wir uns für unser Kind wünschten. Das hatten wir als Kinder selbst erlebt. Wie hatte ich das vergessen können? Wie konnten wir sie ohne die Vorstellung von etwas erziehen, das größer ist als wir?

Der Brief mit der ersten Wahl ging am nächsten Tag raus.

Einsam
Vietnam 2006

Nach einer schlaflosen Nacht beschließe ich, die Straßen von Ho-Chi-Minh-Stadt auf eigene Faust zu durchstreifen. Ich rufe Chris an und sage ihm, dass ich einen Tag Pause brauche, ein bisschen Zeit für mich, um all die Eindrücke zu verarbeiten.

Jetzt klingt seine Stimme wieder warm. Er entschuldigt sich für seinen Ausbruch am Tag zuvor und versichert mir, es sei alles geregelt. Er hat mit dem Botschafter gesprochen, und Vietnam Airlines ist bereit, mich als VIP zu behandeln. Sie haben um Entschuldigung gebeten, dass sie meine Probleme mit dem Fliegen nicht gleich erkannt haben, vor allem in den hinteren Sitzreihen eines Flugzeugs. Chris klingt fürsorglich, engagiert und besorgt. Er bietet mir an, mich abzuholen, aber ich erkläre ihm, dass ich im Moment nicht so richtig gesellschaftsfähig bin. Ich bin müde und mürrisch nach einer Nacht voller »Seifenopern im Kopf«.

Ziellos laufe ich durch die Stadt. Ich lasse mich gern auf fremde Orte ein, aber das geht nur, wenn man allein ist. Ich versuche mir Pasje an seinen letzten Tagen hier vorzustellen. Ich dachte, die New Yorker wären zäh, aber eigentlich müsste das Wort eine Erfindung der Vietnamesen sein. Wenn man sie ansieht, spürt man das. Diese echte Zähigkeit unter der Haut.

Und Sex. Überall liegt Sex in der Luft. Das ist nicht schlimm, aber gut ist es auch nicht. Es ist so lieblos, so ausschließlich auf den Reiz der Sinne ausgerichtet. Dabei fühlt sich die Stadt insgesamt gar nicht lieblos an, aber auch die Liebe hat hier diese Zähigkeit. Wie in New York. Und dazu kommt die große Diskrepanz zwischen der Kälte der Soldaten und der Wärme aller anderen Menschen.

Ich denke an Chris, der alles verloren hat und trotzdem das harte Leben in Vietnam dem bequemen Leben in Holland vorzieht. Bequemlichkeit und Liebe laufen nicht immer parallel, manchmal stehen sie sich auch im Wege.

Ich stelle mir Chris vor, den ich gestern an einer Bushaltestelle zurückgelassen habe, wo er in der drückenden Hitze wartete, um in seine kleine Wohnung in einem Vorort zurückzukehren, das Gesicht voller Vorfreude auf seine Familie. Als er in den überfüllten Bus einstieg, war sein Hemd klatschnass. Und als er mir durch das Rückfenster zuwinkte, eingequetscht zwischen all den anderen Pendlern, dachte ich: *Das ist wahre Liebe.*

Wie kann ich ihm nicht vertrauen?

Ich beschließe, meine miese Stimmung abzuschütteln, und wende mich den Marktständen auf dem Weg zum Fluss zu.

Wenn es schwierig wird, hilft Shopping, denke ich. Ich kaufe eine gefälschte Patek-Philippe-Uhr. Eine Männer-Armbanduhr, eine gute Fälschung, hätte mir Pasje zugestimmt.

Dann hole ich die Nachthemden für meine Mutter ab, die ich vor weniger als vierundzwanzig Stunden in einem kleinen Schneideratelier in der Nähe des Hotels bestellt habe. Drei Kopien eines Nachthemds, das sie sich vor dreizehn Jahren in Singapur gekauft hat, als ich im Krankenhaus war. Es wurde zu ihrem Lieblingsstück und ist inzwischen ganz zerschlissen. Die Mädchen in dem Atelier sind extrem freundlich, trotz ihres Fünfzehn-Stunden-Arbeitstages. Ich habe ihnen erzählt, warum ich in Vietnam bin, und als ich den Laden betrete, läuft eine von ihnen sofort nach oben, um die Sachen zu holen. Die Nachthemden und ein Kleid, das sie für mich entworfen haben. Ein Geschenk und ein Glücksbringer.

Zeit zum Singen
New York 2004

Jeden Donnerstagmorgen ging ich in Joosjes Schule zur Messe. Ich war selbst überrascht, dass das für mich zum Höhepunkt der Woche wurde. Um Viertel nach acht brachte ich sie hin, trank einen Kaffee mit den anderen Eltern und ging dann in bester Stimmung mit ihnen in das schöne Gebäude am Central Park. Unsere sieben- und achtjährigen Kinder warteten schon in der Kapelle auf uns und hopsten auf ihren Plätzen herum, damit wir uns neben sie setzten.

Zu Anfang des Jahres hatte die »lebhafte« Joosje eine eigene kleine Bank ganz vorn am Fenster bekommen. Da saßen wir beide mit Blick auf das Cooper-Hewitt-Museum. Sehr stilvoll, zu unserer Linken konnten wir das Haus erkennen, in dem wir wohnten, nicht ganz so stilvoll, das einzige Nachkriegs-Hochhaus in unserer Gegend mit all den Vorkriegshäusern.

Die Sonnenstrahlen, die durch die Fenster kamen, beleuchteten die Köpfe der Mädchen vor uns, ihre Zöpfe und perfekten Pferdeschwänze. Joosje kuschelte sich in meinen Arm und spielte mit meinem Armband. Wir sangen aus voller Kehle.

Besser ging es gar nicht. Vielleicht weil alle Erwachsenen ein Kind im Arm hielten, das ihnen so viel bedeutete. Vielleicht, weil die Messe alle anderen Religionen mit einschloss, sogar bei den Liedern wurde darauf geachtet. Vielleicht weil die Predigt so schlicht und einfach war, weil es in ihr um Liebe und Freundschaft ging. Dinge, die den Kindern etwas bedeuteten, und uns Erwachsenen auch. Dieser Schulgottesdienst, diese Lieder und Stimmen halfen mir durch einige harte Jahre hindurch.

Es war ein kleines Wunder, all diese Mütter und Töchter in allen Größen und Gestalten und Nationalitäten, die ihren eigenen Kampf mit dem Leben und mit dem allgegenwärtigen Druck auszufechten hatten. Es gab Rivalitäten und Kleinlichkeiten, aber all das löste sich auf, wenn wir sangen. Einfach Lieder sangen. Jedes Mal hatte ich ein überwältigendes Gefühl von Brüderlichkeit und Schwesterlichkeit, von Solidarität und Liebe. Ich sah nicht mehr die kontrollsüchtige Mutter in der anderen Bank, sondern einen Menschen, der sich ganz der Schönheit des Augenblicks hingab. Wir waren nicht mehr wir selbst, sondern Teile eines Ganzen, zu dem wir alle gehörten.

Warum war das die Ausnahme? Warum konnten solche Augenblicke in unserem Alltag nicht die Regel sein?

»Wir hätten so gern die Sterne ohne die Dunkelheit«, sagte der Priester. »Aber so ist das Leben nicht. Es gibt immer süß und sauer, Freude und Trauer, Gesundheit und Krankheit, Licht und Finsternis. Wir brauchen die Finsternis, um das Licht zu schätzen. Wir müssen die Dunkelheit mit dem Licht zusammen annehmen, das Böse mit dem Guten.«

Wie passend. Wenn diese Momente nicht die Ausnahme gewesen wären, dann wäre es nicht das Leben. Hätte ich das alles wertschätzen können, wenn ich die Rückseite nicht gekannt hätte? Hätte ich diese Dankbarkeit empfinden können ohne das Wissen um den Verlust? Hätte ich diesen Moment der Zusammengehörigkeit genießen können ohne die Erfahrung der Einsamkeit?

»Aber hier endet unsere Klugheit nicht«, fuhr er fort. »Wir können unsere Aufmerksamkeit lenken. Wir können selbst entscheiden, wohin wir schauen. Wenn wir Mängel bei den Menschen in unserer Familie finden wollen, bei unseren Freunden, unseren Mitschülern, Kollegen, dann finden wir sie auch. Aber wenn wir nach den guten Seiten suchen, dann finden wir auch die. Wir können uns entscheiden, ob wir auf die Sterne schauen oder auf die Dunkelheit, die sie umgibt. Das Leben besteht aus unseren eigenen Entscheidungen. Wir können nicht so tun, als gäbe es die Dunkelheit nicht, aber wir können beschließen, auf die Sterne zu schauen.«

Ach, Dschungel!, dachte ich.

Ich sah Joosje an. Sie hörte gar nicht richtig zu, natürlich nicht, sie würde das alles erst selbst herausfinden müssen. So gern ich sie vor der Dunkelheit abschirmen wollte – das konnte und durfte ich nicht.

Nach dem Gottesdienst ging jeder seiner Wege. Wir kehrten alle in unsere Rollen zurück, denn nichts anderes waren sie ja.

Erwartungen
Vietnam 2006

Später an diesem Nachmittag rufe ich Chris an. In der Hoffnung, die Luft zwischen uns wieder ganz sauber zu machen, frage ich ihn, ob wir zusammen einen buddhistischen Tempel besuchen könnten. Der Buddhismus gefällt mir. Ich habe endlich das Buch gelesen, dass ich damals in dem Hotel in Tokio geklaut habe. Mir gefällt Buddhas undogmatische Art und seine Betonung des Mitgefühls, des Überpersönlichen, sowohl auf der göttlichen als auch auf der menschlichen Ebene. Für mich ergibt das Sinn.

Chris sagt, er würde gern einen Tempel mit mir besuchen, in den seine Frau oft geht. Es ist ein kambodschanischer Tempel, und sie kommt ja aus Kambodscha. Er sagt, er würde seine Familie mitbringen.

Seine Frau Akim ist unheimlich schön und hat eine tolle Ausstrahlung, so ein gewisses Etwas. Chris erklärt mir, dass sie in Angkor Wat aufgewachsen ist, in den Ruinen der beeindruckendsten hinduistischen und buddhistischen Tempel auf der Welt. Sie wurde während der Zeit des Pol-Pot-Regimes geboren. Ihr Großvater, Abt des gesamten Angkor-Komplexes, sorgte dafür, dass sie von buddhistischen Mönchen erzogen wurde. Sie haben mehr getan, als sie in Sicherheit aufwachsen zu lassen: Sie strahlt Anmut und Weisheit aus.

Wir nehmen ein Taxi in eine ganz gewöhnlich aussehende, verkehrsreiche Straße. Jetzt, am späten Nachmittag, sind die Leute auf dem Weg von der Arbeit nach Hause. Wir biegen in eine schmale Gasse ab, die man normalerweise übersehen würde. Am Ende dieser Gasse gibt es einen großen, gepflegten Garten mit winzigen Hütten und einem bunten Tempel. Eine echte grüne Oase mit Pflanzen und Bäumen und einem frisch gemähten Rasen. Junge Männer mit kahl geschorenen Köpfen in orangefarbenen Gewändern gehen umher, andere sitzen auf Bänken und lesen. Chris' Kinder laufen herum, als würden sie ihre Großeltern besuchen. Voller Vertrauen durchbrechen sie die Stille mit der typischen Begeisterung von Drei- und Fünfjährigen. Offensichtlich fühlen sie sich hier zu Hause, genau wie ihre Mutter.

Man stellt mir einen jungen Mönch mit hübschem Gesicht

vor. Er hat schöne, ebenmäßige Züge und sanfte Augen, aber er strahlt auch Autorität und Reife aus. In gebrochenem Englisch schlägt er vor, wir sollten zuerst am Gebet teilnehmen, danach werde er mich herumführen. Das klingt gut. Ich bin beeindruckt und voller Erwartung.

Wir lassen uns in einem kleinen Raum mit Kerzen und einem Schrein auf dem Teppich nieder. Er beginnt zu singen, und ich bin begeistert: *Genau das würde man hier erwarten. Es ist so echt!* Er singt weiter mit seiner monotonen Stimme. Meine Gedanken schweifen ab in den Dschungel, zu dem Berg, den ich besteigen will. Meine Blicke folgen den Kindern, die auffallend unbekümmert herumspringen. Ich denke an christliche Kirchen, wo die Kinder still sitzen müssen, die Hände im Schoß gefaltet.

Irgendwann hört er auf zu singen, sieht mich an und fragt etwas in Khmer. »Er will wissen, ob du irgendwelche Fragen hast«, übersetzt Chris.

Fragen? Oh, so viele. Aber worüber? Über das Leben? Den Tod?

»Frag ihn doch einfach, wie deine Reise zum Berg sein wird«, sagt Chris und übersetzt die Frage auch schon. Ich verstehe nicht ganz. Ist der Mann so eine Art Hellseher? Überrascht sehe ich, wie er einen Würfel über den Teppich rollen lässt. Dann sagt er die Zahlen an und fängt an zu erklären. Chris übersetzt mit ebenso viel Respekt wie Zynismus in der Stimme. »Er warnt uns vor schlechtem Wetter. Wir werden zuerst Probleme haben, aber wir werden den Berg definitiv besteigen.«

Gut, denke ich, immer noch verwirrt. Als wir rausgehen, bin ich erleichtert.

»Wie fühlst du dich?«, fragt Chris mit einem Blinzeln.

»Verwirrt«, sage ich nachdenklich. »Stell dir mal die umgekehrte Situation vor. Man ist hier in Asien aufgewachsen und bekommt eines Tages eine Bibel in die Hand. Man ist sehr beeindruckt von der Botschaft. Jahre später besucht man in Europa eine katholische Messe. Man sieht den Schmuck und die Heiligenfiguren, geht zur Beichte und zur Kommunion. Und hinterher versucht man, das alles in der Bibel wiederzufinden. Und findet nichts davon.«

Chris lächelt, hebt die Schultern und erwidert: »Nun, wie überall brauchen die Leute etwas, was ihnen über ihr schweres Leben hinweghilft. Hier sind es die Zahlen. Deshalb wird in Asien so viel gezockt.«

Als wir gerade gehen wollen, bedeutet mir Chris, ihm zu folgen. Wir gehen an den Hütten vorbei, in denen die Mönche leben. Von hier haben wir einen Blick auf die Balkone mit den Wäscheleinen. Ordentlich hängen die orangefarbenen Gewänder nebeneinander.

»Schau«, sagt Chris und zeigt darauf.

Ich verstehe nicht. Die Hütten sind hübsch, aber er besteht darauf: »Schau dir die Gewänder an, kommen sie dir nicht bekannt vor?« Sein Gesicht ist voller Erwartung.

»Warum?«, frage ich ratlos.

»Schau doch mal genau hin!«, ruft er. »Der Mann in Orange! Hatte er nicht so ein Gewand an?«

Ich blicke auf die Mönchsgewänder und sehe jede nur denkbare Schattierung von Orange.

»Nein«, antworte ich. »Ich enttäusche dich wirklich ungern, aber es war dieses technische Plastik-Orange.«

Wie oft muss ich das denn noch erklären?

Shit happens
New York 2005

Es passierte mir ständig. Ich wurde schon davon geweckt. Jeden Morgen um fünf Uhr kackte Maxi auf den Boden, trat hinein und lief durchs Haus, wobei er überall Spuren hinterließ. Wenn ich Glück hatte, hielt er mir das Zeug vors Gesicht und weckte mich. Sonst trocknete es ein. Auf dem Boden, seinen Beinen, überall. Manchmal musste ich es aus der Badewanne fischen, gern kurz vor dem Abendessen.

Einmal hatte ich es eilig auf dem Weg in die Stadt und trat auf dem Weg zur U-Bahn in einen Haufen. Einen Hundehaufen diesmal. Mit Sandalen, sodass mir das Zeug zwischen den Zehen klebte. Ein Freund, der in der Nähe wohnte, ließ mich sein Badezimmer benutzen. Sein Gesicht werde ich nicht vergessen.

Es stank mörderisch. Aber ich musste lachen.

Fehlstart
Vietnam 2006

Es ist Dienstagmorgen, und wir sind auf dem Weg nach Nha Trang. Es ist derselbe Flug wie vor dreizehn Jahren.

Ich bin fast froh, dass der Kreuzweg jetzt losgeht. Nach mehr als einem Jahr mit Plänen und Erwartungen bin ich bereit, ja, ganz wild darauf, in dieses Flugzeug zu steigen und mich der Herausforderung meines Berges zu stellen.

Ich wache schon vor fünf Uhr auf und bin ganz aufgeregt. Ich sortiere die vielen Ladegeräte und Batterien meiner Kameras, packe meine Koffer um wie vor dreizehn Jahren. Einer als Lager, einer für Nha Trang. Diesmal habe ich außerdem einen sehr gut ausgestatteten Rucksack für den Dschungel bei mir.

Chris holt mich ab, wieder superpünktlich. Ich bin froh, ihn in der Halle des Continental Hotel zu sehen, als ich die Treppe hinuntergehe. Als ich gerade ausgecheckt und ein Taxi gerufen habe, bekommt Chris einen Anruf auf seinem Handy: Unser Flug ist storniert, weil ein Sturm droht. Er ist sichtbar aufgeregt und verwirrt.

»Das passiert nie um diese Zeit, das kann nicht sein!«

Ich weiß. Deshalb haben wir die Tour ja für den März geplant. Der ursprüngliche Zeitplan zum Jahrestag im November war zu riskant, weil da Regenzeit ist und Taifune drohen. Im März ist es normalerweise klar und sonnig.

Ich versuche es mit einem *»shit happens«* abzutun. Die Reise hat schon so viele Veränderungen erlebt, dass ich mich an mein Pech gewöhnt habe. Ich schlage vor, auf der anderen Straßenseite einen Kaffee zu trinken, und versuche, mich auf den überraschend wohlschmeckenden Cappuccino zu konzentrieren, als Chris wieder einen Anruf bekommt. Sofort zum Flughafen, der Flug findet doch statt, und zwar pünktlich.

Also zurück ins Hotel, meinen Koffer holen und los. Ich erzähle Chris, dass es noch dunkel war, als ich mit Pasje aufbrach, um nach Nha Trang zu fliegen, dass ich mich an die vielen Fahrräder und die »Pyjamas« erinnere. Jetzt gibt es Motorräder und westliche Kleidung. Chris' Handy klingelt: Alle Flüge für heute abgesagt. Er sagt dem Taxifahrer, er solle zurückfahren zum Continental. Das ist aber ausgebucht, ebenso wie viele andere Hotels, eben wegen der Schließung des Flughafens. Zum Glück ist der Geschäftsführer des Hyatt ein Niederländer, und so lande ich dort, vollkommen erschöpft, immer noch im geschäftigen Ho-Chi-Minh-Stadt und immer noch nicht an den Stränden des südchinesischen Meeres. Kreuzweg aufgeschoben, wer weiß, was noch alles kommt. Mehr denn je bin ich überzeugt, dass ich diesen Berg nie besteigen werde.

Der neue Plan sieht so aus, dass wir am nächsten Tag mit demselben Flug abreisen, Strand gestrichen, es geht sofort in den Dschungel und zu dem Gästehaus, von dort aus am nächsten Tag sehr früh Aufbruch, um den Berg zu besteigen. Aber nur, wenn es nicht zu nass, glatt und gefährlich ist. Schließlich hat es geregnet.

Na wunderbar! Noch mehr Unwägbarkeiten. Fast ein wenig ungläubig stelle ich fest, dass die Vorhersage des Mönchs bisher zutrifft. Jetzt kann ich nur hoffen, dass auch der Rest stimmt und dass wir es bis ganz nach oben schaffen. Vor allem aber möchte ich endlich dieses Meer sehen, an dem Pasje und ich unsere Ferien verbringen wollten.

Ich schicke Jack eine E-Mail, um ihn auf dem Laufenden zu halten, und bekomme fast sofort Antwort.

An: Aherfkens
Von: Jack Emmerson

Liebe Annette,
sieh es positiv. Wenn jemand an jenem Tag vor mehr als dreizehn Jahren den Flug abgesagt hätte, wäre dir das ganze Theater erspart geblieben. Welche modernen Anflughilfen hat die Cam Ranh? Instrumentenlandung (ILS)? Präzisionsradar (PAR)? Oder ist es bloß so eine klapprige alte NDB?
Wenn ja, was ist mit dem Signalturm (VOR) passiert, den das Militär dort hatte? Schau bitte nach, ob meine zerfetzte Gebetsflagge noch dort hängt. Und hör auf zu zweifeln, du hast mir geschrieben, dass du in bester körperlicher Verfassung bist. Gut, dass jetzt alles klappt. Wenn du Mrs. Anh triffst, grüß sie von mir. Oder nein, lass es lieber, tu so, als würdest du mich nicht kennen. Wenn der Fluss angeschwollen ist vom Regen, bestehe darauf, dass sie ein Seil mitnehmen, damit du ihn sicher überqueren kannst.
Viele Grüße an dich und Chris. Ich hoffe, er hat genug Humor.
Jack

Der Trost zweier Welten
New York 2005

Am Anfang fiel es mir schwer, Maxis Welt der »besonderen Bedürfnisse« zu akzeptieren, nicht zuletzt die Zeit, die ich dort verbringen musste. Ich kam mir zu cool dafür vor, grenzte mich ab. Ich dachte, ich müsse erst meine Augen an diesen dunklen Ort gewöhnen. Tatsächlich gingen mir allmählich die Augen auf.

Verwurzelt in einer »perfekteren«, wenn nicht künstlichen Welt, musste ich erfahren, dass diese angebliche Perfektion uns von einer ganz anderen Welt abschirmt. Einer verletzlichen Welt, einer unvollkommenen, aber sehr liebevollen Welt.

Ich fing an, die Welt durch zwei verschiedene Linsen zu sehen: zwei Welten, zwei Linsen. Eine Zeit lang hatten Joosje und Maxi zur gleichen Zeit Nachmittagskurse im selben Gebäude, und ich sprang von Bank zu Bank: von Joosjes Ballettstunde zu Maxis Behindertenfußball. Von den Plaudereien über die Leistungen der Mädchen und ihre Kleider zu Gesprächen über Selbstverletzung und Bettnässen.

Im Herbst spielten meine Kinder auf nebeneinanderliegenden Plätzen im Central Park Fußball. Dann entging ich den mitleidigen Blicken einiger Eltern aus Joosjes Mannschaft nicht. Sie beglückwünschten sich offensichtlich, dass sie nicht an der Seitenlinie des anderen Platzes standen, wo der Torwart im Rollstuhl saß und die anderen Kinder, von denen einige aussahen wie Zombies auf Drogen, Hand in Hand mit einem Helfer übers Feld rannten.

Aber ich wusste, was dieser andere Platz zu bieten hatte. Ich wusste, ich musste mich nur zwingen, von der bequemen Decke aufzustehen, mich von den leichten Plaudereien über Lehrer und die Ereignisse an Joosjes Privatschule losreißen und rübergehen. An der Seitenlinie des anderen Platzes musste ich mich nicht anstrengen, Kontakt zu den anderen Eltern aufzunehmen, wir waren ohnehin untereinander verbunden. Ich wusste, ich würde Mütter dort finden, die mit Tränen in den Augen eine Leistung beobachteten, die sie nie für möglich gehalten hätten. Und alle Anwesenden würden die Freude mit ihr teilen, ohne jede Rivalität.

Warum ich zögerte? Weil es auf der bequemen Decke so viel einfacher war. Es ist immer einfacher, oberflächliche Dinge zu tun als lohnende. Die leichten Dinge statt der richtigen. Wie Laufen oder Meditieren. Wir wissen um die Bedeutung, trotzdem fällt es uns schwer. Und wenn wir uns dann doch aufraffen, ist der Lohn unverhältnismäßig groß.

Genauso war es in den zwei Jahren, die mein Vater im Sterben lag. Das Haus in Holland, in dem wir den Sommer verbrachten, lag nur eine Straße von meinem Elternhaus entfernt. Meine Nachbarn und Freunde waren entspannte Leute, die gern ihren Spaß hatten. Es war so leicht und bequem, sich auf einen Drink mit ihnen im Garten zu treffen. Leichte Gespräche, alles ganz bequem und sicher. Ich wusste, wenn ich rüber zu meinen Eltern ging und das Zimmer meines Vaters betrat, würde ich in eine Welt mit ganz anderen Gesprächen eindringen. Unbequeme Sachen über Leben und Tod und das, was danach kommt. »Schwere Sachen«, sagten meine Freunde.

Wenn ich in einem dieser sonnigen Gärten saß, wusste ich, ich musste nur mein Weinglas hinstellen und von dem bequemen Gartenstuhl aufstehen, dann konnte ich in das abgedunkelte Zimmer meines Vaters gehen. Wo es nach Krankheit roch. Und jedes Mal, wenn ich sein Zimmer betrat, leuchtete das Gesicht meines Vaters auf und schenkte mir Trost.

Die Enttäuschung
Vietnam 2006

Das Hyatt ist wesentlich komfortabler als das staatliche Continental. Wohin man auch blickt, findet man internationalen Standard. Extrem manchmal. Ich muss über die Funktion von Hotels nachdenken, wie sie entweder dem zufälligen Touristen oder dem Geschäftsreisenden dienen: Beide bleiben gern in ihrer eigenen Kultur oder Rolle. Ein gutes Hotel sorgt dafür, dass sich die einen besser fühlen und die anderen wie zu Hause. In jedem Fall trennen sie den Gast von der Kultur des Ortes. Benutzt irgendjemand die zur Verfügung gestellten Sachen im Schrank? Oder sind sie nur dafür da, Wiedererkennen und Vertrautheit herzustellen?

Während ich mir etwas Bacon und Eier zum Frühstück auf den Teller lege, schaue ich die Frau am Nebentisch an. Sie trägt Geschäftskleidung und liest die *Financial Times*, wie ich es früher auch gemacht habe. Die Zeitung schirmt einen vor den Männern ab, das Hotel vor der Kultur des Landes. Die Geschäftskleidung trennt uns von uns selbst und steigert die Selbstachtung, wenn man sich zu Verhandlungen in einem fremden Land aufhält. Gut fürs Geschäft, schlecht, um richtig anzukommen.

Wieder holt mich Chris früh ab. Diesmal schaffen wir es bis zum Flughafen. Eine lächelnde Angestellte der Vietnam Airlines begrüßt uns und geleitet uns durch die Sicherheitskontrolle. Chris ist sehr unterstützend und sensibel, stellt sich auf meine strapazierten Nerven ein. Es ist unheimlich. Der Flughafen hat sich sehr verändert, aber die Atmosphäre ist immer noch dieselbe wie früher. Ich sehe die Stelle, wo ich dem Vietnamesen zugesehen habe, der seine Suppe aß, während ich auf Pasje wartete. Ich denke an Pasje und alles, was ich erlebt habe, seit er hier eingecheckt hat. Zum letzten Mal. All die Dinge, die er nicht mehr erleben durfte.

Wir werden in eine Lounge gebracht. Dank der Intervention des niederländischen Botschafters werde ich als VIP behandelt. Als wir zum Flugzeug gehen, stelle ich staunend fest, dass wir Business Class fliegen und dass das Flugzeug groß genug ist, um eine Business Class zu haben. Das Flugzeug, mit dem wir eigentlich fliegen sollten, wurde wegen der Streichungen am Tag zuvor durch ein größeres ersetzt. Ich schaue wohl ein bisschen enttäuscht, denn Chris sagt sarkastisch: »Dir kann man es aber auch nicht recht machen.« Ich lache. Da hat er recht. Ich bin so sehr darauf eingestellt, mich meinen Ängsten zu stellen und mit dem kleinen Flugzeug zu fliegen, dass ich jetzt fast enttäuscht bin.

Als wir einsteigen, bin ich sehr froh über den Platz. Jetzt kann ich mich auf die Aussicht konzentrieren. Es ist spannend, den endlosen Dschungel durchs Fenster zu sehen, und endlich, endlich, sehe ich auch die sonnige Küste an der blauesten Bucht des südchinesischen Meeres.

Gedanken über den Schmerz

Es tat weh, Maxi zur Anpassung zu zwingen. Die Gespräche an den Schulen, die so leicht jemanden finden konnten, der besser »passte«. Die ausweichenden Blicke, wenn man uns mitteilte, dass man ihn nicht nehmen würde. Immer wieder dieses Nein.

Auch die endlosen medizinischen Untersuchungen taten weh, mit denen körperliche Gründe für Maxis »Zustand« ausgeschlossen werden sollten. Die MRTs, bei denen wir ihn festhalten mussten und die am Ende nur unter einer viel zu hoch dosierten Narkose stattfinden konnten, weil er so dagegen ankämpfte. Wie ein kleiner Löwe. Fünf Stunden musste ich warten, bis er danach wieder wach wurde. Und die ganze Zeit saß ich voller Angst da und dachte, er wacht nie wieder auf.

Die Blutuntersuchungen taten weh – ich habe sie irgendwann nicht mehr gezählt –, bei denen ich das weinende Kind auf meinem Schoß festhalten musste. Und sie waren alle negativ, oder positiv, je nachdem, wie man es sieht.

Die Zahnuntersuchungen taten weh, Zähneputzen war ohnehin nicht möglich. Um all die Kariеslöcher zu füllen, musste er unter Vollnarkose operiert werden. Und er sah mich fragend an, weil er nichts verstand.

»Warum?«, fragten mich diese Augen. Ich hatte keine Antwort.

Es tat weh, neben ihm eine schlaflose Nacht zu verbringen und auf die Darmspiegelung am nächsten Morgen zu warten. »Um Parasiten und andere medizinische Gründe auszuschließen« für den weichen Stuhl, in den ich jeden Tag hineintrat. Auch hier war das Ergebnis negativ, natürlich, aber wer wird denn einem Spezialisten widersprechen? Ich lauschte auf den Atem meines Sohnes, schaute in sein süßes, schlafendes Gesicht und wusste, was ihn am nächsten Morgen erwartete. Er hatte keine Ahnung.

Morgens im Taxi plapperte er noch fröhlich auf mich ein, nahm meine Hand, als wir in das Gebäude hineingingen, rieb seine Wange an meinem Arm, küsste meine Ellbogen. Er war einfach ein glückliches Kind. Bis er begriff, wo er war. Dann kam die Panik und der Kampf.

Jedes Mal brach es mir das Herz. Bis es ganz weit offen stand. War das der Preis einer Liebe, wie ich sie mir nie hätte vorstellen können?

Das Dorf
Vietnam 2006

In Nha Trang werden wir am Flughafen von Mr. Tan in Empfang genommen, einem sehr freundlichen Mitarbeiter von Vietnam Airlines. Er bringt uns direkt zu einem Minivan, der hinter dem Flughafengebäude auf uns wartet, und erklärt uns, wir würden in das Dorf Khanh Son gefahren und dort die Nacht verbringen, bevor es am nächsten Morgen auf den Berg geht.

Wir sind noch nicht lang gefahren, als wir zum Mittagessen an einem sehr idyllischen Platz anhalten. Ein kleines Restaurant, ein Pfahlbau in einem Sumpf. Wir gehen über hölzerne Pontons zum Eingang. Drinnen ist alles aus Bambus gefertigt. Ich muss an den Film *Die durch die Hölle gehen* denken. Als Vorspeise gibt es Kraken, unseren unidentifizierbaren Hauptgang garen wir selbst am Tisch, während wir unseren Guide kennenlernen.

Mr. Tan ist jung, ein Aufsteiger. Er ist mit einer Anwältin verheiratet, die beiden haben zwei Kinder. Er leitet das kleine Büro der Airline in Nha Trang, und er ist auch schon mit »Mr. Jack« auf den Berg gestiegen. Von Jack spricht er mit großer Zuneigung, sehr zu Chris' Überraschung. Chris ist mit Jacks Methoden absolut nicht einverstanden und hätte erwartet, dass Mr. Trang das ähnlich sieht.

Wir fahren weiter ins Landesinnere. Chris und ich erinnern uns, wie wir mit dem Vietnamkrieg im Hintergrund aufgewachsen sind. Bilder von Reisfeldern und dreieckigen Hüten sind fest in unserem Gedächtnis verankert. Wir fahren an ein paar Dörfern vorbei und halten irgendwo an, Pinkelpause im Freien. Als wir aussteigen, sind wir sofort von einer Gruppe kleiner Jungen umringt. Ich lächle und winke, fühle mich aber ziemlich unwohl, weil ich an die schreckliche Reise in meinem »Krankenwagen« denken muss. An die kleinen Kinder, die in den Wagen starrten. Während ich mich hinhocke, kommt noch ein Flashback: die rötliche Erde, die Ameisen und Moskitos bereiten mir Gänsehaut. Wieder frage ich mich, was ich mir da antue. Vor allem habe ich Angst vor der Angst.

Wir fahren schweigend weiter durch endlose Reisfelder. Als wir uns endlich den Bergen zuwenden, schlägt mein Herz schneller vor Erwartung. Ich sehe die Gipfel, auf die ich diese acht langen Tage gestarrt habe. Eine halbe Stunde später kommen wir in Khanh Son an und machen zuerst einen Besuch beim Vorsitzenden des Volkskomitees. Wir setzen uns und trinken nach vietnamesischer Tradition Tee, die vietnamesische Sprache klingt für mich wie Hintergrundmusik. Ich tanze mit, habe aber keine Verbindung zu diesem Mann. Es gehört einfach zum Protokoll, ihn zu treffen. Dann geht es weiter ins Dorfzentrum. Das ist viel aufregender, sehr viele Déjà-vus. Das Haus sieht genauso aus wie das Krankenhaus, in dem man mich vor dreizehn Jahren erstversorgt hat, ist aber viel gepflegter. Die Leute dort zeigen warmherziges Interesse an uns, die Atmosphäre ist fröhlich.

Sie bringen uns in ein Büro, lassen uns auf drei Sofas Platz nehmen, die als U aufgestellt sind. Zwei offiziell aussehende Männer sitzen uns gegenüber und planen mit Chris die Tour. Wieder geht alles über mich hinweg. Am anderen Ende des Raums sitzen drei kichernde junge Frauen hinter einem Schreibtisch. Alle scheinen zu finden, dass ich sehr jung aussehe. Sie scherzen, der Berg wäre ein Klacks für mich. Zum Glück sorgt Chris für mehr Ernst, indem er ihnen sagt, dass ich aufgrund der Verletzungen bei dem Absturz »schlimme Füße« habe. Und er fügt hinzu, es müsse unbedingt eine Frau mitgehen. Offenbar hat sich die Frau, die Jack bei seinem Aufstieg zum Absturzort begleitet hat, geweigert, den Weg noch ein zweites Mal zu machen. Sie behauptet, der Berg wäre »zu steil«. Mein Gott.

Ein gut aussehender »Bergsteiger« kommt herein, er ist größer als die anderen Männer und sieht auch anders aus in seinem blütenweißen Hemd, das seine dunklere Haut betont. Sie stellen ihn mir als den Mann vor, der mich gefunden hat, Mr. Cao. Er nimmt Platz und erzählt seine Version der Geschichte. Ich erinnere mich dunkel an ihn, kann mich auf seinen Bericht aber nicht wirklich konzentrieren. Beim Übersetzen geht viel verloren, und oft reden alle zur gleichen Zeit. Ich bin überwältigt von der Aufmerksamkeit, der Freundlichkeit und der Absurdität der Situation.

Am Ende, als alles besprochen ist, nimmt mich einer der Männer an die Hand und geht mit mir hinaus, um mir den Berg zu zeigen. Jetzt bin ich wirklich aufgeregt. Ich werde neue Erinnerungen aus den losen Enden aufbauen, die ich noch im Kopf habe.

Perspektiven

Joosje, sieben Jahre alt: Ich bin Josephine Lupa, und ich will euch von meinem Bruder Max erzählen. Mein Bruder Max hat Autismus. Er ist fünf Jahre alt. Er kann nicht sprechen, aber er ist sehr lustig. Er ist nett, manchmal aber auch ein bisschen lästig. Aber er kann nichts dafür, deshalb macht es mir nichts aus.

Manchmal wiederholt er, was wir sagen. Wenn man zum Beispiel zu ihm sagt: »Willst du noch Pizza?«, dann sagt er auch: »Willst du noch Pizza?«, statt Ja oder Nein zu sagen. Manchmal sagt er aber auch Ja oder Nein.

Dass er Autismus hat, heißt nicht, dass er böse ist. Vielleicht hat Gott sich gedacht: »Ich möchte, dass Max Autismus hat.« Ich sollte also nicht allzu wütend auf Max sein, auch wenn er eine Sendung zurückspult, die ich sehen will, immer wieder. Max ist sehr süß, und er hat so viel Gutes an sich, dass ich gar nicht alles aufzählen kann. Außerdem geht er auf eine sehr gute Schule.

Ich habe Max seeeeehr lieb.

Ein paar Sachen, die ihr über Kinder mit Autismus wissen solltet. NICHT VERGESSEN!!!

- Kinder mit Autismus sind nicht böse. ALSO BEHANDELT SIE AUCH NICHT, ALS WÄREN SIE BÖSE!!!
- Kinder mit Autismus darf man nicht ärgern, sonst tun sie einem weh!!! Seid vorsichtig.
- Kinder mit Autismus mögen es nicht, wenn man sie rumschubst.
- Seid nett zu Kindern mit Autismus!!

David, Vater von Joosjes Freundin: Ich habe Maxi bei ihm zu Hause kennengelernt. Meine Tochter war zum Spielen mit seiner großen Schwester verabredet, und ich hatte wohl schon ein bisschen über ihn gehört. Ich wusste, dass er Autist ist, aber ich hatte etwas ganz anderes erwartet. Er ist so ein hübscher kleiner Junge! Klare, funkelnde Augen, ein hinreißendes Lächeln und hellblonde Haare wie seine Mutter. Man ist versucht zu sagen: »Ach, er sieht ja ganz normal aus.«

Doch als ich sah, wie Joosje mit ihm umging, oder besser gesagt, wie sie es versuchte, sah ich seine andere Seite. Er war da und doch nicht da. Die strahlenden Augen blickten ins Nichts, seine Aufmerksamkeit und seine Bewegungen waren willkürlich und ziellos. Er wedelte mit den Händen, als wäre er irritiert, aber das war wohl einfach so. Nach ein paar Minuten ging er in ein anderes Zimmer. Wir brauchten noch zehn oder zwanzig Minuten, bis meine Tochter so weit war, ihre Sachen zusammenzupacken, damit wir nach Hause gehen konnten. Als wir Joosjes Zimmer verließen, bemerkte jemand, oha, Maxi hat auf den Boden gekackt. Nicht viel, auch keine große Schweinerei, eher so ein paar kleine Hasenköttel. Annette tat mir sehr leid. Jemand holte ein paar Papiertücher. Ja, das war Maxi. Er leidet an Autismus.

Ich kann mich nicht mehr erinnern, wann das war, dass ich den Kunstkurs meiner Tochter besuchte. Die Mädchen arbeiteten an einem Projekt, einem Stillleben mit Blumen, glaube ich, in dem Raum wurde geplaudert. Ich hörte nicht genau, was gesagt wurde, aber irgendjemand muss etwas über Maxi gesagt haben. Joosje regte sich nicht auf und weinte auch nicht, sondern schaute das andere Mädchen nur kurz an und sagte: »Du weißt ja, was Maxi fehlt.« Ich staunte darüber, wie sehr er, oder besser gesagt, sein Autismus, in seiner Familie einfach als Tatsache genommen wurde. Joosje entschuldigte sich nicht dafür, sie bemitleidete sich auch nicht selbst, und zumindest nach außen hin zeigte sie auch keinen Zorn. Sie versuchte auch nicht, ihn zu verstecken. Ich habe mich damals gefragt, wie ich mit einem autistischen Kind klarkäme, und gleichzeitig fand ich ihre Art toll. In dieser Familie ging etwas sehr Beeindruckendes vor sich, so schwierig die Situation auch sein mochte.

Manchmal sah ich ihn, wenn er morgens mit seiner Mutter und seiner Schwester zur Schule kam. Der Sicherheitsmann, der die Mädchen jeden Tag am Eingang begrüßt, bollerte los: »Hey, Maxi, wie steht's, alter Freund? *High five!*« Und Maxi machte tatsächlich eine leicht unkoordinierte Geste, um ihn abzuklatschen. Aber mir gefiel diese Art. Ich dachte: Er behandelt ihn wie jedes andere Kind.

Einmal erinnere ich mich, dass ich beim Verlassen der Schule Annette sah, die weinte und von einer anderen Mutter getröstet wurde, von Susanne, einer guten Freundin von uns. Sie legte ihr den Arm um die Schultern und sagte immer wieder. »Ich weiß, wie schwer das ist, ich weiß, ich weiß.« Und ich dachte natürlich, es ginge um Maxi und seinen Autismus.

Aber eines Tages im Frühsommer, als ich zur Schule ging, um meine Tochter abzuholen, sah ich einen halben Block vor mir Annette und Maxi gehen. Es war am Spätnachmittag, die beiden hatten den Gehweg für sich. Sie schaukelten mit den Armen, und sie sang ein Kinderlied, irgendeine kleine Melodie. Ich war hin und weg. Ihre Stimme klang so spielerisch und zärtlich, und sie beugte sich zu ihm und streichelte ihn geradezu mit ihrem Lächeln. Da wurde mir klar, dass ich die beiden gerade zum ersten Mal allein sah, wenn sie einfach sie selbst sein konnten. Und ich begriff, wie Annette mit Maxi »klarkommt«. Er ist einfach ihr geliebter kleiner Sohn.

Angst und Belohnungen
Vietnam 2006

Als Nächstes bringt uns Mr. Tan zu meinem »Krankenhaus«, das jetzt eine Schule ist. Es sieht überhaupt nicht mehr so verwahrlost aus, wie ich es in Erinnerung habe. Sie haben elektrischen Strom, und der gepflasterte Hof ist frisch gestrichen. Ich gebe dem Schulleiter die Hand, gehe umher und lächle die Kinder an. In ihren Schuluniformen sehen sie glücklich und niedlich aus. Lang lebe der Fortschritt.

Danach bringt uns der Minivan zu dem neuen Gästehaus. Es hat ebenfalls elektrischen Strom, Moskitonetze und ein gefliestes Badezimmer. Aber die Dusche ist noch nicht richtig installiert, und heißes Wasser gibt es auch nicht. Es gibt überhaupt kaum fließendes Wasser. Aber mein Zimmer zur »Straße« hinaus ist ein Schloss im Vergleich zu Chris' Unterbringung. Sein Zimmer ist mit dem von Mr. Tan und dem Fahrer verbunden, er muss fast über ihre Betten klettern, um ins Bad zu kommen. Ich bin ihm sehr dankbar, dass er das alles für mich aushält.

Es wird Abend. Chris und ich hätten nach diesem langen, ereignisreichen Tag gern einen Drink. Ich habe Chris gebeten, Wein mitzunehmen, damit wir feiern können, wenn wir auf dem Gipfel angekommen sind. Aber wir beschließen, die Hälfte der Flasche jetzt schon auszutrinken und ein paar von meinen Cashewnüssen dazu zu knabbern. Sehr stilvoll. Ich habe zusammenlegbare Cocktailgläser aus Plastik dabei, die ich in einem Outdoorladen in New York gekauft habe. Und so sitzen wir auf der Treppe des Gästehauses mit Blick über die unbefestigte Sandstraße und beobachten, wie die Sonne hinter »meinem Berg« untergeht. Er wirkt mit seiner Kegelform so anziehend auf mich, dass ich noch einen kleinen Spaziergang mache, um ihn mir näher anzusehen. Er ist schön, aber auch ziemlich bedrohlich, und ich überlege wieder, was ich mir da antue. Als ich zum Gästehaus zurückgehe, mache ich mir vor Angst fast in meine Patagonia-Hosen.

Das Abendessen nehmen wir in einem mit Neonleuchten erhellten Restaurant ein, wo wir die einzigen Gäste sind. Die Besitzerin, eine ältere Frau, reagiert sehr emotional auf die Begegnung mit mir. Sie erinnert sich an alles, war damals im Krankenhaus und hat miterlebt, wie ich hineingebracht wurde. Ständig berührt sie mich, wenn sie an den Tisch kommt, als könnte sie gar nicht glauben, dass ich wirklich da bin. Zuerst bewegt mich das, aber im Laufe des Abends fühle ich mich zunehmend unbehaglich.

Chris ist mir keine große Hilfe. Er kann seine Frau nicht telefonisch erreichen und drückt immer wieder die Wahlwiederholung. Plötzlich drehe ich durch. Ich fühle mich eingesperrt, es ist so schrecklich dunkel – ich will einfach nur noch nach Hause. *Raus hier! Jetzt sofort. Es reicht*, denke ich in Panik. Chris bemerkt es und vermutet, dass seine eigenen Sorgen auf mich abfärben. Wir sprechen darüber, und während ich mich auf seine Ängste konzentriere, verschwinden meine.

Als wir zum Gästehaus zurückgehen, werden wir von einer Menschenmenge erwartet. Es ist, als wäre das ganze Dorf gekommen. Die gesamte Rettungsmannschaft, die mich auf nackten Füßen den Berg hinuntergetragen hat, die Schwestern, die mir die Hosen vom Körper geschält und meine Wunden in dem kleinen Krankenhaus versorgt haben, selbst der Arzt, der sich um mich gekümmert hat, der erste Arzt. Alle sind gekommen. Und es herrscht eine überbordend fröhliche Stimmung.

Meine sieben Retter stellen sich vor mir auf, als sollte ich ihre Reihe abschreiten. Sie sehen sehr unterschiedlich aus, einige vietnamesisch, andere eher wie Indianer, ähnlich wie Mr. Cao. Ich habe das Gefühl, einige von ihnen wiederzuerkennen, aber es ist so dunkel hier. Wir stellen uns zu einem Foto auf. Ich bin etwa einen Kopf größer als der Größte von ihnen, der Kleinste reicht mir gerade bis zum Nabel.

»Ich muss eine ziemliche Last gewesen sein«, sage ich. Chris übersetzt. Sie schütteln lachend die Köpfe und zeigen mit ihren Händen, wie abgemagert ich war. Ich danke ihnen immer wieder, dass sie mich auf diese Weise getragen habe. Was für eine Anstrengung das bedeutet hat, kann ich mir immer noch nicht vorstellen.

Als ich mich wieder auf die Treppe des Gästehauses setze, drängen sich alle um mich. Die Kinder schauen mich aus einiger Entfernung mit großen braunen Augen an. Eine der älteren Krankenschwestern sitzt zu meinen Füßen. Sie schaut sich meine Narben an, greift nach meinem Fußgelenk und streichelt mir übers Kinn. Sie erinnert sich ganz genau, wo die Verletzungen waren. Mit einer innigen Geste lässt sie die Hand unter meinen Ärmel gleiten und hält meinen Ellbogen in ihrer hohlen Hand. Sie dreht ihn zu sich und betrachtet das Hauttransplantat. Plötzlich erinnere ich mich an ihre Berührungen, und sie schenkt mir ein zahnloses Lächeln.

Alle haben Geschichten zu erzählen. Sie scheinen ehrlich begeistert, mich zu sehen. Es stellt sich heraus, dass sie dachten, ich sei gestorben, hätte es letztlich nicht geschafft. Dieses Gerücht hat sich in Vietnam hartnäckig gehalten: dass ich in Singapur gestorben wäre. Mit staunenden Gesichtern schauen sie meine Fotos von Joosje und Maxi an. In ihrem Glauben ist es eine große Sache, wenn man jemandem das Leben rettet. Und nun hat die Gerettete auch noch zwei Kinder bekommen …

Ich weiß nicht, wie lange diese selige Zusammenkunft dauert, aber plötzlich gehen sie, alle gleichzeitig. Ich bin wieder allein mit Chris, Mr. Tan und dem Fahrer. Die Männer gehen hinauf in ihre Zimmer, ich bleibe im Erdgeschoss. Als ich die hölzernen Fensterläden schließe und noch einen Moment auf die verlassene Straße blicke, kommt es mir so vor, als hätte ich das alles nur geträumt.

Jenseits und darüber
New York 2004

Eines Samstags ging ich mit Maxi zu seinem Hallenfußball für behinderte Kinder. In jeder Klasse waren höchstens fünf Kinder mit Störungen aus dem »autistischen Spektrum«. Normalerweise ging er am Freitagabend zum Fußball, und dann wartete ich mit den anderen Müttern draußen vor der Glasscheibe. Manchmal hatte ich Lust auf diese anderen Mütter, manchmal eher nicht. Wenn ja, empfand ich es oft so, als hätten wir ein gemeinsames Kind, und spürte die Verbindung. Wenn nicht, war ich stolz auf mich, weil ich so »normal« geblieben war im Vergleich zu ihnen. Ich war weder überempfindlich noch zu hart geworden. Wie auch immer meine Stimmung war, es war lange her, dass ich mit Tränen in den Augen dort gesessen hatte.

An diesem Samstag war es anders, denn jetzt waren Väter da. Und ich verglich sie unwillkürlich mit den Vätern der Fußballmannschaft, in der meine Tochter spielte. Da kamen mir wieder einmal die Tränen.

Mikey, das einzige andere autistische Kind aus Maxis Klasse, war damals vielleicht neun oder zehn Jahre alt. Er war mollig, hatte ein hübsches Gesicht, und sein Autismus war sehr ausgeprägt. Immer wieder streichelte er die Lehrkräfte auf »unangemessene« Weise. Außerdem zog er mehrmals seine Schuhe aus und setzte – oder eher: legte – sich auf den Boden. Maxi war natürlich überall gleichzeitig, benahm sich aber vergleichsweise gut. Allerdings ist das bei behinderten Kindern nicht so wichtig. Dort gibt es diese kleinen Triumphe nicht, die Eltern empfinden, wenn ihr »typisches« Kind bei irgendetwas besser abschneidet als die »typischen« anderen Kinder. Eltern behinderter Kinder lernen schnell, jenseits und über allen Vergleichen zu leben.

Mikeys Vater hatte offensichtlich nur wenig Lust, sich das »Fußballspiel« anzusehen. Er tigerte auf dem Flur hin und her, wo sein jüngerer, nicht behinderter Sohn mit einem kleinen Feuerwehrauto herumlief. Abgelenkt sagte er dem Jungen, er solle ruhig sein. Offenbar nahm er das fantasievolle Spiel und die motorischen Fähigkeiten des Kleinen als Selbstverständlichkeit: zwei Kinder, zwei Standards. Ein paar Mal unterhielt er sich kurz mit einem anderen Mann, der sich mit Tränen in den Augen ganz von dem schalldichten Fenster zurückgezogen hatte.

Als Mikeys Vater sich endlich neben mich setzte, um sich das Fußballspiel anzusehen, schoss sein Sohn ein Tor, und die drei Lehrer jubelten. Ich hatte das Gefühl, dass die Spannung auf unserer Bank sich dadurch noch erhöhte. Es fiel diesem Vater offensichtlich besonders schwer, seine beiden so unterschiedlichen Söhne zu beobachten und nicht zu wissen, wie er reagieren sollte. Doch als die Tür aufging und unsere beiden Jungs herauskamen, war es, als käme ein warmer Wind mit ihnen. Weg war die Spannung. Mikeys Vater schloss seinen Sohn mit reiner, bedingungsloser Liebe in die Arme. Jenseits und über allen Vergleichen.

Dunkle Nacht
Vietnam 2006

Die Fensterläden sperren die Straßenbeleuchtung aus, aber nicht den Lärm. Nachts um halb zwei wache ich auf, weil ein Hund bellt, direkt unter meinem Fenster. Meine Nerven spielen verrückt.

Zum Glück kann ich um diese Zeit Jaime und meine Mutter anrufen, meine Mentaltrainer. Jaime sagt, ich sollte es sehen wie eine Prüfung: Jetzt übernimmt das Adrenalin die Steuerung. Meine Mutter rät mir, mich nicht über den Schlafmangel aufzuregen und mich einfach auszuruhen. Das versuche ich dann auch, aber als ich um drei Uhr das Licht wieder anmache, marschieren Ameisen durch mein Bett, in langer Prozession auf dem Weg Richtung Badezimmer. Jetzt reicht es mir, ich gebe den Versuch auf, noch zu schlafen, sondern beginne mit den Vorbereitungen. Ich »dusche« mit dem Wassereimer, wobei ich auf der Toilette stehe, um die Ameisen daran zu hindern, meine Beine hinaufzukrabbeln.

Als ich mir die Dschungelkleidung anziehe, betrachte ich die Narben an meinen Beinen und Füßen und frage mich, ob sie das alles aushalten werden.

Dann stecke ich Proviant und Kleidung zum Wechseln in den Rucksack, sprühe meine Socken mit Anti-Moskito-Spray ein und bringe Fotoapparat und Camcorder in Stellung.

Als Mr. Tan um vier Uhr an meine Tür klopft, bin ich abmarschbereit. Eine Viertelstunde später erscheint ein weißer Van vor dem Gästehaus. Im trüben Licht der Straßenlaternen stellt uns Mr. Tan den Fahrer vor, der im Dunkeln zum Gemeindezentrum fährt. Dort nehmen wir noch drei Männer aus der ursprünglichen Rettungsmannschaft, zwei Soldaten und die Frau auf, die ich unbedingt dabeihaben wollte. Chris bemerkt, wie hübsch sie ist, und bewundert ihr freundliches Lächeln. Ich bin beeindruckt, dass er zu dieser Herrgottsfrühe Sinn für so etwas hat. Ich selbst nehme nur noch mein Herzrasen wahr und bin unglaublich nervös, als wir mit dem kleinen Van losfahren, der jetzt vollgepackt ist mit Leuten. Es geht in den Dschungel. In *den* Dschungel. Draußen ist es stockdunkel, keine Straßenlaternen mehr, tatsächlich auch keine Straßen. Ich gerate in Panik.

»Ich habe doch noch gar nicht gefrühstückt«, sage ich und höre selbst, wie kläglich ich klinge. Chris erinnert mich an die Energieriegel, die ich von zu Hause mitgebracht habe. Obwohl ich am liebsten umkehren würde, konzentriere ich mich aufs Auspacken und Essen der seltsam schmeckenden Schokoladenriegel. Dann trinke ich aus der Wasserflasche, an die ich mich wieder einmal klammere, wie immer in den letzten dreizehn Jahren, wenn es schlimm wurde. Chris versichert mir, dass alles viel besser wird, sobald die Morgendämmerung kommt. Und er hat recht. Sobald das Licht da ist, fühlt es sich an wie ein »Heimspiel«. Der Farn, die Bäume, die im rosigen Licht aufglühen, es ist so schön, dass es fast wehtut. Das hier ist jede Anstrengung wert, auch wenn ich noch gar nicht auf dem Gipfel bin. Einfach nur hier sein, das ist es.

New York 2006
Sternennacht

Als Maxi ungefähr sieben Jahre alt war, nahm ich ihn mit zu seinem Lieblingsbild von van Gogh. Er hatte es in der Fernsehserie *Kleine Einsteins* gesehen, mit Beethovens »Für Elise« als Hintergrundmusik. Diese Musik liebte er auch, den Anfang des Stücks spielte er auf jedem Klavier, an dem er vorbeikam.

Im MoMA war es unglaublich voll. Maxi benahm sich überraschend gut und ertrug alle Warteschlangen. Aber als wir endlich in den Saal kamen, drängelte er sich vor, allen bösen Blicken zum Trotz. Ich konnte kaum noch Schritt mit ihm halten, holte aber auf, als er für einen Moment vor einem Bild stehen blieb, das dem gesuchten sehr ähnlich war. Tatsächlich dachte ich, es sei van Goghs »Sternennacht« und ich hätte mich nur nicht mehr richtig daran erinnert. »Nein!«, schrie Maxi und drängte sich in den nächsten Saal. Es war »Sternennacht über der Rhône« gewesen.

Er arbeitete sich durch die größte Menschentraube, ich lief um die Wand herum, an der das Bild hing, und kam an der rechten Seite wieder heraus. Und da stand er und las laut:

»Star-ry night, oil on can-vas, eighteen eighty-two, Ly-on …« Und so weiter. Dann trat er zurück, um sich genau mittig vor das Bild zu stellen, und schaute es mit weit aufgerissenen Augen schweigend an, in atemlosem Staunen. Er war wie hypnotisiert, und die Menschen hinter ihm auch. Einige von dem Bild, das sie über seine Schulter hinweg betrachteten, aber viele auch von ihm, der wie verzaubert dastand. Was sah er? Sah er etwas, was wir nicht erkennen konnten?

Dann wurde der Zauber von einem irritierten älteren Paar gebrochen. Die Frau hatte uns vorher schon böse Blicke zugeworfen, und der alte Mann befahl mir rundheraus, ich solle meinen Sohn da wegholen. Das versuchte ich auch, aber Maxi riss sich los und stellte sich wieder auf denselben Platz. Jetzt sang er »Für Elise«. Er hielt den Kopf schräg und blinzelte, fuhr mit den Händen durch die Luft und verfolgte die Linien des Bildes mit dem Finger. Der alte Mann schrie ihn an, als würde Maxi das Bild anfassen. Das tat er nicht, er war 25 Zentimeter davon entfernt. Als ein Museumswärter kam, zog ich ihn schnell hinter die Wand und nahm ihn fest in den Arm. Ich hatte Tränen in den Augen.

»Diese Menschen haben einen kleinen Geist, Maxi«, sagte ich.

Der Mann stand jetzt neben mir und erklärte mir noch einmal, ich müsse besser auf meinen Sohn aufpassen.

»Er hat Autismus«, antwortete ich.

»Ja und?«, fragte er wütend. »Und was ist mit all den anderen Menschen hier? Für Sie ist er das Wichtigste auf der Welt, nicht wahr? Aber was ist mit allen anderen hier?«

Er hatte nicht ganz unrecht mit seiner Frage, aber ich flüsterte Maxi ins Ohr: »Er hat auch ein kleines Herz.« Jetzt liefen mir die Tränen über die Wangen.

Drei Leute kamen auf mich zu. »Mein Enkel ist auch autistisch …« Und eine Nichte. Und ein Neffe. »Sie machen das großartig«, sagte jemand. Aber die Verletzung blieb. Konnte sich irgendjemand vorstellen, was es für Maxi bedeutete, so ein Museum zu betreten? Wie oft ich mit ihm draußen gewartet hatte, wenn meine Freunde mit ihren Kindern hineingegangen waren? Wie oft Maxi und ich die Straße entlanggegangen waren, oft in eisiger Kälte, und gewartet hatten, bis die anderen wieder rauskamen?

Zum Glück fand uns in diesem Moment meine Freundin, mit der wir in die Ausstellung gegangen waren. Sie erzählte uns von all den netten Kommentaren, die sie über Maxi gehört hatte, während sie hinter der Menschenmenge stand. Dann sagte sie. »Ist das nicht komisch? Ist der alte Mann nicht genau so einer wie die, die auch van Gogh damals so verurteilt haben? Die ihn und seine Bilder als verrückt abgetan haben? Sie haben ihn eingesperrt und ihm den Pinsel weggenommen. Wer hat hier wohl die engste Verbindung zu diesem Künstler?«

Kapitel 6

Mein Berg

Der Sprung
Vietnam 2006

Wir gehen langsam los, müssen sechs Flüsse überqueren, bevor der Anstieg beginnt. Ich komme mir ein bisschen albern vor mit meiner Spezialausrüstung und dem Rucksack. Alle anderen sind angezogen, als wollten sie im Park spazieren gehen. Zwei Männer tragen Flipflops, alle tragen Jeans. Chris macht sich ständig über mich lustig, weil ich so viel trainiert habe. Ich antworte ihm im Scherz, einer von uns müsse ja vorbereitet sein und er sei es offensichtlich nicht. Er raucht und hat sich überhaupt nicht in Kondition gebracht. »Vielleicht kriegst du da oben einen Herzanfall. Dann muss ich bei dir bleiben, nach allem, was du für mich getan hast, und ich werde nicht noch einmal schlecht ausgerüstet auf diesem Berg bleiben!« Oder tot.

Mr. Cao trägt meinen Rucksack, ein anderer Mann die dreifache Ladung Wasserflaschen, um die ich gebeten habe, für alle Fälle. Er trägt sie in einem geflochtenen Korb mit provisorischen Baumwollstreifen als Gurten. Ich habe ein schlechtes Gewissen. Insgeheim bin ich mit Chris einer Meinung: Ich bin eine verwöhnte Prinzessin geworden.

Wir benutzen die Bergstöcke nicht, die ich aus New York mitgebracht habe. Als meine Freunde mir dazu rieten, hörte es sich sinnvoll an, aber die Bambusstöcke, die die Männer für uns machen, sind viel wirkungsvoller. Die Männer schneiden schnell die Zweige und Blätter ab und zeigen uns, wie einfach man die Höhe einstellen kann. Die Bambusstöcke sind kräftig, schließlich haben sie mich an solche Stöcke gebunden, als sie mich den Berg hinuntergetragen haben. Sie haben sich nicht einmal gebogen.

Frühstück gibt es an dem schönen Ufer des sechsten und letzten Flusses. Jetzt kann ich noch ein letztes Mal meine Mentaltrainer anrufen. Unsere vietnamesischen Begleiter machen Sandwiches aus Dosenfleisch, Gurkenscheiben und Tomaten. Ich habe eigentlich keinen Hunger, denke aber an meinen letzten Aufenthalt im Dschungel und esse zwei. Während wir dort sitzen, staune ich über die bizarre Schönheit meiner Umgebung.

Besonders genau schaue ich mir Mr. Cao an, der eine grüne Jacke mit leuchtend orangefarbenem Futter trägt. Ich beobachte ihn gern, er kommt mir so tröstlich vertraut vor. Dieses Gesicht, diese ausgeprägten, kräftigen Gesichtszüge, eingerahmt von den Blättern des Dschungels. Die Art, wie er dasitzt.

Die nächste Stunde wandern wir durch relativ flaches Gelände, das immer mehr nach Dschungel aussieht. Mr. Tan erweist sich als ausgezeichneter Guide. Der Dschungel und seine Bewohner liegen ihm wirklich am Herzen. Er bewundert die Schönheit um uns herum, zeigt uns die riesigen Baumwurzeln, die zarte Form der Blätter, schöne Pflanzen. Für die anderen Männer ist dieser Wald Zuhause und Mittel zum Lebensunterhalt. Sie gehen zielgerichtet, wissen, wo sie nach einem bestimmten Baum abbiegen müssen, so wie ich bei einem bestimmten Gebäude in Manhattan abbiegen würde. Mr. Tan bleibt oft stehen, um uns Blumen zu zeigen. Sein Gesicht wird ganz weich, wenn er vorsichtig die Blütenblätter zur Seite schiebt, um mir die bunte Mitte zu zeigen.

Wir sprechen über sein Leben. Er ist auf dem Land aufgewachsen und hat seine erste Liebe aus Schulzeiten geheiratet. Sie ist jetzt Anwältin, und die beiden haben zwei kleine Töchter. Er mag seinen Job bei Vietnam Airlines, aber seine Leidenschaft gilt dem Dschungel. Besorgt über den Raubbau zeigt er auf die vielen Baumstämme, an denen wir vorbeikommen. »Das ist der Anfang einer Veränderung unserer Umwelt, die wir nicht mehr rückgängig machen können«, sagt er. »Und das Plastik da drüben«, fügt er hinzu und zeigt auf herumliegenden Müll, »wird uns alle überleben.« Ich schaue die Vollkommenheit der Natur an und seufze.

Wir gehen stetig bergauf, ich mit weit geöffneten Sinnen. Nicht zu glauben, dass ich gar nicht müde werde.

»Die Engel werden dich nach oben tragen«, hat mir meine Yogalehrerin versprochen. Ich weiß nichts von Engeln, aber es ist, als würde ich nach oben springen. Vielleicht treiben mich all die guten Gedanken meiner Lieben an. Oder die Kraft ihrer vielen Amulette. Vielleicht geben mir die Bäume wieder einmal Energie. Ich frage mich immer noch, ob ich es bis ganz nach oben schaffen werde, aber ich genieße die Umgebung durch und durch. Und die Gemeinschaft. Meine Retter zeigen mir ständig Stellen, wo sie mich vor dreizehn Jahren getragen haben. Mr. Cao ist in meiner Nähe und reicht mir dann und wann eine helfende Hand, bevor ich überhaupt gemerkt habe, dass ich sie brauche.

Die Leute von Vietnam Airlines und Jack haben nicht zu viel versprochen: Der Anstieg ist steil, und der Dschungel wird immer dichter, je weiter wir kommen. Und es ist schwül und heiß. Aber irgendwie vergehen fünf Stunden, ohne dass ich viel schwitze. Selbst als sie mir sagen, dass der Gipfel jetzt nahe ist, gehe ich immer noch leichtfüßig und mit gleichmäßigem Atem.

Chris hingegen bekommt allmählich Schwierigkeiten. Er ist schweißgebadet und sieht zehn Jahre älter aus. Er atmet so angestrengt, dass ich Angst habe, er könnte zusammenklappen. Wir müssen immer wieder Halt machen; besorgt bestehe ich darauf, dass er etwas isst und trinkt. Als ich zum fünften Mal damit anfange, schnauzt er mich an: »Ich habe dir gesagt, ich esse und trinke auf dem Gipfel!«

Ich beschließe, ihn im Moment lieber in Ruhe zu lassen, und

gehe schnell an die Spitze der Gruppe. Mr. Tan bleibt bei Chris, und ich klettere mit meinen Rettern weiter. Wie vor dreizehn Jahren sprechen sie kein Wort Englisch. Und wie vor dreizehn Jahren versuche ich, ihre Gesten zu verstehen.

Plötzlich bleiben wir stehen. Drei von ihnen reden und gestikulieren gleichzeitig. Ich bekomme Angst – haben wir uns verlaufen. Sie signalisieren uns, wir sollen warten, und setzen sich hin, bis der erschöpfte Chris und der immer noch fit aussehende Mr. Tan uns eingeholt haben.

Dann beraten sie sich auf Vietnamesisch, und Mr. Tan erklärt mir, dass wir an diesem Ort in jener achten Nacht unser Lager aufgeschlagen haben. Ich lache erleichtert. Nein, wir haben uns nicht verlaufen, natürlich nicht.

»Könnt ihr mir zeigen, wir ihr es geschafft habt, mich an diesem Stock zum Schlafen aufzuhängen?«, frage ich. Sie zeigen es mir bereitwillig, indem sie sich einen Bambusstock auf die Schultern legen. Genau wie ich es in Erinnerung habe: wie ein Spanferkel am Spieß. Sie machen Witze darüber, wie ich um eine Zigarette gebeten habe, mit zwei Fingern vor dem Mund.

»Danke, dass ihr mir keine gegeben habt«, sage ich. »Das hätte meiner zusammengefallenen Lunge nicht gutgetan.«

Endlich erreichen wir den Gipfel, zuerst Mr. Tan, dann Mr. Cao und dann ich. Die letzten Schritte gehe ich so erwartungsvoll, dass es untertrieben wäre, von einem Glühen zu sprechen. Und dann folgt eine große Enttäuschung. Das kann nicht der richtige Ort sein. Ich erkenne nichts wieder. Selbst die Neigung des Hangs ist verkehrt.

»Das ist es nicht!«, sage ich vollkommen verstört.

»Nein, richtig«, erwidert Mr. Tan. »Wir sind auch noch nicht da. Hier war der erste Aufprall, bei dem das Flugzeug eine Tragfläche verlor. Sie waren da drüben.« Er zeigt auf einen zweiten Gipfel. »Sie wurden auf dem nächsten Berghang in der Nähe des Hauptwracks gefunden.«

Das ist noch mindestens eine Meile weit weg – Luftlinie.

Wir müssen hinunter und wieder hinauf. Und ich dachte, die Kletterpartie wäre zu Ende!

Chris erklärt mir, was passiert, wenn ein Flugzeug eine Tragfläche verliert. Es wird zu einer halben Rakete und fliegt weiter. So war es auch bei meinem Flugzeug. Mr. Tan zeigt mir die Stelle, wo viele Bäume verbrannt sind und wo nichts mehr gewachsen ist. Sie reden weiter über den technischen Verlauf des Absturzes, wie das Flugzeug langsamer wurde und über den nächsten Abhang stürzte.

Männergespräche, denke ich und mache mir mehr Sorgen darüber, wie ich den Abstieg und erneuten Aufstieg zu Fuß schaffen soll.

Aber dann, während Mr. Tan und Chris ihre technischen Spekulationen weiterverfolgen, drehe ich mich um und bitte die anderen Männer, mich endlich dorthin zu bringen.

Gedanken: Die Prophezeiungen meines Vaters

Mein Vater war ein Ein-Mann-*Think-tank*. Er hat die Forschungsabteilung bei Royal Dutch Shell praktisch erfunden. Sie haben ihn in ein Büro gesetzt, damit er nachdachte, damit er die Wahrscheinlichkeit berechnete, an bestimmten Stellen Öl zu finden. Tatsächlich hat er sich sein Leben lang in allen Bereichen mit Wahrscheinlichkeitsberechnungen beschäftigt.

Es ist toll, mit einem Vater aufzuwachsen, der die Wahrscheinlichkeit berechnet, dass an der Ecke ein Triebverbrecher wartet, wenn er dich zum Einkaufen schickt. Oder der den besten Warteplatz berechnen kann, wenn er dich zum Schwimmen in einen Fluss in Frankreich steigen lässt. In einem solchen Leben ist kein Platz für irrationale Ängste.

Auch bei existenziellen Fragen benutzte er Wahrscheinlichkeitsberechnungen. Er zitierte Frank Capra, der gesagt hatte, die Chance, dass unsere Welt durch einen physikalischen Zufall entstanden sei, sei kleiner als die Chance, dass ein Affe Shakespeare produziert, wenn man ihn an einen Computer setzt. Die traditionelle Physik könne zwar das Universum, so wie wir es kennen, nicht erklären, aber die Quantenmechanik sei dazu sehr wohl in der Lage und räume der Existenz Gottes einen Platz ein.

Mein Vater glaubte, Gott habe seit dem Urknall die Regie geführt und Zweifel an der Existenz Gottes seien das Ergebnis falscher, überkommener Gottesbilder. »Sobald man sich ein Bild macht, wird die ganze Vorstellung unwahrscheinlich«, pflegte er zu sagen. Sein ganzes Leben lang versuchte er, sich Gott bildhaft vorzustellen, ohne Erfolg. Von einer Sache war er allerdings überzeugt: Die Wahrscheinlichkeit, dass Gott nicht existiert, hielt er für verschwindend gering.

Seine nächste Frage galt den Absichten dieses Gottes. Seinem Gefühl nach konnte man diese Absichten nur erforschen, indem man die bisherige Entwicklung des Lebens auf der Erde studierte. Und seiner Meinung nach musste es einen Zweck geben, für den Gott die Menschen brauchte.

An dieser Stelle tauchte die uralte Frage auf, die auch Hiob in der Bibel formuliert: Wenn Gott gut und allmächtig ist, warum lässt er dann so viel Elend zu? Die christliche Religion, mit der mein Vater aufgewachsen war, gibt darauf folgende Antwort: »Das weiß nur Gott, und wir sollten nicht versuchen, es zu verstehen.« Aber das konnte mein Vater nicht akzeptieren. Für ihn lautete die einzige überzeugende Antwort, Gott sei noch nicht mit dem ganzen Chaos fertiggeworden. »Gott ist mächtig, aber nicht allmächtig«, sagte er immer. »Er ist noch dabei, sich selbst zu erfinden. Er ist auf dem Weg, sich selbst zu erschaffen und Erfolg zu haben. Und dafür braucht er die Menschen. Sie haben die Aufgabe, zu einer guten, ethischen Gemeinschaft aufzuwachsen.«

Im Übrigen war mein Vater der Ansicht, dass genau das passierte. Jahrhundertelang hatte sich die Menschheit in die richtige Richtung entwickelt, hatte Millimeter für Millimeter gelernt, das Chaos zu kontrollieren. Mein Vater glaubte, wir seien auf dem Weg zu einer Weltgemeinschaft, in der alle Menschen die gleiche Kultur und Moral hätten. Die Computer verbinden bereits alle Menschen untereinander, und eines Tages wird das menschliche Bewusstsein einem einzigen großen Geist gleichen. Eine Zusammenschau der Gedanken und Gewissen aller Menschen, und wir werden lernen, unser Ego zu überwinden. Die Triebkräfte dieses Egos werden weiterhin existieren, aber es wird in sozialer und religiöser Hinsicht besser funktionieren, und daraus wird eine bessere Gesellschaft erwachsen.

In der Falle
Vietnam 2006

Wir steigen ab und biegen an einer geheimnisvollen Stelle links ab in den dichtesten Dschungel überhaupt. Wie in *Apocalypse Now.* So dicht, als hätte er keinen Anfang und kein Ende. Ich fühle mich unbehaglich eingesperrt. Wir müssen offenbar eine Schlucht durchqueren, um zu dem anderen Berg zu kommen. Schritt für Schritt gehen wir vorsichtig weiter, bis wir endlich an einer Felsspalte stehen bleiben. Ich denke an meine Kinder. *An die hätte ich auch schon mal denken können, bevor ich mich auf diese Sache einließ.* Die Männer beraten sich laut auf Vietnamesisch, fällen einen Baum und hacken die Äste ab, während sie laut miteinander reden. Ich verstehe: Sie bauen eine Brücke, damit wir diesen furchterregenden Abgrund überqueren können. Eine Felsspalte, in der wir auf Nimmerwiedersehen verschwinden könnten!

Sie legen den Baumstamm über die Spalte neben einen Felsblock. Ein Mann betritt ihn, um auszuprobieren, ob er ihn trägt.

Das ist der Fall. Dann geht er langsam los und hält sich dabei an dem Felsblock fest. Alle sehen gespannt zu, es sieht aus wie bei einem Seiltänzer zwischen zwei Häusern. Ich schaue das bisschen Himmel an, das ich durch die Blätter sehen kann, und bete leise. Wir sind vollständig eingeschlossen. Ich blicke wieder auf den Mann, der sicher am anderen Ende angekommen ist und schon dem zweiten Mann hilft, dann dem dritten. Als vierte geht die Frau hinüber, leichtfüßig wie eine Turnerin auf dem Schwebebalken, ohne Hilfe.

Ich soll als Nächste gehen. Vorher atme ich ein paar Mal tief durch. Mr. Cao hilft mir auf die »Brücke«. Ich klammere mich an dem Felsblock fest und bewege mich langsam auf die helfende Hand zu, die mir von der anderen Seite entgegengestreckt wird. Drei endlose Minuten dauert das Ganze. »Ihr bringt mich nicht ins Schwitzen«, lache ich.

Dann kommt Chris an die Reihe, er schafft es, wenn auch leise fluchend. Der lächelnde Mr. Tan kommt als Letzter. »Hat Jack das auch gemacht?«, frage ich ihn, als er neben mir steht. Ich kann mir nicht vorstellen, dass ein Siebzigjähriger diesen Stunt auch nur in Erwägung zieht. Erst als ich wieder in New York bin, erzählt mir Jack, dass er als Bergsteiger im Himalaya gewesen ist. Er wollte mir das lieber nicht vorher beichten, aber er weiß, das ist so ein Moment, zu dem die Bergsteiger sagen: »Man hat kein Seil bei sich, aber jetzt würde man unbedingt eins brauchen.«

Also: Mr. Jack hat das auch gemacht. Später erfahre ich, dass man ihm aus rätselhaften Gründen nicht die echte Absturzstelle gezeigt hat, sondern einen Platz hundert Meter vor der Stelle, wo sie mich gefunden haben. Das erklärt, warum ich auf seinen Fotos nichts wiedererkannt habe. Wir gehen an der Gebetsfahne und dem Foto vorbei, die er zur Erinnerung an seinen Sohn und seine Schwiegertochter hier hinterlassen hat. Man hat ihm gesagt, sie seien an dieser Stelle gestorben. Das Bild ist schon etwas verblasst, aber ich kann die Züge des hübschen jungen Paares noch erkennen. Respektvoll denken wir an die beiden und gehen dann weiter.

Moleküle
Paris 2004

Als mein Vater starb, war ich in Paris. Von dort aus führte ich auch mein letztes Gespräch mit ihm.

Joosje war auf einem Spielplatz in der Nähe des Louvre. Wir hatten gerade gemeinsam mit zweitausend anderen Touristen die Mona Lisa bewundert, es war ein Sonntag, der Eintritt war frei. Es war so voll gewesen, dass ich Joosje bei unseren Freunden gelassen hatte. Draußen rief ich meinen Vater an, weil ich mir dachte, er würde mich verstehen – ich habe die Klaustrophobie von ihm geerbt. Meine Mutter kam ans Telefon, und als ich ihre Stimme hörte, wusste ich sofort, was los war. Sie warnte mich, er sei sehr schwach. Die ganze Nacht hatte sie bei ihm gesessen und seine Hand gehalten. Nach fast sechzig gemeinsamen Jahren hatte er ihr wunderschöne Liebeserklärungen gemacht, und sie sagte mir, sie sei unglaublich dankbar für diese Nacht.

Ich flüsterte mit der Kinderstimme, über die sich meine Geschwister so gern lustig machen: »Tag, Pappie, wie fühlst du dich?«

Er antwortete mit einer sehr schwachen, unendlich weit entfernten Stimme. »Tag, Popje.« Püppchen. »Nicht so toll.«

»Pappie, du kannst jetzt loslassen. Du bist so stark gewesen, jetzt kannst du noch einmal stark sein und loslassen«, sagte ich mit einem Kloß im Hals. »So liebe ich dich, Pappie. So lieben wir dich alle.«

Seine Stimme wurde noch schwächer. »Ja, ich muss jetzt gehen. Tschüs, Popje.«

Ich ging wieder zu meinen Leuten. Die Menschen, Paris, der Spielplatz – das alles kam mir ganz unwirklich vor. Ich fühlte mich weit von ihnen entfernt, als würde ich dahinschweben. Am selben Tag kaufte ich neue Zugfahrkarten nach Holland, nach dem Mittagessen würden wir abreisen. In den Augen meiner Freundin sah ich ein Verständnis, das mich überraschte und tröstete. Sie sagte mir, sie hätte ihren Vater vor Kurzem verloren.

Wir aßen noch schnell in der Nähe unseres Hotels an den Champs Elysées zu Mittag; schweigend verzehrten wir unsere Steaks und Pommes frites. Als wir das Café verließen, kam der Anruf. Mein älterer Bruder, immer der Überbringer wichtiger Nachrichten, sagte es mir fast förmlich. »Unser Vater ist um halb eins gestorben. Er ist ganz friedlich eingeschlafen.«

Als ich zurück zu der traurigen kleinen Gruppe ging, hatte sich etwas verändert. Ich spürte meinen Vater so nah, als wäre er in den Luftmolekülen.

»Fühl doch mal, Joosje«, sagte ich. »Wenn du mit dem Daumen über deinen Zeigefinger reibst, kannst du Opa fühlen, ehrlich. Als wäre er überall.« Sie tat es und lächelte erleichtert. Wahrscheinlich war sie um meinetwillen so erleichtert, dass ich es so aufnahm. Sie hatte diesen Ausdruck reinen Glücks auf meinem Gesicht nicht erwartet. Aber genau das empfand ich: reines Glück. Um meines Vaters willen, der endlich von sich selbst erlöst war. Ich tanzte fast auf dem Weg zurück ins Hotel. Mein Vater hatte fast zwei Jahre im Sterben gelegen. Jetzt war er frei.

Die Zugfahrt über telefonierte ich die ganze Zeit mit meinem jüngeren Bruder, der so anders reagierte als der große, überwältigt von Gefühlen. Er kam nicht damit zurecht. Es war der erste Todesfall, den er erlebte, er litt unglaublich. Ich empfand heitere Gelassenheit und Akzeptanz. Hatte ich das im Dschungel gelernt? Oder aus meiner Trauer um Pasje?

Jaime und Maxi machten sich auf den Weg zurück nach New York, Joosje und ich fuhren zum Haus meiner Eltern. Meine

Brüder, meine Schwester und Schwägerin saßen am Tisch und aßen zu Abend, als wir ankamen. Ich umarmte meine Mutter, die gerade ein Stück von sich selbst verloren hatte. Dann ging ich sofort ins Zimmer meines Vaters, in dem er die letzten zwei Jahre verbracht hatte. Das Zimmer, das ich so oft mit dem Gedanken verlassen hatte, dies sei das letzte Mal gewesen. Immer war ich verzweifelt gewesen, jetzt auf einen anderen Kontinent zu reisen. Von New York aus hatte ich ihn jeden Tag angerufen.

Er lag auf der Seite, zum Fenster gewandt. Ich ging ums Bett herum, um sein Gesicht anzusehen. Ein schönes, ruhiges Gesicht. Nicht nur seine Haut sah viel jünger aus. Er hatte einen geradezu kindlichen Gesichtsausdruck. Ich brach in Tränen aus und fiel meiner Mutter in der Küche um den Hals.

»Er sieht so schön aus«, schluchzte ich.

»Nicht wahr?«, flüsterte sie. Sie war stolz, zerbrechlich, stark. Mit gebrochenem Herzen.

Und mir brach das Herz, wenn ich sie sah. Sie hatte mehr als eine Hälfte verloren.

Wir aßen und tranken wie immer. Laut, mit vielen Scherzen. Mein Vater war mehr denn je anwesend. Nach einer Weile musste ich aufstehen und wieder in sein Zimmer gehen, um sein Gesicht noch einmal anzuschauen. Ich saß auf dem Fensterbrett neben ihm, schaute den Bücherstapel an, der dort lag. Obenauf Gary Zukavs *Spur zur Seele,* das wir beide mehrere Male gelesen hatten.

Wenn die perfekte Übereinstimmung von Persönlichkeit und Seele ein Gesicht hat, dann das meines Vaters.

Offenbarungen
Vietnam 2006

Als wir endlich an der Absturzstelle ankommen, ist meine unmittelbare Reaktion auf den Ort, an dem ich diese acht Tage verbracht habe, maßlose Enttäuschung. Der Ort ist komplett zugewachsen, kein offener Blick. Der Blick auf meinen Berg, auf Sonne und Mond – unmöglich. Das Flugzeug hatte die Bäume umgerissen, bevor es aufschlug, und eine Lichtung geschaffen. Aber die Bäume sind wieder gewachsen. Es liegen noch viele Überreste dort, kein Metall, aber Stücke von blauem Teppichboden, Plastikfetzen, Sitzbezüge, ein russisches Ausgangszeichen, an einem Baum hängt sogar noch eine Jeansjacke. Ich schaue nach, ob es meine ist. Das ist nicht der Fall, obwohl ich mich erinnere, dass ich eine dabei hatte, eine Jeansjacke mit kurzen Ärmeln. Der Bereich ist kleiner, als ich ihn in Erinnerung hatte. Ich habe kein besonderes Talent für das Schätzen von Entfernungen, aber die Toten, das Flugzeug, die verbleibende Tragfläche – all das muss viel näher beieinandergelegen haben, als es mir damals vorkam. Auch die Stelle, an der der Mann in Orange gesessen hat, ist viel näher als in meiner Erinnerung. Deshalb konnte ich sein Gesicht so gut erkennen.

Ich schaue mich um und sehe Mr. Cao, der auf einem Felsblock hockt. Der Anblick kommt mir sehr vertraut vor. Die Gewissheit wächst, als ich mich von der Gruppe absondere und mich an meine Stelle setze, etwa sechs Meter hangaufwärts von dem Platz, wo wir zu Mittag essen werden. Ich blicke hinunter auf die Gruppe, die alles vorbereitet. Und plötzlich bin ich mir sicher: Er ist es. Wie konnte ich das übersehen? Er hockt genauso da. Nicht in diesem Plastikorange, sondern in einem frischen weißen Hemd mit Button-down-Kragen, das sein Gesicht dunkler erscheinen lässt. Dieses Gesicht! Das schöne Gesicht, von dem ich all die Jahre gedacht habe, ich hätte es mir nur eingebildet. Dieser schöne, sanfte Mann. Er hat mir das Leben gerettet!

Ich habe keine Möglichkeit, es Chris zu sagen. Als ich herunterkomme, hat er schon die Weinflasche geöffnet und bittet mich, die Campinggläser herauszuholen, damit wir anstoßen können. Ich nehme die Gläser aus dem Rucksack und schraube sie zusammen. Unsere Gastgeber haben Tische aus Baumstämmen gemacht, wir werden das restliche Dosenfleisch essen.

»Auf unsere Gastgeber und auf Annette«, sagt Chris und erhebt sein Glas. Plötzlich fühle ich mich ein wenig schüchtern, als ich den Trinkspruch erwidere: auf ihn, auf sie und auf alle, die hier einen viel zu frühen Tod gestorben sind.

Dann wendet sich Chris an meinen Retter und fragt: »Wie und wo haben Sie sie gefunden?« *Natürlich ist er es. Er war die ganze Zeit in meiner Nähe, wie konnte ich das übersehen?*

Er kichert ein wenig beim Reden, legt eine Hand über den Mund, als würde er sich ein bisschen schämen. Chris übersetzt.

»Er sagt, als er dich das erste Mal sah, hat er dich für ein Gespenst gehalten. Er hatte noch nie einen Weißen gesehen und auch noch niemanden mit blauen Augen. Er hat gewartet, dass das Gespenst verschwindet, dann wollte er seine Freunde holen, um die Absturzstelle aufzuräumen.«

Ich traue meinen Ohren kaum. »Deshalb haben Sie nicht geantwortet«, sage ich zu meinem Retter. »Ich habe immer wieder geschrien, und sie haben mich nur angestarrt.« Ich schaue Chris ungläubig an.

»Womit das Rätsel des Mannes in Orange auch gelöst wäre«, sagt er feierlich.

»Nicht zu glauben!« Ich schreie es fast, lasse den Gedanken eine Minute auf mich wirken. Natürlich habe ich ausgesehen wie ein Gespenst. Überall Tote, und mitten unter ihnen sitzt diese dünne weiße Gestalt in einem blauen Poncho. Mit blauen Augen, die Mr. Cao wahrscheinlich vorkamen wie von einer Außerirdischen.

Der Mann erzählt weiter, dass er schreckliche Angst hatte. Und man sieht es ihm an. Er sagt, er habe Angst gehabt, etwas zu unternehmen, bis ich die Kapuze abnahm. Er ahmt die Bewegung nach. Da habe er erkannt, dass ich doch ziemlich menschlich aussah. Und daraufhin habe er beschlossen, seine Freunde zu holen.

Jetzt starre ich ihn an. Hätte ich die Kapuze nicht abgenommen, wäre ich als Gespenst gestorben. So klingt es jedenfalls.

Die Hummel

Als mein Vater noch am Leben war, redeten wir einmal über eine Freundin, die nach dem Tod ihrer Mutter ständig von weißen Schmetterlingen umgeben war. Ihre Mutter hatte ihr versprochen, sie würde ihr auf diesem Wege Botschaften schicken. Wir baten meinen Vater, so etwas auch zu tun, waren uns aber einig, dass Schmetterlinge zu meinem Buddha-ähnlichen Vater nicht passten. Vielleicht eine dicke Fliege oder eine Biene?

Zwei Monate vor seinem Tod bat mein Vater meine Mutter, sich ein Schmuckstück zu kaufen, ein Geschenk von ihm. Meine Mutter delegierte die Aufgabe an mich, sie wünschte sich eine Brosche. Ich kaufte ihr zwei kleine goldene Bienen, eine mit weißen Diamanten, eine mit einem schwarzen Onyx. Die Brosche gefiel meinen Eltern sehr.

Als mein Vater an diesem warmen Sommertag starb und sein Leichnam abgeholt worden war, tauchte im Schlafzimmer meiner Eltern eine Hummel auf und blieb den ganzen Vormittag dort.

Später in dieser Woche zogen wir uns für die Beerdigung um, und als ich gerade meiner Mutter die Brosche mit den Bienen ansteckte, kam eine riesige Hummel hereingeflogen.

»Hallo, Pappie«, sagte ich zu ihr. »Schön, dich zu sehen.« Die

Hummel brummte eine Weile um uns herum, dann setzte sie sich in eine Ecke des Fensterrahmens. Ich rief besorgt: »Geh da weg, sonst wirst du zerdrückt, wenn der Wind das Fenster bewegt. Los, geh da bitte weg!« Aber die Hummel blieb sitzen, ich musste sie förmlich verjagen, um sie in Sicherheit zu bringen.

Am nächsten Tag war der Trauergottesdienst. Die achtjährige Joosje las das Hohelied der Liebe aus dem Ersten Korintherbrief, Kapitel 13. Sie machte das wunderbar. Danach feierten wir auf der Terrasse, und als meine Freunde sie lobten, erzählte ihnen Joosje die Geschichte von der Hummel. Im selben Moment war sie wieder da und umkreiste Joosjes kleinen blonden Kopf: eine sehr große, sehr dicke Hummel.

Mein Berg
Vietnam 2006

Der Zauber, der von der Lösung des Rätsels um den Mann in Orange ausgeht, wird durch eine plötzliche Bewegung gestört. Einer der Männer springt auf und redet nervös auf die anderen ein. Sie springen erschrocken auf. Ich schaue Chris an.

»Was ist denn?«, frage ich, aber bevor er mir antworten kann, sehe ich schon, worüber sie sich so aufregen. Ein zehn Zentimeter langer Tausendfüßler spaziert über unseren »Tisch«. Einer der Männer schlägt das giftige Tier vor unseren Augen tot. Chris ist schon aufgesprungen, ich bleibe ganz ruhig.

»Dir macht das vielleicht nichts aus«, lacht er. »Aber vielleicht verstehst du jetzt, warum die Leute von Vietnam Airlines gesagt haben, es ist zu gefährlich, die Nacht hier zu verbringen.«

Ich zucke mit den Schultern. Eigentlich würde ich ganz gern bleiben, damit sich die lange Kletterpartie lohnt. Die Nacht hier verbringen, den Mond sehen. Außerdem könnten wir uns ein bisschen ausruhen. Jetzt müssen wir fast schon wieder los, sonst schaffen wir es nicht vor Einbruch der Dunkelheit bis zu dem Kleinbus. Wir brauchen mindestens fünf Stunden, um wieder von dem Berg runterzukommen.

Nein, ich habe wirklich keine Lust zu gehen. Ich steige wieder zu meiner Stelle hinauf, während die Männer den Tisch abräumen.

»Geht doch schon mal vor und lasst mich noch ein Weilchen hier«, rufe ich. Vielleicht ist das eine unhöfliche Bitte, aber sie sehen mich an, als würden sie verstehen.

»Mir würde es gut gefallen, schon mal vorzugehen«, sagt Chris, der sich jetzt selbst wieder etwas ähnlicher sieht und auch wieder Farbe bekommen hat. Es muss an dem Wein und den Zigaretten liegen.

Ich höre, wie sie losgehen, ihre Geräusche verlieren sich in den Tönen des Dschungels. Ich erinnere mich an diese Kakofonie, aber ich wusste nicht mehr, wie laut und intensiv sie war. Man muss wohl allein sein, um sie wirklich wahrzunehmen.

Gedanken: Nachruf auf meinen Bruder

An meinem fünfundvierzigsten Geburtstag starb mein jüngerer Bruder Bernard ganz plötzlich. Mit fünfzig Jahren, an einem Herzinfarkt. Die Chemotherapie hatte zu einer Vergrößerung seines Herzens geführt, eine Zeitbombe. Bernard wusste das, im Gegensatz zu uns.

Den folgenden Nachruf verlas ich bei seiner Beerdigung.

»Vor acht Monaten habe ich an diesem Platz gestanden, bei der Beerdigung meines Vaters. Damals habe ich mit dem Ende des Textes aus dem Ersten Korintherbrief geendet: Die Liebe aber ist die größte unter ihnen. Das war das Motto meines Vaters.

Wie mein Vater hat Bernard die Wahrheit dieser Worte verkörpert. Er war dazu fähig, die ganze Welt zu lieben, ohne Unterschied. Er hatte eine große Fähigkeit, Dinge zu genießen: ein Bier, den Strand, den Augenblick, das Dasein. Er freute sich an den Erfolgen seiner Freunde, seiner Schwestern, seines Bruders und seiner Frau. Er war stolz und nie neidisch. Er fühlte wirklich mit uns.

Für mich als Kind war er der ideale Bruder. Mein großer Held. Er traute sich alles. Als kleines Mädchen durfte ich immer mit ihm und seinen Freunden mitgehen, solange ich nicht heulte oder abhaute. Das waren die Bedingungen, und ich habe viel dabei gelernt.

Als ich ein Teenager war, nahm er mich und meine Freundinnen in seinem grünen VW Käfer mit. Und er brachte viele von seinen Freunden mit nach Hause in die Ruychrocklaan, wo es immer so »gezellig«, so gemütlich war. Manchmal weckten sie mich, um mir zu erzählen, wie viele dumme Mädchen sie geküsst hatten. Auch daraus habe ich viel gelernt.

Später überschnitten sich unsere Freundeskreise noch mehr. Er war immer der Star auf meinen Partys, fuhr mit mir und meinen Freunden nach Amsterdam. Pasje hat ihn gefragt, ob er sein Trauzeuge sein wollte.

Und dann bekam er diesen bösartigen Tumor, der Metastasen bildete. Danach wurde er vielleicht fast zu sensibel, zu offen in seiner Zuneigung. Aber das war nicht sein Fehler, sondern ein Fehler des Lebens.

Mein Vater und ich haben über die Motivationen und Grenzen des Egos nachgedacht. Bernie hatte kein großes Ego. Er fühlte mit anderen Menschen, woher sie auch kamen.

Ich möchte heute aller Welt sagen, wie stolz ich auf Bernard bin. Und das galt auch für meinen Vater. Vielleicht hat Bernard nicht immer die Anforderungen unserer Gesellschaft erfüllt, aber er hat so gelebt, wie es die Worte des Korintherbriefs aussagen.«

Zwei Straßen trennen sich
Vietnam 2006

Ich setze mich auf die Blätter. Und auf die Zweige. Wie unbequem! Ich schaue zwischen den Bäumen hindurch den Abhang hinunter. So viele Bäume! Es ist viel beengender, als ich es in Erinnerung hatte. Und nicht so grün. Nicht so schön.

Ich versuche, ein Weilchen die Blätter anzuschauen, aber meine Augen fühlen sich von dem größeren Bild angezogen. Ich bin anders drauf als damals, wird mir klar. Und die vielen kleinen Wrackteile machen es mir nicht leichter. Es ist ein bisschen wie am 11. September. Ich strecke die Hand nach einem Stück blauem Teppichboden aus und untersuche es zwischen meinen Fingern. Zu viele Gedanken kämpfen in meinem Kopf um Aufmerksamkeit. Und all die Geräusche!

Ich schaue hinter mich und versuche mir das Wrack vorzustellen, mit Pasje darin. Jetzt kann ich an ihn denken. Jetzt sollte ich an ihn denken, hier ist sein Leben zu Ende gegangen. Ich habe weitergelebt. Bin weitergegangen. Obwohl er immer irgendwie bei mir war. Seltsam, dass ich seine Gegenwart ausgerechnet hier nicht spüre, jedenfalls nicht stärker als gewöhnlich. Der sechsunddreißigjährige Mann, der hier starb, war seine Hülle. Eine schöne Hülle, einschließlich seiner Persönlichkeit, die ich liebte und gernhatte. Ich habe um ihn getrauert und ihn vermisst. Vermisse ihn immer noch. Die Persönlichkeit, die ich bewundert habe und mit der ich so gut zurechtkam. Was bei mir geblieben ist, war etwas anderes. Etwas darüber hinaus, etwas Wichtigeres. Seine Liebe. Unsere Liebe.

Ich bewege mich noch ein Stück den Berg hinauf und bleibe bei einem Felsbrocken stehen. In meinem Rucksack suche ich nach dem kleinen hölzernen Delfin und dem weißen Seehund, die ich mitgebracht hatte. Ich stelle beide Figuren auf den Felsen.

»Tschüs, Pasje.« Ich lasse sie ein Weilchen stehen, dann

schnappe ich mir den Seehund und stecke ihn wieder in die Tasche. Er braucht ihn hier nicht, ich schon. An die Stelle des Seehundes setze ich eine kleine Buddhafigur für Hamish und Sylvie. Ich freue mich, dass ich das für sie tun kann, für sie und Jack. An der richtigen Stelle. Denn hier sind sie tatsächlich gestorben. Komisch, dass sie Jack nicht hierhergebracht haben. Ich frage mich, warum.

Plötzlich höre ich ein Summen. Ist das eine Biene?

»Pappie?«, sage ich laut. »Wie nett von dir.« Ich weiß, die anderen können nicht weit weg sein, aber ich fühle mich ziemlich allein.

Ich betrachte meine Umgebung. Kein Zweifel, damals vor dreizehn Jahren muss mein Geist – mein Bewusstsein, meine Wahrnehmung, was auch immer – in einem anderen Zustand gewesen sein. Acht verdammte Tage an diesem Ort! Ich trinke einen Schluck Wasser. Das hilft mir immer noch.

Ich muss pinkeln und sehe mich um. Niemand da, und keine schmerzende gebrochene Hüfte. Ich hocke mich hin und sehe den Dschungelboden wieder aus der Nähe, die roten Ameisen, wie gute alte Nachbarn. Zauberhaft.

Es ist Zeit, zurückzugehen. Ich bewege mich in die Richtung, aus der wir gekommen sind. Aber der Weg führt nirgendwohin. Ich schaue den anderen Pfad an, der vom Berg hinunterführt.

»Zwei Straßen teilten sich im Wald, und da stand ich nun«, deklamiere ich und klettere über kniehohe Pflanzen. Beide Pfade sehen kaum benutzt aus. Aber dieser hier wird allmählich zu steil, wenn ich hier weitergehe, werde ich stürzen. Also wieder hinauf zu dem anderen Pfad. Ich gehe ein paar Meter, dann laufe ich nur noch gegen Bäume. Ich habe mich verlaufen.

»Halloo! Ist da jemand?«

Keine Antwort, nur die Geräusche des Dschungels. Na, großartig.

»Hallo! Ich habe mich verlaufen!« Ich höre meiner Stimme an, wie meine Kehle eng wird.

Dann ein Rascheln, und da ist Mr. Tan, Gott sei Dank. Er hat gewartet, während die anderen vorausgingen, und war so diskret, nur in Hörweite zu bleiben. Mein Held! Ich drehe mich noch einmal zu der Absturzstelle um und schaue ein letztes Mal zurück. Tschüs, Pasje. Tschüs, Berg.

Hürden und Wahrnehmungen
New York 2005

»Joosje, geh von dem Bild weg. Noch ein bisschen weiter. Sonst siehst du nicht, worum es geht. Du siehst nur Details, aber nicht das ganze Bild.«

Wir waren im Museum. »So sieht Papa die Welt«, murmelte ich, weil ich dachte, sie könnte mich nicht hören. Als ich sah, dass sie es doch mitbekommen hatte, fügte ich schnell hinzu: »Und ich stehe immer zu weit weg und sehe keine Einzelheiten.«

Jetzt wurde sie nachdenklich. Mit einer Falte zwischen den Brauen wiederholte sie: »Papa steht zu nah und sieht nur die Details. Du stehst zu weit weg und siehst nur das ganze Bild. Wo soll ich mich denn nun hinstellen, um es richtig zu machen?« Die Falte wurde tiefer. Dann entspannte sich ihr kleines Gesicht. »Es gibt keinen richtigen Platz. Genau deshalb braucht ihr euch, Papa und du.«

Jaime und ich hatten Spaß daran, gegen alle Wahrscheinlichkeiten zu siegen, im Geschäft wie im Leben. Immer wieder. Aber am Ende – oder dort, wo wir das Ende vermuten – siegt immer die Wahrscheinlichkeit. Zu viele Faktoren sprachen gegen uns. Wir hätten es wissen müssen: verschiedene Kulturen, verschiedene Religionen, verschiedene Persönlichkeiten – all die Hürden, von denen Eltern ihren Kindern warnend sagen, dass sie sich irgendwann auswirken werden. »Wenn die Romantik nachlässt. Deshalb muss Romeo sterben. Liebe allein ist nicht genug.«

Hätte es romantischer sein können? Wie Jaime losging, um mich zu suchen, mich zurück ins Leben brachte, dafür sorgte, dass ich Leben hervorbrachte? Hatten wir es nicht verdient, zusammen glücklich zu sein bis ans Ende unserer Tage?

Aber das Leben machte weiter.

Das autistische Kind, der Verlust unserer Arbeitsstellen. Am Ende ist eine Ehe immer eine Verbindung zweier Egos. Und für Egos spielen Kultur, Religion und Persönlichkeit eine Rolle.

Was das alles mit Liebe zu tun hat? Nichts. Und alles. Für Jaime war Maxis Liebe allumfassend und genug. Mehr brauchte er nicht. Am Ende zeigte sich, das Jaime Holland schöner fand als Italien.

Zum Fluss hinunter
Vietnam 2006

Der Rückweg vom Berg hinunter ist viel schwieriger, als ich gedacht habe. Der Berg kommt mir steiler vor, überall Bäume. Standen sie bei unserem Aufstieg auch schon so dicht? Die Männer müssen einen echten Slalom gelaufen sein, als sie mich mit dem langen Stock zwischen sich runtergetragen haben. Und der Weg war vom Regen sicher genauso glatt wie jetzt. Darüber denke ich nach, als ich ausrutsche und ein paar Meter auf dem Hintern hinunterrutsche. Augenblicke später noch einmal dasselbe. Und wieder. Bis wir zu den anderen aufgeschlossen haben, hat mich Mr. Tan bestimmt vier Mal wieder hochgezogen.

Ich bitte um eine Pause, weil ich die Schuhe wechseln muss. Jetzt tun mir die Füße richtig weh. In dem Rucksack, den Mr.

Cao, der »Mann in Orange«, immer noch für mich trägt, sind Laufschuhe. Mr. Cao kommt zu mir, dreht sich um und macht mir Zeichen, ich solle sie mir herausholen. Er muss nicht mal die Knie beugen, ich bin viel größer als er. Ich ziehe die Laufschuhe an und stecke die Bergstiefel in den Rucksack. Die ganze Zeit steht er ganz nahe, mit dem Rücken zu mir. Plötzlich spüre ich eine Welle von Emotionen, eine seltsame Nähe, als wären wir allein hier am Berg. Wieder allein ... Von diesem Moment an weicht er mir nicht mehr von der Seite. Er schneidet mir einen neuen Bergstock und zeigt mir, wie ich die Bäume beim Absteigen als Hilfe nutzen kann. Und er sieht mich die ganze Zeit mit diesen intensiven Augen an, in denen ich jetzt eine früher nicht bemerkte Wärme wahrnehme.

Nach vier Stunden Abstieg wird das Gelände flacher. Da beschließe ich, dass es mir reicht. Ich verlange, dass wir Halt machen. Alle versammeln sich um mich und schauen mich an.

Das bin ich allmählich auch leid. Ich gehe zu einem umgestürzten Baum, setze mich hin und sage zu Chris: »Ich bin fertig, ich kann keinen Schritt weiter.«

Als ich die Schuhe ausziehe, sehe ich, dass ich überall Blasen habe. Das Narbengewebe hat der Belastung nicht standgehalten. Auf Holländisch fahre ich fort: »Geht vor und holt mich morgen ab, ich verbringe die Nacht hier.«

Chris starrt mich ungläubig an.

»Ich kann nicht mehr. Der Kopf schafft eine Menge, aber jetzt ist Schluss. Lasst mich hier, und bitte einen von ihnen, mich hier morgen abzuholen.« Ich mache eine Geste zu der Mannschaft, alle starren mich an und verstehen nicht, was hier vorgeht.

Chris setzt sich neben mich auf den Baumstamm. Er schaut mich forschend an, denkt wohl halb, ich mache Witze. Als ihm klar wird, dass es mir ernst ist, erhebt er seine Stimme.

»Fängst du jetzt an zu spinnen?«, fragt er. »Damit kommst du mir *jetzt?*«

Es ist mir egal, ich schaue stur in die andere Richtung. Ich habe keine Angst im Dschungel, sie haben Angst. Ich komme hier prima zurecht mit meiner Ausrüstung und der Verpflegung. Es ist ja nur für eine Nacht. Meine Knie, meine Oberschenkel, meine Füße, alles steif. Brennende Schmerzen. Ich möchte nur einfach hier bleiben und die Schönheit genießen.

»Tu mir das jetzt nicht an«, zischt Chris durch seine zusammengebissenen Zähne. »Du bist so weit gekommen, und jetzt fängst du an zu jammern? Es sind doch nur noch zwei Stunden!« Er wirkt regelrecht verstört, wir sind wie ein Ehepaar, das versucht, den Schein aufrechtzuerhalten. Und das hier.

Mit falschem Lächeln schaue ich die anderen an, die ruhig und in diskretem Abstand warten, wie die Sache ausgeht.

»Okay«, sage ich und schnüre die Schuhe wieder zu. »Aber ich werde an dem Fluss eine sehr lange Pause machen.«

Und das mache ich auch, als wir wieder an den schönen Platz kommen, an dem wir am Morgen gefrühstückt haben. Erschöpft und glücklich sitze ich auf demselben Stein wie heute früh um sechs. Ist das wirklich erst elf Stunden her? Es kommt mir vor wie ein ganzes Leben. Wieder wird das vietnamesische Geplauder zur Hintergrundmusik. Der Fluss strömt über meine vernarbten Füße mit den Blasen. Das Wasser fließt schnell, derselbe Fluss wie vor elf Stunden, und doch anderes Wasser. Wie bei Siddhartha: ständig in Veränderung und immer gleich. Wie der Perspektivenwechsel zwischen heute Morgen – als ich die Angst mehr fürchtete als alles andere, weil ich nicht wusste, was mich erwartete – und jetzt. Anders und doch gleich, wie ich es immer gewusst habe. So wie ich ja auch vor dreizehn Jahren anders war und doch im Grunde genommen dieselbe wie heute.

Auf eine Weise habe ich eine Expedition unternommen, um mein altes Selbst wiederzufinden. Und das ist mir gelungen, vielleicht sogar ein bisschen zu viel. Ich habe einen spirituellen Rückschritt gemacht, mein Ego hat sich mir in den Weg gestellt. Ich denke an die Frage des Autors.

»Wie wird die Reise nach Vietnam Ihr Leben verändern?« Sie wird es nicht verändern und doch. Die Vergangenheit, die Gegenwart, die Zukunft – ist das nicht alles dasselbe? Verschiedene Dimensionen oder Ebenen derselben Sache?

Der Weg durch das kalte Wasser der sechs Flüsse ist ein Genuss für unsere müden Füße. Welche Erleichterung, als wir endlich den Kleinbus mit Mr. Tans Fahrer sehen. Geschafft! Und es ist noch hell, wenigstens ein bisschen.

Als wir zurück zu dem Gemeindezentrum fahren, färbt die Nachmittagssonne das Land orange. Ich bin voller Nostalgie, voller Emotionen und Abschiedsschmerz, als ich mich verabschiede. Bei den Männern der Rettungsmannschaft bedanke ich mich besonders, am Ende auch bei dem Mann in Orange.

»Sie haben mir das Leben gerettet«, sage ich.

Er lächelt, sodass ich seine Zähne sehe. Zum ersten Mal.

Gedanken über Wellen

2003 kaufte ich mir die zweite Coldplay-CD und konnte es kaum abwarten, sie anzuhören. Irgendetwas an diesem Sound berührte mich. Ich lief den ganzen Tag mit Kopfhörern herum. Und mit Tränen in den Augen.

Diesen Song, »Clocks«, hätte Pasje geliebt. Könnte ich ihn doch jetzt nur anrufen und ihn das anhören lassen. Auf eine Weise hörte ich mir neue Songs nur seinetwegen an. Wenn er einen neuen Sound fand, wurden seine Augen feucht. Dann ließ er mich hören, schaute mich erwartungsvoll an und hoffte, ich würde genauso begeistert sein wie er. Aber ich musste mir die Dinge ein paar Mal anhören, bis sie mir gefielen. Ihm gefiel alles Neue.

»Das Alte wird zur Hintergrundmusik«, sagte er immer. »Irgendwann hört man es nicht mehr.«

Ich erinnere mich noch, wie es war, als er U2 »entdeckte«. Wie er sagte: »Hör dir diese Stimme an, diesen neuen Sound.« Mit Tränen in den Augen und so viel Zärtlichkeit, selbst für den kleinen Jungen auf dem Cover. Wir spielten U2 bei seiner Beerdigung. Erst als ich über vierzig war und Coldplay hörte, verstand ich endlich, was er empfunden hatte.

Die Erinnerung an Pasje tut immer noch weh, trotzdem höre ich mir seine Songs an. Sie bringen ihn so lebendig zurück, seine Liebe. Unsere Liebe, die immer noch da ist, wenn auch auf einer anderen Frequenz.

Jaime kann ich so auch zurückholen. Auf die gleiche Weise.

Aber es kostet mich mehr Anstrengung, Jaime zurückzuholen. Denn er ist ja noch springlebendig. Manchmal springt er ziemlich heftig. Er lebt, ist aber nicht zu Hause. Die Wunde unserer allmählichen Trennung ist offen und wird wohl auch offen bleiben. Unter Umständen tut es mehr weh, jemanden durch das Leben zu verlieren, als durch den Tod. Die Trauer ergreift mich genauso. Unerwartet wie eine Welle. Ich kann nichts anderes tun, als darin stillzuhalten und mich davon überwältigen zu lassen.

Es ist noch viel Liebe da, vergangene und gegenwärtige Liebe. Vergangen für mich, gegenwärtig für unsere Kinder. Und ich kann immer noch unsere Musik auflegen, auf unserem Balkon sitzen, unsere Restaurants anschauen, unser Opernhaus, unsere Stadt. Dann kommt alles zurück.

Ich trage alles bei mir. Es ist da und wird bleiben, was auch immer geschieht.

Endlich Nha Trang
Vietnam 2006

Schweigend fahren wir durch das Bergland zurück. Es ist dunkel, wir sind erschöpft. Wir biegen auf die Route One nach Nha Trang ab, eine Straße, die Jack als »reinen Terror« bezeichnet hat. Mir fällt das nicht auf. Ich werde endlich diesen verwunschenen Ort sehen, der so schön zwischen Dschungel und dem Südchinesischen Meer liegt. Diesen Ort, den Pasje für unsere romantischen Ferien ausgesucht hatte.

Auf den ersten Blick sieht Nha Trang aus wie ein typischer Ferienort am Meer. Wir halten vor einem ziemlich schäbig aussehenden Hotel in der Nähe einer belebten Kreuzung. Chris protestiert sofort Mr. Tan gegenüber. »Das ist viel zu laut«, sagt er. »Es ist wirklich nett von Vietnam Airlines, uns einzuladen, und ich weiß Ihre Gastfreundschaft zu schätzen, aber ich brauche jetzt wirklich meinen Nachtschlaf.« Mr. Tan lächelt wie üblich. »Kein Problem«, sagt er und bringt uns zu einem besseren Hotel mit Swimmingpool. Wir checken ein, genießen eine Dusche – und wie! – und treffen uns dann in der Lobby.

Über den Boulevard gehen wir zum Strand, wo es eine lange Zeile mit europäisch anmutenden Restaurants gibt. In einer modernen Pizzeria genießen wir unser Abendessen bei Wellenrauschen und der neuesten Musik. Das kalte Bier lindert den Muskelkater. Wir reden wie gute Freunde und Geschäftspartner miteinander, so wie es mir am besten gefällt, wenn ich mit Männern zu tun habe.

Aber ich fühle mich auch ein wenig unbehaglich, weil ich ohne Pasje hier bin. Dieser Ort hätte zu ihm gepasst. Stattdessen sitze ich mit einem Fremden hier, den ich nur durch Pasjes Tod kennengelernt habe.

Als wir zum Hotel zurückkommen, kommt Chris kaum noch die Treppe hinauf. Gehässig gebe ich damit an, dass ich drei Stufen auf einmal nehme. In Wirklichkeit sind wir beide froh, dass es vorbei ist. Wir sagen uns gute Nacht wie Segler nach dem Anlanden oder wie zwei Investmentbanker, die gerade einen richtig dicken Deal gemacht haben. Glücklich und erleichtert.

Als ich wieder in meinem Zimmer bin, kommen mir die Andenken vom Berg richtig unheimlich vor: ein paar Stückchen Teppichboden, das russische Ausgang-Zeichen. Der Besuch an der Absturzstelle fühlt sich jetzt schon an, als hätte ich ihn nur geträumt. Ich wickle die Sachen ein, packe sie in meine Reisetasche und gehe ins Bett.

Aber ich kann nicht schlafen. Nach zwanzig Stunden Wachsein, davon elf mit brutaler körperlicher Anstrengung, habe ich viel zu viel Energie in mir. Das Adrenalin, das Jaime mir versprochen hat, pulsiert noch immer in mir. Jaime … Ich rufe ihn noch einmal an, um ihm zu sagen, dass alles in Ordnung ist. Und dass Chris wirklich der Held ist, als den er ihn beschrieben hat. Maxi und Joosje sind in der Schule. Dort ist auch alles in Ordnung.

Ich mache das Licht aus. Bilder vom Tag rauschen mir durch den Kopf. Der Dschungel, der Berg, der Mann in Orange, Chris. Es ist, als würde dieser Augenblick alle Männer verkörpern, die ich geliebt und verloren habe. Alle Männer, die mich geliebt haben. Pasje, mein Vater, mein Bruder, auch Jaime. Ich beschließe, Chris zu fragen, ob ich ihn als Bruder adoptieren kann.

Am nächsten Tag treffen wir uns mit Mr. Tan zum Frühstück. Er hat drei weitere Leute von Vietnam Airlines mitgebracht: einen Mann von hier, der sich benimmt, als wäre er Mr. Tans Chef, und zwei Damen aus Hanoi. Mrs. Anh, verantwortlich fürs Firmengeschäft, hat seinerzeit Jack begleitet, sich aber geweigert, die Tour auf den Berg noch einmal zu machen. Sie wirkt ziemlich kühl. Mrs. Mai, zuständig für internationale Beziehungen, ist mit dem früheren Botschafter Vietnams in den Niederlanden verheiratet. Sie lächelt viel.

Es ist ein höfliches Essen, bei dem Nettigkeiten über das jeweils andere Land ausgetauscht werden, aber ich spüre meinen Groll: Pasje, Hamish, Jack. Und alle meine Wunden.

Sie machen eine offizielle Zeremonie daraus, indem sie mir einen vergoldeten Pin der Fluggesellschaft und eine handbestickte Tischdecke überreichen. Dann bitten sie den Kellner, ein Foto von uns zu machen.

»*Cheese!*«, sagen wir alle, nebeneinander aufgereiht, ich den Pin in der Hand.

Gedanken: Maxis Welt

Maxi spricht nicht. Er mag nicht reden. Unsere schweigende Kommunikation scheint ohnehin viel lebendiger und bedeutsamer. Wir spüren die Sprache mehr, als dass wir sie sprechen. Von Seele zu Seele? Maxi bestätigt mein Misstrauen den Worten gegenüber: die Unfähigkeit der Worte, das Unsichtbare zu vermitteln.

Wer mit Maxi zusammen ist, stimmt sich auf ihn ein. Jaime auf dem Weg in den Park, beim Baden und Füttern. Ich, wenn ich neben ihm einschlafe oder mit ihm Schlittschuh laufe. Nana, unser Kindermädchen, die sich mit ihm synchron bewegt, wenn sie ihn zur Therapie bringt. Seine »Schatten«, die speziellen Betreuer, die in der Schule Hand in Hand mit ihm gehen. Wenn ich mit Maxi Schlittschuh laufe, ist es wie die Summe aller Liebesaffären. Wie in einem Film, wie auf einer Wolke. Alles andere wird unscharf und unwichtig. Es gibt nur noch Maxi, sein Lächeln, die Musik und mein Herz, das fast zerspringt. Die Zeit steht still.

Bei den Männern, die ich geliebt habe, habe ich irgendwann immer an etwas anderes gedacht: an die nächste Sache, die ich vorhatte, an den nächsten Einkauf. Der Augenblick war irgendwie immer ein Hindernis auf dem Weg in die Zukunft. Wenn ich mich auf Maxi einstimme, will ich nichts anderes als mit ihm zusammen sein und sein Lächeln genießen. Das ist es wohl, was man unter Zen versteht. Außerdem kann ich mich mit Max so verrückt benehmen, wie ich will. Er definiert mich nicht, beurteilt mich nicht. Er nimmt nur mein Gesicht in seine Hände, zieht es zu sich hin und gibt mir einen schnellen Kuss. Einen reinen, sachlichen, bedingungslosen Kuss.

Bao Dai's Villas
Vietnam 2006

Nach dem Frühstück gehe ich mit Chris zu dem schicksalhaften Palast, dem Hotel, das Pasje vor dreizehn Jahren für unsere romantischen Ferien gebucht hatte.

»Bao Dai's Villas ist eines der wenigen verbleibenden Beispiele für die französische Kolonialarchitektur in Vietnam«, steht in meinem Reiseführer. »Es wurde im Jahr 1923 als Urlaubshotel für das letzte vietnamesische Königspaar erbaut und befindet sich auf einer 120000 Quadratmeter großen Halbinsel mit üppiger Vegetation. Die Villen überblicken das Südchinesische Meer und die Inseln vor der Küste, das ganze Jahr geht ein leichter Wind vom Meer.«

Im Taxi erzählt mir Chris, wie sehr sich Pasje auf diese Ferien freute und wie viele Sorgen er sich wegen meiner Klaustrophobie und des kleinen Flugzeugs machte. Er befürchtete, ich würde mich noch auf der Startbahn weigern, mitzufliegen.

Warum habe ich das nicht getan?

Als das Taxi die gebogene Auffahrt hinauffährt, traue ich meinen Augen kaum. Was für ein zauberhafter Palast! Romantischer geht es nicht. Ein Palast auf einem Felsvorsprung über dem Meer mit dem blauen Meer, das gegen die Felsen brandet. Herrliche Gärten. Was für eine perfekte Kombination. Ach, Pasje, das hast du gut gemacht. Ich wünschte, du hättest es mit eigenen Augen sehen können.

Das Gefühl von Verlust überkommt mich wieder. Was für eine riesige Verschwendung. Meine Augen brennen. Ich gehe weg von Chris, der diskret zurückbleibt, gehe Richtung Wasser, beobachte die Brandung an den Felsen. Mein Lieblingsanblick. Pasje hat das gewusst.

Ich nehme ein paar Steine und werfe sie wütend ins Meer. Warum? Warum er? Was hat er getan? Und ich? Mir laufen die Tränen übers Gesicht. Ich werfe noch ein paar Steine, heftig jetzt, einen nach dem anderen. Und immer noch mehr. Wellen von Zorn, Frustration, Trauer. Dann merke ich, was ich da tue, und fange an, über mich selbst zu lachen. Plötzlich kommt es mir bizarr vor, dass ich mich, wie damals vor dreizehn Jahren, oben auf dem Berg zusammenreißen kann und mich unten auf Meereshöhe gehen lasse. Die Schleusen sind weit offen, wie vor dreizehn Jahren, als ich das Gesicht meiner Mutter sah. Da habe ich mich so sehr gehen lassen, dass ich beinahe gestorben wäre.

Ich gehe zurück und setze mich auf einen Felsen, schaue den Wellen zu, die gegen die Klippen branden. Die Tränen steigen wieder hoch, diesmal weine ich um Jaime. Warum können wir unsere Unterschiede und Gegensätze nicht überwinden? Unsere Persönlichkeiten? Warum können wir nicht das Paradox annehmen, dass etwas richtig und falsch sein kann, dass jemand stark und liebevoll und doch auch zornig und verschlossen sein kann? Dass jemand unordentlich und chaotisch und doch verantwortungsbewusst sein kann? Werden wir uns irgendwann in der Mitte treffen? Oder jenseits der Gegensätze, wie früher?

Solange wir leben, gibt es Dualität, eine Spannung zwischen Gegensätzen. So entsteht Neues, und so entsteht irgendwann auch Gleichgewicht.

Wir sind wie getrennte Wellen, bis wir an den Felsen schlagen und wieder zu einem Teil des Ozeans werden. Wellen sind nur während der kurzen Zeit zwischen ihrer Entstehung und dem Aufprall auf den Felsen voneinander getrennt. Das Leben ist eine kurze Reise.

Im Moment lebe ich glücklich mit dem, was ich habe. Es hat einmal Willem und Annette gegeben, es hat einmal Jaime und Annette gegeben. Sie waren einmal zusammen stark, jetzt sind sie es halt nicht. Und da Jaime lebt, besteht immer die Hoffnung, dass die Stärke zurückkommt.

Selbst wenn ich Jaime wirklich durch das Leben verliere – ganz verliere ich ihn nicht. Dafür hat er mir zu viel geschenkt. Eine Liebe, die so stark ist, dass ich sie überallhin mitnehme. Sie ist da, wie Mozarts Musik, die Menschen bewegt, obwohl der Komponist schon so lange tot ist. Vielleicht können Jaime und ich in diesem Moment, in dieser irdischen Gestalt, nicht zusammen sein. Aber dadurch verliert das, was wir hatten, nicht an Bedeutung.

Ich atme tief durch, stehe auf und nehme die Schönheit der Wellen in mich auf.

Kehrseiten

Es war einmal eine Zeit, da wollte ich meinen Verlobten in Vietnam besuchen. Ich musste die Reise verschieben. So ein Pech.

Ich machte die Reise einen Monat später. Über Hongkong. Ganz gegen meine Gewohnheit verpasste ich den Flug nicht, obwohl er zwei Stunden früher ging als geplant. So ein Glück.

Hätte ich ihn verpasst, dann hätte ich den Inlandsflug in Vietnam nicht bekommen und wäre an diesem Berg nicht abgestürzt. So ein Pech.

Ich habe überlebt. Glück.

Mein Verlobter starb, genau wie alle anderen. Großes Pech.

Ich habe wieder eine Liebe gefunden. Großes Glück. Und vielleicht verliere ich sie. Pech.

Ich habe sehr viel Geld verdient. Glück. Die Hälfte davon habe ich ausgegeben, ziemlich viel Glück, die andere Hälfte habe ich 2008 verloren. Pech. Ich habe zwei wunderbare Kinder. Großes Glück. Eines ist autistisch. Pech. Und gerade dieses Kind hat mir eine Tiefe des Lebens gezeigt, die bei einem »normalen« Jungen undenkbar gewesen waren. Was für ein Glück!

Was also kommt dabei heraus? Bin ich ein Glückskind oder ein Pechvogel?

Jede Situation hat ihre zwei Seiten. Wenn man auf unglückliche Situationen zurückblickt, findet man immer etwas Gutes daran.

Für mich wurde alles viel einfacher, als ich die Vorteile in den Nachteilen zu sehen begann, und umgekehrt. Zu meinem eigenen Glück und Unglück.

Seitdem nehme ich unweigerlich wahr, wie die Glücklicheren unter uns mit dem Segen umgehen, der ihnen widerfährt.

»Wie man sich bettet, so liegt man«, sagen sie und schreiben sich selbst das Verdienst zu, wenn sie weiche Laken und gute Gesundheit, eine glückliche Ehe und erfolgreiche Kinder haben. Wenn sie über die weniger Glücklichen reden und sie beurteilen finden sie immer Gründe, warum die Leute für ihr Schicksal selbst verantwortlich sind.

Dahinter steckt die Angst: »Wenn sie nicht selbst schuld daran sind, dann könnte es auch mir passieren.« Indem sie anderen die Schuld an ihrem Schicksal zuschreiben, erhalten sie sich die Illusion, alles unter Kontrolle zu haben. »Wenn die Mutter dieses Drogenabhängigen selbst schuld ist, dann kann es mir nicht passieren.« Oder so: »Er hat den Krebs bekommen, weil er so viel Stress hatte, weil er sich falsch ernährt hat, weil er aus einem früheren Leben noch eine karmische Belastung mit sich herumschleppte.«

Erst der Schmerz verleiht uns Tiefe, und jede Behinderung bringt eine ganz eigene Liebe mit sich, in einer Intensität, die »normale« Familien nicht immer verstehen. Das ist die Kehrseite des Glücks: dass man den möglichen Segen übersieht, der in einem harten Schicksal liegt. Wenn die Glücklicheren Mitgefühl entwickeln, müssen sie nicht unbedingt selbst ein hartes Schicksal erleben, um Tiefe zu finden, dann bekommen sie sie gratis, ohne das dazugehörige Elend. Und die weniger Glücklichen bekommen nicht noch einen zusätzlichen Tritt, indem sie verantwortlich gemacht, böse angeschaut, herablassend behandelt oder ausgeschlossen werden.

Wenn die Glücklichen die Grenzen ihres eigenen Glücks sähen, würden sie vielleicht nicht mehr so viel beurteilen und bemitleiden. Vielleicht hätten sie dann weniger Angst und wären offener und mitfühlender. Wahres Mitgefühl befreit uns vor Gefühlen der Über- oder Unterlegenheit. Mit wahrem Mitgefühl kann man sich in den anderen Menschen hineinversetzen und die Dinge durch seine Augen sehen, ohne sich auf eine andere Ebene zu setzen.

Man muss sich nur auf den anderen konzentrieren, sich in ihn hineinversetzen und für ein paar Minuten sich selbst vergessen. Vollständig. Hören Sie mal einen Moment auf zu denken – Mitgefühl kommt aus dem Herzen.

Wenn wir die Kehrseite mitdenken, sind alle oben.

Der Hubschrauber
Vietnam 2006

Im Kleinbus von Nha Trang zum Flughafen sprechen Mr. Tan, Chris und ich miteinander, als würden wir uns als alte Freunde trennen. Wir sind uns einig, dass es ein außerordentliches Erlebnis war. Und wir versprechen einander, eines Tages mit unseren

Töchtern zu diesem Berg zurückzukehren. »Wenn sie alt genug sind und solange wir noch nicht zu alt sind«, sagt Chris.

»Ich möchte, dass sie noch jemanden kennenlernen«, sagt Mr. Tan, als wir zu seinem Büro im Flughafengebäude gehen. »Erinnern Sie sich an den Hubschrauber?«

»Nein, leider nicht«, antworte ich. »Bis ich nach Vietnam kam, hielt ich die Sache für eins von vielen Gerüchten.«

»Nein, zum Teufel«, mischt sich Chris ein. »Ich habe gehört, wie er losflog! Ich saß im Büro von Vietnam Airlines, und als ich in dem Krisenraum ankam, hörten die Leute mit ihren Kopfhörern, wie ein Team von Ärzten und Beamten in einem Militärhubschrauber zur Absturzstelle abflog.«

Mr. Tan fügt hinzu: »Die Tochter eines der Ärzte arbeitet jetzt bei mir. Er und sieben weitere Menschen sind bei dem Absturz ums Leben gekommen.«

Ich habe keine Zeit, das zu verdauen, denn in diesem Moment kommt eine hübsche junge Frau aus dem Büro. Als sie mich sieht, bricht sie in Tränen aus. Ich nehme sie fest in die Arme. Und sie schluchzt an meiner Brust: »Mein Papa ist weggegangen, um Sie zu retten, und nicht mehr zurückgekommen.«

Gedanken über Verlust und Liebe

»No pain, no gain«, sagten wir als Händler an der Wall Street. Ohne Schmerz kein Gewinn. Bis heute bin ich überzeugt, dass wir durch Verluste sehr viel gewinnen können. Wenn wir bewusst damit umgehen. Wenn wir uns dem Verlust stellen und ihn formulieren, nicht wenn wir ihn wegschieben oder leugnen. Wenn wir einen Verlust richtig annehmen, gibt es immer eine Art Ersatz, eine Erweiterung. Ich weiß nicht, wie viel ich durch meine Verluste gewonnen habe.

Als ich mich allein im vietnamesischen Dschungel wiederfand, musste ich das akzeptieren, um zu überleben. Ich blieb ruhig und ließ mich auf die Situation ein. Meine Konzentration verschob sich, ich konnte die Schönheit sehen und mich ihr bedingungslos unterwerfen. Und da geschah es: Ich fühlte mich mit allem verbunden und konnte hinter den Vorhang schauen. Das Geheimnis.

Als ich meinen Verlobten verlor, musste ich die Zukunft abschreiben, die wir uns zusammen vorgestellt hatten. Ich musste einen gründlichen Trauerprozess durchleben, um mir eine andere Zukunft aufbauen zu können. Das tat ich. Und er blieb bei mir.

Ich musste auch die Zukunft abschreiben, die ich mir für meinen Sohn vorgestellt hatte. Erst danach konnte ich ihn so annehmen, wie er ist. Ich lernte zu sehen, was da ist. Und ich akzeptiere ihn nicht nur, ich sehe ihn als großes Geschenk.

Einen Verlust anzunehmen, das ist mehr als »einen Verlust abschreiben und weitermachen«. Man muss sich dem Verlust stellen, um das Verlorene zu integrieren. Man muss sich hineinbegeben und aushalten, dass es wehtut. Es nutzt nichts, die Situation zu verdrängen oder zurückzuweisen, als hätte sie nicht passieren dürfen. Wenn man das tut, verhärtet man sein Herz und seinen Geist und kann nicht mehr offen sein. Um offen zu sein, müssen wir unbedingt in der Gegenwart bleiben. Wenn wir offen bleiben, können wir die Schönheit sehen – die Kehrseite des Verlustes. Und wenn wir wissen, wie es sich anfühlt, verletzt zu werden, können wir uns den Schmerz eines anderen vorstellen. Wenn wir aber unseren eigenen Schmerz abblocken, dann tun wir das umso schneller mit dem Schmerz der anderen. Und nur wer offen bleibt, kann sich mit anderen verbinden.

Nichts ist jemals für immer verloren. Alles, was wir verloren haben, alle, die wir verloren haben, werden zu einem integralen Teil von uns. Denn sie sind Teil unserer Vergangenheit oder werden Teil unserer Zukunft sein. Und wie Einstein bewiesen hat, kann Energie niemals zerstört werden, sie ändert nur ihre Form.

Was verloren ist, wird immer gegenwärtig bleiben. Verlust bringt uns tatsächlich der Liebe näher, die wir hatten und noch haben. Mehr denn je. Je größer die Zuneigung, desto größer das Gefühl des Verlustes. Je größer der Verlust, desto tiefer die Liebe. Trauer und Liebe sind eins.

Wenn wir offen bleiben, liegt in jedem Verlust eines lieben Menschen die Chance, wieder eine Schicht abzulegen und noch mehr Liebe zu enthüllen. Es ist wie beim Abschälen einer Artischocke. Die bedingungslose Liebe liegt im Herzen.

Abflug
Vietnam 2006

Wir fliegen zurück nach Ho-Chi-Minh-Stadt, diesmal in einem kleinen Flugzeug. Es macht mir nichts aus, ich habe nicht mal einen Platz in der ersten Reihe oder einen Gangplatz verlangt. Ich will nur aus dem Fenster schauen, das Meer und den Dschungel sehen. Meine Handtasche verstaue ich im Netz in der Rückenlehne des Vordersitzes. »Schwimmweste«, steht da. Mein Blick sucht nach dem Ausgangzeichen, es ist in Englisch. Chris sitzt neben mir und liest eine Zeitung. Er freut sich auf seine Familie. So lange war er noch nie von ihr getrennt. Ich bin sehr dankbar für sein Opfer, und ich werde ihn vermissen. Noch ein paar Tage, dann sehe auch ich meine Familie wieder. Ich fliege über Singapur und Amsterdam nach Hause, will meine Mutter besuchen und ihr alles erzählen.

Ich habe so viel zu erzählen. So viele Dinge, die ganz anders waren als es schien. Auf eine gute Weise. Am Ende hatten alle gute, reine Absichten. Chris, Mr. Tan, der Mann in Orange, alle haben bedingungslos gegeben.

Dass ich es bis auf den Gipfel geschafft habe, war das reine Willensstärke oder haben mich die Gedanken der anderen getragen? Es ist wohl von beidem etwas. Und auf dieselbe Weise haben mich die unterschiedlichen Arten von Liebe vor dreizehn Jahren am Leben gehalten, ein ganzes Bett aus Liebe für viele und von vielen. Diese Liebe hat es mir letztlich möglich gemacht, mich zu ergeben: dem Dschungel, dem Augenblick, dem Leben, dem Tod.

Wir sind alle körperlich, geistig und emotional viel stärker als wir glauben. Niemand setzt sich gern Härten aus, aber wenn wir es tun, stellen wir fest, dass wir viel stärker sind, als wir je für möglich gehalten haben, und dann gelingt es uns, die Härten zu schätzen.

Mein Weg auf den Berg war genau das: ein Weg. Das Leben ist ein Prozess, ein ständiger Prozess der Liebe mit dem Verlust der Liebe als Kehrseite, die nur noch mehr Liebe hervorbringt.

Mein Weg hat es mir erlaubt, mit all den Menschen in Verbindung zu treten, deren Leben durch den Absturz berührt wurde. Wir alle spielen eine Rolle in den Geschichten der anderen. Und die Geschichten der anderen spielen eine Rolle für uns, im Guten wie im Schlechten. Acht Menschen sind gestorben bei dem Versuch, mich zu retten, und haben dieses nette Mädchen – und wie viele noch? – ohne Vater zurückgelassen. Meine Geschichte hat mit ihr und all den anderen zu tun.

Der Dschungel hat mich gelehrt, über mich hinauszuschauen, mich zu ergeben und mich mit dem Universum, mit Gott zu verbinden. Er hat mir gezeigt, woher ich meine Energie beziehe.

Maxi hat mich gelehrt, mit anderen zu fühlen und mich mit ihnen zu verbinden. Er hat mir gezeigt, wie ich anderen Energie schenken kann.

Deshalb bin ich hier: um mich mit anderen Menschen als Gleiche unter Gleichen zu verbinden, nicht um mich an meinem »höheren Selbst« zu berauschen. Außerdem war ich immer dann am glücklichsten, wenn ich überhaupt kein Selbst hatte.

Ich schaue aus dem Fenster, durch mein eigenes Spiegelbild hindurch. Das Meer rückt in immer weitere Ferne. Wie idyllisch, denke ich voller Nostalgie. Das muss eine der schönsten Buchten auf der ganzen Welt sein. Direkt unter uns erstreckt sich der endlose Dschungel. Ich versuche, etwas zu erkennen, aber es gelingt mir nicht, ich sehe nur riesige Flecken Grün. Wie groß dieses Nirgendwo ist, in dem wir waren. Und wie schön.

Gegenstände werden erst durch das Licht sichtbar, das sie reflektieren.

Myra, Chris, Mr. Cao, Mr. Tan, Numachi, all die Ärzte und Pflegekräfte. Maxis Lehrerinnen und Lehrer, meine Familie, meine Freunde, Jaime, Joosje und Maxi. Ich bin nur ein Lichtreflex in euren Augen.

Epilog

Im Mai 2010 gab ich mein erstes Interview.

Ein libysches Flugzeug war in Tripolis abgestürzt. Nur ein Passagier hatte überlebt, ein niederländischer Junge namens Reuben. An diesem Morgen wurde ich durch den Anruf eines Journalisten aus den Niederlanden geweckt, der mich nach meiner Reaktion auf den Absturz fragte. Bis die nächsten fünf Anrufe kamen, hatte ich mich informiert und ein Foto des neunjährigen Reuben in seinem Krankenhausbett gesehen. Er sah zerbrechlich, fast engelhaft und ja, sehr fotogen aus. Meine einzige Reaktion war, ihn beschützen zu wollen. Beschützen vor der Aufmerksamkeit, die ich seit meinem Unfall immer wieder erlebt hatte. So stimmte ich trotz meiner Kamerascheu aus einem Impuls heraus zu, als eine New Yorker Fernsehstation mir anbot, einen Wagen zu schicken und mich zu einem Live-Interview abzuholen. Um elf Uhr saß ich im Studio, geschminkt und auf Sendung, und versuchte, das Gespräch immer wieder auf Reuben zu lenken. Ich erklärte eindringlich, dass er Ruhe brauchte und keine Öffentlichkeit. Er war ein kleiner Junge, der gerade seine Eltern und seinen Bruder verloren hatte. Das war für ihn von Bedeutung, nicht die Art und Weise, wie er sie verloren hatte.

Im November 2012, anlässlich des zwanzigsten Jahrestages »meines« Absturzes, checkte ich zufällig meine Facebook-Seite, was ich sonst nur sehr sporadisch tat. Zu meiner Überraschung fand ich dort zwei Nachrichten von einer Vietnamesin namens Bich Mowrey. Die erste hatte sie schon im August geschickt.

Sehr geehrte Ms. Herfkens,
mein Name ist Bich Mowrey. Ich bin nach dem Flugzeugabsturz, den Sie überlebt haben, auf den Berg gestiegen, um die sterblichen Überreste meines Mannes zu holen, der bei dem Absturz ums Leben gekommen war. Nachdem ich Ihr bewegendes Interview auf Fox TV1 gesehen habe, möchte ich Kontakt mit Ihnen aufnehmen, um Informationen über das Rettungsteam zu erhalten. Ich plane in diesem Jahr eine Reise zu dem Berg, anlässlich des 20. Jahrestages des Todes meines Mannes. Ich hoffe, Sie erinnern sich noch an mich.
Ich war die einzige Frau, die zusammen mit 200 Soldaten hinaufging, um die Toten zu bergen. Ich habe einen Teil der Aktion miterlebt und gesehen, was dort vorging. Mein Traum wäre ein Treffen mit Ihnen, um unsere Erfahrungen auszutauschen. Ich weiß jede Information zu schätzen, die Sie mir geben können. Ich würde auch gern Mr. Le Hai treffen, der als Erster bei Ihnen eintraf. Mr. Hai war der Mann, der die Leute davon abhielt, auf Sie zu schießen. Sie dachten, Sie wären ein Gespenst mit ihrer weißen Haut, den weißen Haaren und Augen … Mr. Hai sagte: »Wartet!«, und ging dann zu Ihnen und beugte sich zu Ihnen hinunter. Da hörte er Sie flüstern: »Mir ist kalt.« Sie gaben Ihnen Wein zu trinken, rieben Ihre Haut und versuchten, Sie warm zu halten …
Diese Geschichte habe ich vom stellvertretenden Leiter der Polizei in Khanh Hoa gehört, als er nach dem Absturz zu einem großen Treffen nach Saigon kam.
Ich wünsche Ihnen alles Gute.
Mit respektvollen Grüßen,
Bich Mowrey

Was für ein Schock! Die offizielle Version der Geschichte. Eilig las ich ihre zweite Nachricht, die erst ein paar Tage alt war.

Liebe Annette,
endlich ist mein Traum wahr geworden, ich war noch einmal an dem Ort, an den ich vor zwanzig Jahren gegangen bin. Habe das Hemd meines Mannes gefunden und dort gebetet. Einer meiner Guides hat Sie vor drei Jahren auch begleitet. Jetzt ist mein zweiter Traum, Sie eines Tages in New York zu treffen.

Ich rief sie sofort an und sagte ihr, wie leid es mir tue, eine so wichtige Anfrage verpasst zu haben. Wir redeten zwei Stunden miteinander. Bich gab mir die verschiedenen vietnamesischen Perspektiven wieder, die mir all die Jahre entgangen waren. Sie hatte jede Menge neue Informationen, darunter auch einen unglaublich detaillierten Bericht eines vietnamesischen Fluglotsen, der Licht auf den Flug von VN 474 und die Opfer warf.

Am nächsten Tag rief ich sie wieder an, es war der zwanzigste Jahrestag. Zum ersten Mal konnte ich diesen Tag mit einer anderen Witwe teilen.

Im Mai des folgenden Jahres lernte ich sie auch persönlich kennen, als sie mich in New York besuchte. Wir konnten sofort ganz offen miteinander sein und wurden sehr schnell Freundinnen. Es war für uns beide ein großer Trost, so rückhaltlos über die Vergangenheit sprechen zu können.

Bich hat die Absicht, im Namen aller Hinterbliebenen ein Denkmal für die Absturzopfer zu errichten. Ich freue mich darauf, noch einmal hinaufzugehen und die anderen Familien kennenzulernen. Ihr ist es zu verdanken, dass ich mich nicht mehr als einsame Überlebende fühle.

Dank

Für mich ist jeder kreative Prozess ein Austausch mit anderen Menschen. Er liegt in der Luft, als hätte er ein Eigenleben. Wie ein Tennisball, der zwischen zwei Spielern hängt, so hat es Joseph Campbell einmal veranschaulicht. Dies ist die hundertneunundsiebzigste Version meines Buches, und ich kann voller Freude behaupten, dass hinter jeder einzelnen Version eine interaktive und gemeinsame Anstrengung stand. Jedes Wort, jede Idee, jeder gestrichene Satz ist mit anderen diskutiert oder von anderen gelesen worden. Großzügige Freunde auf der ganzen Welt und in den verschiedensten Zeitzonen haben in endlosen Telefongesprächen und E-Mail-Wechseln viel Durchhaltevermögen beim Durchkauen des Inhalts und bei der Diskussion um die großen Fragen des Lebens bewiesen. Und wenn dann morgens die nächste Version in ihrer Mailbox lag, dann lasen sie wieder. Und wieder.

Ohne die tägliche Präsenz von Julie Roelvink wäre das Buch nie entstanden. Ein Jahr lang habe ich jeden Morgen ganz früh zwei Seiten geschrieben, ihr nach London geschickt und von ihr mit Lob, roten Bemerkungen und Vorschlägen zurückbekommen. Am Nachmittag habe ich sie bearbeitet und das Ergebnis am Ende meiner Nacht an sie zurückgeschickt. Und ich fand mit tröstlicher Vorhersagbarkeit am nächsten Morgen eine bearbeitete Version in meiner Mailbox. Sie hat mir während der gesamten Schreibzeit buchstäblich die Hand gehalten.

Und viele Freunde haben geholfen. Die größten direkten Anstrengungen haben sicher Dorine Hermans und Caroline Noordhoek Hegt unternommen, aber die endlosen philosophischen Gespräche mit Jane Bischoff, Rosario Conde und Susan Le Picart haben den Inhalt des Buches ebenfalls beeinflusst. Inge Jonckheer, Costas Michalopoulos und Regina Monticone fungierten als Erste-Hilfe-Lektoren. Vielen Dank auch an alle interaktiven Leserinnen und Leser: Christina Heinl, Ian Fentan, Ray van Mourik, Reinout Albers, Connie Lippert, Eveline Herfkens, Laetitia Lindgren, Ann Keller, Noemi Baeza, Titia Deurvorst, Annetine Gelijns, Caroline Binsbergen, Doug und Monica Taylor, Martina de Giorgis, Indoo Broadbent, Sandra Jarvis, Daniela de Andrade, Michiel Hupkes. Ich danke Francisco Franklin und Jackson Taylor und seiner Schreibgruppe, von denen ich so viel mehr gelernt habe als nur Schreiben. Danke auch an Sue Rosen, die mich erst dazu gebracht hat, das Ganze anzugehen, und die mich auf Jackson hingewiesen hat.

Ich danke allen, die ihre Perspektive beigesteuert haben.

Und Jack, der mich mit vielen motivierenden Telefongesprächen und E-Mails auf den Berg gebracht hat. Als ich ihn in Glasgow besuchte, wartete er am Bahnhof mit einem Foto von mir an einem Stock.

Danke an Michael Denneny, nicht nur für seine Bearbeitungen, sondern auch dafür, dass er an mich als Autorin geglaubt hat und mir die Verlagswelt erklärt hat. Mark Corsey von Eclipse Publishing Services hat viel mehr geleistet als nur Projektmanagement. Er hat mich angefeuert und das Manuskript in die endgültige Form gebracht. Maxi Lupa danke ich für die Umschlagabbildung der Originalausgabe und Nadxieli Nieto von Nieto Books für den Satz und die Drucklegung.

Schließlich und endlich möchte ich mich für und bei Joosje Lupa bedanken. Dafür, dass sie eine sechzehnjährige Tochter ist, die bereit, fähig und erwachsen genug ist, das Leben ihrer Mutter mitzubestimmen.

Und allen anderen, ohne die ich nicht leben und lieben könnte, in welcher Dimension auch immer, sei es auf der Erde oder irgendwo da draußen.

Nachwort
von Joosje

Jahre der Rodung mit Sägen und Feuer haben den O Kha verändert und den dichten Dschungel ausgedünnt, in dem vor mehr als zwanzig Jahren der Flug VN 474 mit einem Absturz endete. Diesen neuen O Kha bekam ich im August 2014 zu sehen, als der vietnamesische Verlag First News meine Mutter nach Ho-Chi-Minh-Stadt einlud, um die vietnamesische Übersetzung ihres Buches der Presse vorzustellen.

»Ich fahre auf keinen Fall ohne dich«, hatte meine Mutter mir sachlich erklärt. Sie wollte mir den Ort zeigen, wo ihr Leben eine so dramatische Wende genommen hatte. Und sie wollte mir ihre Retter vorstellen, ohne die es mich gar nicht geben würde. Der Verlag stimmte zu, allerdings unter der Bedingung, dass ich ein Nachwort schreiben würde, aus meinem Blickwinkel als Kind in dieser Geschichte.

Unsere Reise fand im richtigen Monat statt: Im Buddhismus ist der siebte Monat des Mondkalenders der Geistermonat, in dem die Grenzen zwischen den Reichen der Lebenden und der Toten sich öffnen und die Verstorbenen die Lebenden besuchen.

192 Stunden – Flughafen Ho-Chi-Minh-Stadt
9. August 2014

Blitzlichtgewitter. Ein Plakat mit den Worten »Annette Herfkens« und einem zerbrochenen Flugzeug. Aus dem Halbkreis der Leute, die auf ihre Lieben warten, löst sich eine kleine Gruppe von Menschen, die alle mit Kamera oder Aufnahmegerät ausgerüstet sind. Ich sehe zu, wie sie meine Mutter umringen und sofort Fragen stellen.

»Wie fühlt es sich an, wieder in Vietnam zu sein? Welche Gefühle haben Sie in diesem Moment?« Meine Mutter antwortet mit breitem Lächeln, nur ich sehe ihre Überraschung.

»Bei meinem letzten Besuch in Vietnam hatte ich Angst, aber jetzt freue ich mich, hier zu sein.« Sie zieht mich nach vorn. »Und diesmal habe ich meine Tochter mitgebracht!«

Ein Mann reicht ihr einen großen Blumenstrauß in buntem Papier. »Ganz frisch«, sagt er. Ein anderer Mann überreicht ihr ein Exemplar der Übersetzung, ein dritter versucht, sie vor einer Fernsehkamera zu interviewen. Wir starren uns staunend an, während der Wagen in den heftigen Verkehr einfädelt, mitten zwischen die Schwärme von Motorrädern, die hier die Straßen beherrschen.

Wir sind im Continental Hotel untergebracht, einem großartigen Haus mit Alte-Welt-Flair, Holzvertäfelungen und breiten Marmortreppen. Es fühlt sich an, als würde ich durch die Kulisse eines Films laufen, den ich schon oft gesehen habe. Die Szenen laufen in meinem Kopf mit. In diesem Hotel war mein Vater 1992 abgestiegen, als er erfuhr, dass meine Mutter noch am Leben war. Ich stelle ihn mir hier vor mit seinen langen Haaren, seinem weißen T-Shirt und seiner ganzen Entschlossenheit. Er war der Einzige, der gegen alle Wahrscheinlichkeit glaubte, dass sie überlebt hatte. Meine Mutter war 2006 auch hier untergebracht. Ich denke an sie, wie es war, bevor sie zu dem Berg zurückkehrte, allein und nervös, der Anstieg stand ihr noch sehr bevor. Ich war damals in New York, war erst neun Jahre alt und hatte keine Ahnung, was für ein riesiges Unterfangen sie sich da vorgenommen hatte.

Wiedergutmachung

Früh am nächsten Morgen findet die Pressekonferenz anlässlich des offiziellen Erscheinens des Buches statt. Ein großer Raum ist vorbereitet, deckenhohe Poster mit dem Namen und dem Foto meiner Mutter, dem Umschlag und dem vietnamesischen Titel des Buches: *192 Stunden* heißt es übersetzt. In dem Raum ist es so voll, dass die Leute um Stehplätze kämpfen. Alle größeren vietnamesischen Fernsehstationen und Zeitungen sind gekommen. Auch Chris ist da, Pasjes Freund, der 2006 mit meiner Mutter auf den Berg gegangen ist. Chris' Wärme und der vertraute niederländische Humor geben mir schnell ein Gefühl, als wäre er mein Onkel. Meine Mutter spricht ein paar einleitende Worte und drückt aus, wie sehr sie sich freut, mit mir hier zu sein.

»Ich habe in diesem Land viel verloren, aber ich habe auch etwas gewonnen: neue Erkenntnisse über Leben und Tod, ein Wissen, das mir bis heute hilft.«

Mr. Phouc erhebt sich als Nächster und stellt die Witwe des Hubschrauberpiloten vor, der bei der Suche nach meiner Mutter ums Leben kam. Sie heißt Ms. Lan. Schnell steht sie auf und eilt nach vorn. Sie ist klein und weiblich und hat ein entschlossenes Gesicht. Sie umarmt meine Mutter, die fast doppelt so groß ist wie sie und ihre Umarmung erwidert, als wäre sie ein Kind. Ms. Lan bleibt stehen und sieht meine Mutter an, während sie den Journalisten die längsten Wochen ihres Lebens beschreibt. Erst nach einem Monat wurde die Leiche ihres Mannes im Dschungel gefunden. »Es fühlte sich an wie ein

Jahr«, sagt sie, wird rot, und Tränen laufen ihr über die Wangen. Sie war damals sechsundzwanzig Jahre alt und im fünften Monat mit ihrem ersten Kind schwanger. Meine Mutter schlägt erschrocken eine Hand vor den Mund.

Dann kommen noch drei Frauen nach vorn: die Witwen des Piloten, des Copiloten und des Bordtechnikers auf dem Flug VN 474. Sie schauen meine Mutter fürsorglich und irgendwie neugierig an. Vielleicht bringen ihr Anblick und ihre Erinnerungen an den Absturz sie den letzten Augenblicken im Leben ihrer Lieben näher.

Die Frau des Piloten, Ms. Thuy, berichtet: »Immer wenn irgendwo ein Flugzeug abstürzt, fühlen wir mit den Opferfamilien. Sie müssen sich genauso verloren fühlen wie wir vor zweiundzwanzig Jahren.«

Und dann stehen die Journalisten Schlange, um meine Mutter zu interviewen. Ein junger Reporter stellt sich mir vor und sagt: »Ich staune über deine Mutter. Sie war so tapfer – acht Tage im Dschungel! Ich wünschte, und ich glaube, wir alle wünschten, wir könnten so stark sein wie sie.«

Für mich ist es ein seltsames Gefühl, zu sehen, wie meine Mutter so vielen Menschen zur Verfügung steht und dass diese Menschen jetzt die Dinge erfahren und lernen, die für mich so selbstverständlich sind. Plötzlich nehme ich meine Mutter wie in 3-D wahr, getrennt von mir, unabhängig von der Person, die mich großgezogen hat, die mich abends ins Bett brachte und mich ausschimpfte, wenn ich mich schlecht benahm. Ich sehe sie als Überlebende eines Flugzeugabsturzes, als die Frau, die acht Tage im Dschungel um ihr Leben gekämpft hat.

Ich kenne die Geschichte meiner Mutter in- und auswendig. Es ist meine »Partygeschichte«, die Geschichte, die ich erzähle, wenn Leute mich fragen, ob ich nicht auch was Spannendes zu erzählen hätte. Die Arbeit an dem Buchmanuskript hat meine Vertrautheit mit dieser Geschichte noch einmal vertieft. Aber mehr als eine Geschichte war es eben auch nie für mich. Selbst als ich die Worte las, hatte ich immer das Gefühl, sie erzählten von einem ganz anderen Menschen, nicht zuletzt, weil meine Mutter die Angewohnheit hat, die Schwere dieser Erfahrung herunterzuspielen.

Jetzt wird das alles sehr real für mich. Ich begreife, wie sehr sie ihr Unglück verinnerlicht hat, ohne jemals zuzulassen, dass es sie definiert. Und ich verstehe auch, wie meine eigene Erziehung davon geprägt war. Du kannst nicht kontrollieren, was dir passiert, hat sie mir immer wieder gesagt, wenn etwas schiefging. Aber deine Reaktion darauf kannst du sehr wohl kontrollieren.

Jetzt, hier in Vietnam, angesichts all der Leser und Reporter, die Schlange stehen, um sie kennenzulernen, angesichts des Staunens in ihrem Blick, schiebt sich das Bild auf einmal zusammen. Meine Mutter gibt diesen Menschen das Gefühl, selbst etwas bewegen zu können, wenn sie von ihrem Überleben spricht und ihnen sagt, dass sie dieselben Fähigkeiten in sich tragen.

Der Flug

Als Nächstes führt uns unsere Reise nach Nha Trang am Fuße des O Kha. Am folgenden Tag werden wir morgens um fünf in der Hotellobby abgeholt. First News hat versucht, die Reise von 1992 so genau wie möglich nachzuvollziehen. Sie haben tatsächlich den gleichen Flug auf Vietnam Airlines gebucht wie an jenem schicksalhaften Tag vor fast zweiundzwanzig Jahren.

Die Kameras verfolgen uns von dem Moment an, als unser Wagen am Flughafen ankommt, wo wir von den beiden Pilotenwitwen begrüßt werden. Die beiden Frauen begleiten uns zum O Kha. Wir haben Plätze in der zweiten Reihe links. Es ist diesmal keine Yak 40, aber wir sitzen genau da, wo meine Mutter und Pasje vor zweiundzwanzig Jahren saßen. Nur dass jetzt ich neben ihr sitze und nicht Pasje. Durchs Fenster sehe ich das Gebiet, das sie überflogen und in dem sie abstürzten.

»Hast du Angst?«, frage ich vorsichtig.

»Nein«, erwidert sie mit fester Stimme. »Jetzt habe ich Vertrauen.« Dann denkt sie noch einmal kurz nach und fügt mit einem Kuss für mich hinzu: »Auch weil du dabei bist.« Sie hat mir gegenüber immer die enge Verbindung von Angst und Vertrauen betont.

Als wir aus dem Flugzeug steigen, spricht sie ruhig von ihren Erinnerungen, deutet fast lässig auf die Stelle auf dem Asphalt, wo das Rettungsflugzeug stand, in dem sie mit meiner Großmutter ausgeflogen wurde – sie auf ihrer Rettungstrage. Wie immer zeigt sie ihre Fähigkeit, die Dinge leicht darzustellen. Sie macht eine Bemerkung über die Lederjacke einer Frau vor uns, als wäre dies eine ganz normale Situation.

Mr. Tan, der Mann von der Airline, der mit ihr auf den Berg gestiegen ist, erwartet uns schon. Meine Mutter jauchzt auf, als sie ihn sieht, und die beiden reden aufgeregt miteinander. Es ist seltsam, sie zusammen zu sehen. Ich habe von Mr. Tan gehört und gelesen, aber nie das gesamte Ausmaß dieser Beziehung verstanden. Ich fühle mich ausgeschlossen.

Nachdem wir auch hier an einer Mauer von Fotografen vorbeigegangen sind, bemerken wir einen blauen Kleinbus, der auf uns wartet. Auf beiden Seiten steht groß der Name meiner Mutter und der Titel des Buches. Mr. Tan, meine Mutter und ich sitzen in der ersten Reihe. Der Rest des Wagens füllt sich mit dem Dolmetscher An Dien, den beiden Witwen und mehreren Fotografen und Journalisten.

Ungläubig schaue ich zum Fenster hinaus, als wir mit dem Auto in die Berge fahren. Wir sind am Absturzort, dem Ort von Glück und Unglück, wie sie ihn nennt. Eine ferne Welt, die ich bisher nur aus dem Buch kannte.

In einem Restaurant machen wir Pause, und dort erwartet uns eine große Überraschung: Der Besitzer des Lokals ist einer der sieben Retter meiner Mutter! Sein Name ist Ho Trong Nhung, er ist vierundsechzig Jahre alt, ein schlanker Mann mit schütterem grauen Haar. Meine Mutter begrüßt ihn voller Freude, er lächelt zurück, erinnert sich. An Dien fragt ihn, ob er seine Version der Geschichte erzählen will.

Ho Trong Nhung verzieht das Gesicht bei der Erinnerung an den schrecklichen Geruch der Leichen, den er auch nach so vielen Jahren nicht vergessen hat. Er erinnert sich an die hartnäckigen Blutegel, die sich auf der Haut meiner Mutter festgesetzt hatten. Obwohl er ein wenig kamerascheu ist, erzählt er klar und voller Selbstvertrauen: wie sie sie fünf Stunden lang hinuntergetragen haben, wie sie ihre Schuhe auszogen, um ihr weniger Schmerzen zu bereiten. Wie sie ihr nur Reiswasser, keinen Reis gegeben haben. Wie sie um eine Zigarette bat – er ahmt die Bewegung lachend nach. Und er erinnert sich, wie sie ihnen zuwinkte, wie sie am Anfang dachten, sie wäre ein Affe. *Erst ein Gespenst, jetzt ein Affe! Bezaubernd.*

Der Mann in Orange

Der Mann in Orange ist in meiner Partygeschichte immer der Höhepunkt. Meine Mutter hat von ihm stets voller Zärtlichkeit und Begeisterung gesprochen. Er hat ihr das Leben zum zweiten Mal geschenkt, und damit irgendwie auch meinem Bruder und mir. Das Treffen mit ihm ist auch der Höhepunkt unserer Reise, darauf freue ich mich am allermeisten. Wir folgen dem Dolmetscher An Dien einen Pfad hinunter in eine atemberaubende Szenerie. Als hätte ich überhaupt noch Atem! Mein Herz klopft heftig vor der Begegnung mit dem Mann, von dem ich so viel gehört habe. Grüne Hügel bilden den Hintergrund einer endlosen Ebene mit kurzem gelblich grünen Gras, wenigen Bäumen und einigen grasenden Rindern.

Und dann ist er da. Ein schlanker Mann in grünen Hosen mit hohem Bund und einem blassgelben Hemd steht unter einem Baum: Cao Van Hanh. Als meine Mutter ihn sieht, lässt sie ihre Tasche fallen und läuft auf ihn zu. Sie umarmen sich, und sie wirkt riesengroß neben ihm. Dann fassen sie sich an den Händen und schauen sich in die Augen, haben für nichts anderes mehr einen Blick. Sie bemerken nicht einmal die vielen Kameras, die aus den Büschen und Bäumen hinter ihnen ragen und versuchen, den Moment einzufangen.

Ich trete vor. Als Cao und ich Blickkontakt aufnehmen, höre ich die Kameras nicht mehr und nehme auch die Hitze nicht mehr wahr. Ich sehe die Tränen auf seinen Wangen, die Gefühle sind fast mit Händen zu greifen. Es ist ein bisschen erschreckend. Ich strecke die Hände nach ihm aus, er reicht mir seine. Ich bitte den Übersetzer, ihm in meinem Namen und dem meines Bruders zu danken.

Cao begleitet uns im Van auf der kurzen Fahrt zum Fuß des O Kha. Vor uns liegt eine große Ebene mit einem kleinen Fluss. Die Witwen verlassen uns, um ihre Andacht für ihre Männer zu halten. Sie haben Räucherstäbchen in den Händen und stehen mit gesenkten Köpfen da. Der Berg liegt als ständige Präsenz über uns. Ich stelle mir meine Mutter in jungen Jahren vor, allein mit diesen Bäumen und im Schatten dieses Berges. Dann schaue ich neben mich, wo sie steht und hinaufschaut. Und ich sehe die Narben auf ihren Armen und Beinen, die mir seit meiner frühesten Kindheit vertraut sind.

Ein paar Schritte von uns entfernt schaut auch der Mann in Orange hinauf zum O Kha. Drei sehr verschiedene und doch eng miteinander verbundene Menschen mit denselben Gedanken. In einträchtigem Schweigen gehen wir zurück zum Auto.

Beim Mittagessen im Gemeindezentrum von To Hap erzählt uns Cao mit Hilfe von An Dien, wie genau er sich noch an den Tag erinnert, an dem er meine Mutter fand. Am Morgen des Absturzes frühstückte er mit seiner Familie zu Hause, es regnete. Plötzlich hörte er eine heftige Explosion, wusste aber nicht, was los war. Am nächsten Tag erfuhr er, dass eine Passagiermaschine abgestürzt war, und wurde vom Militär aufgefordert, mit nach dem Wrack zu suchen. Und so schaute er weiter, bis er es fand. Er erzählt, dass die Wege 1992 noch viel schlechter waren, dass der Dschungel dichter war. Die Abholzung hat die Landschaft stark verändert. Während er spricht, beobachte ich die Sicherheit seines Blicks, seine scharfen Wangenknochen, die Energie, die ihn fast jungenhaft erscheinen lässt, obwohl sein Gesicht die Last seiner fünfundsechzig Jahre deutlich zeigt. Dann schockiert er uns mit der Bemerkung, dass er zu dieser Zeit hier Polizeichef war. Wie bitte? Das passt gar nicht zu unserem Bild von einem Helden. Und hat Bich nicht berichtet, der Polizeichef wollte meine Mutter zunächst erschießen? Auf die Idee, hier eine Verbindung herzustellen, sind wir nie gekommen.

Hat unser Held auch deshalb geweint? Weil er es sich glücklicherweise anders überlegt hat?

Eine Amerikanerin und eine vietnamesische Tochter

Zurück auf dem Flughafen in Ho-Chi-Minh-Stadt erwarten uns weitere Fotografen und Bitten um gemeinsame Fotos. Ein kleines, ruhiges Mädchen mit Brille kommt auf mich zu und stellt sich in perfektem Englisch als Tochter von Ms. Lan vor, Bao. Sie kann auch einige Gedanken übersetzen, die ihre Mutter wohl eher ihr als An Dien anvertrauen wollte. »Meine Mutter ist sehr froh, dass deine Mutter überlebt hat. Sie trägt ihr nichts nach. Meine Mutter ist deiner Mutter dankbar und versteht sie, schließlich sind sie beide Witwen.« Ms. Lan steht neben Bao und nickt heftig. »Ich war noch im Bauch meiner Mutter, als mein Vater starb«, sagt Bao zu mir. »Ich habe ihn nie kennengelernt.«

Dann dreht sie sich um und übergibt mir einen großen Rahmen mit einem handgestickten Bild. Eine Uhr, die zarten Stiche zeigen die Stunden. Auf der Rückseite steht: »Für Joosje von Bao«. Die Stickerei zeigt ein junges Mädchen, das auf dem Boden sitzt und nachdenklich in die Ferne blickt.

»Das bist du«, sagt Bao.

Ich bin fassungslos. Ich hatte erwartet, dass Bao Groll mir gegenüber hegt, weil ihr Vater bei der Suche nach meiner Mutter gestorben ist. Aber sie ist offen und freundlich und hat sich viel Mühe und Gedanken gemacht, um mir ein Geschenk mitzubringen.

Leserfragen

Am Tag unserer Rückkehr nach Ho-Chi-Minh-Stadt gibt es eine Veranstaltung mit Lesern in der größten Buchhandelskette in Vietnam, FAHASA. Es regnet so sehr, dass wir denken, es wird niemand kommen. Aber wir haben nicht bedacht, wie oft es hier regnet. Jeden Nachmittag öffnet sich der Himmel über Ho-Chi-Minh-Stadt, und es schüttet. Der Bereich in dem Buchladen, den FAHASA für uns vorgesehen hat, ist voll, viele Leute müssen stehen, weil es nicht genügend Plätze gibt.

Das Publikum ist sehr aufgeregt. Die Reise nach Nha Trang war anstrengend, aber meine Mutter hält ihre einleitende Ansprache flüssig und voller Engagement. Danach dürfen Fragen gestellt werden.

Nachdem die übliche Neugier gestillt ist, hebt eine Dame ganz hinten aufgeregt die Hand.

»Wie schaffen Sie es, nicht mehr zu weinen?«, fragt sie.

Meine Mutter freut sich über diese erfrischende Frage und überlegt einen Moment. »Man muss sich auf etwas anderes konzentrieren«, sagt sie. »Letztlich ist es eine Übungssache. Als Anleihehändlerin an der Wall Street konnte ich einfach nicht weinen. Ich habe gelernt, mir die richtigen Momente dafür auszusuchen.«

Die Dame lacht und schließt zufrieden: »Es geht also nicht darum, nicht mehr zu weinen, sondern den richtigen Augenblick dafür zu finden.«

»Und es geht um das Wissen, wann man kämpfen und wann man aufgeben muss«, fügt meine Mutter hinzu und wendet die Aufmerksamkeit damit der zweiten Hälfte des Buches und dem Thema Autismus zu. In Vietnam ist das ein heikles Thema, denn behinderte Kinder gelten als Strafe für das schlechte Karma ihrer Mutter. Sie werden versteckt, weil die Eltern sich schämen.

»Abgesehen von meiner Angst vor einem Flugzeugabsturz und vor der Vorstellung, irgendwo tagelang festhalten zu werden, hatte ich große Angst, ein autistisches Kind zu bekommen. Und auch diese Angst wurde Wirklichkeit. Aber als ich lernte, meinen Sohn zu akzeptieren, konnte ich seine Schönheit erkennen. Er wurde mein Buddha, und ich feiere ihn.

Mr. 601

Pasjes ehemaliger Begleiter Mr. Hung hat uns zu einem Drink ins Norfolk Hotel eingeladen, wo Pasje wohnte. Es ist die erste Begegnung sowohl mit ihm als auch mit dem Hotel nach zweiundzwanzig Jahren.

Eine große Gruppe erwartet uns in der Hotellobby. Mr. Hung und seine Frau, die Hotelmanager und zwei reizende Frauen, die 1992 hier gearbeitet haben. Sie erzählen, wie nett Pasje war und dass er sich immer Zeit nahm, ein wenig zu plaudern. Sie nennen ihn zärtlich Mr. 601, nach seiner Zimmernummer.

Der Hoteldirektor bietet uns nicht nur einen Drink an, sondern auch eine Nacht in der renovierten Suite.

»Vielen Dank, aber das wird kaum gehen«, lehnt meine Mutter leicht peinlich berührt ab. »Aber wir würden das Zimmer sehr gern sehen.«

Unsere Gruppe quetscht sich in den kleinen, verspiegelten Aufzug. Ständig werden Handyfotos gemacht. Der Hoteldirektor schließt die Tür auf, und plötzlich bleibt mir die Luft weg. Ich kann Pasje in diesem Zimmer spüren! Seltsam, ich habe ihn ja nie kennengelernt. Aber vielleicht doch: durch die Beschreibungen meiner Mutter, die Art, wie die Familie meiner Mutter und die alten Freunde über ihn sprechen, die Fotos. Und natürlich durch das Buch. Als ich meine Mutter ansehe, weiß ich, sie empfindet dasselbe wie ich.

Sie flüchtet auf den Balkon, wo sie das letzte Foto von Pasje gemacht hat. Ich beobachte sie von drinnen, aus dem Zimmer, in dem sie die letzte Nacht vor dem Absturz verbracht hat, die letzte Nacht ihres »alten Lebens«. Als ich zu ihr gehe, umarmt sie mich fest.

Ich denke an die Frage, die ein Journalist mir gestellt hat: Wie es mir damit geht, das Leben eines Mannes zu feiern, ohne dessen Tod meine Eltern nie ein Paar geworden wären? Aber so denke ich nicht in Bezug auf Pasje. Er befindet sich auf der anderen Seite jener Kluft, die der Absturz im Leben meiner Mutter aufgerissen hat. Ich weiß, wie sehr sie ihn geliebt hat, und nach allem, was ich über ihn weiß, glaube ich, er war diese Liebe sehr wohl wert. Aber ich kenne auch die Liebe meiner Eltern zueinander. Viele Jahre lang passten sie perfekt zusammen, in der Arbeit und im Leben. Sie waren ein unglaublich dynamisches Paar. Ihre Liebe hat mich hervorgebracht, und den Menschen, der mir auf der ganzen Welt am wichtigsten ist: meinen Bruder. Den Menschen, der mich gelehrt hat, über Grenzen hinwegzusehen.

Meine Mutter hat in ihrem Leben zwei große Lieben gehabt. Oberflächlich betrachtet, sieht es so aus, als hätte sie sie beide verloren, die eine durch den Tod, die andere durch das Leben. Denn leider sind meine Eltern inzwischen geschieden. Aber ich glaube, meine Mutter hat keine dieser Lieben jemals verloren, Liebe kennt keine Etiketten und Grenzen. Pasje ist immer bei ihr gewesen, und Jaime ist mein Vater, der Vater meines Bruders. Die Liebe zu uns beiden vereint sie nach wie vor.

Kleine Wellen

Der Absturz ist jetzt fast zweiundzwanzig Jahre her, nicht mehr als ein Stein im Wasser. Aber ein Stein, den man ins Wasser wirft, erzeugt Wellen. Die Wellen des Absturzes von 1992 haben ihre Auswirkungen auf vietnamesische Familien gehabt, auf die Familie von Willem und Jack Emmerson, auf die Schweden, die Pasjes Leichnam verbrannten, auf meine Mutter und ihre Familie.

Irgendwann werden die Wellen kleiner. Und die kleinen Wellen haben ihre Auswirkungen auf die nächste Generation, auf damals noch nicht geborene Töchter, auf Töchter, die ohne den Stein nicht am Leben wären, Töchter von Angehörigen der Vietnam Airlines, auf die Enkelin von Jack Emmerson, die sich per E-Mail an meine Mutter gewandt hat. Sie hat das Buch ihrem Großvater vorgelesen. In diesem Sommer in Vietnam habe ich gesehen, welche Wirkung die kleinen Wellen auf die Leser haben. Sie übertragen die Botschaft eines Ereignisses, eines Steins. Und sie verbinden uns untereinander.

Mr. Tan hat mich mit seiner Tochter auf Facebook in Verbindung gebracht. Als ich ihn traf, hat er gesagt: »Keine Vergangenheit mehr, sondern Zukunft.« Das Leben geht weiter, neue Generationen werden geboren. Und so lebt auch das weiter, was das Ereignis, der Stein uns lehrt. Wir müssen aufnehmen, was wir gelernt haben, und es miteinander teilen. Wir müssen die Vergangenheit in uns aufnehmen und mit den kleinen Wellen weitergehen, wenn sie ihre immer größeren Kreise ziehen.

Was ist wichtiger: Zeit oder Lebensqualität?

Laura Maaskant
LEBE!
Ich weiß, der Krebs wird siegen. Aber bis dahin gehört jeder Tag mir
Aus dem Niederländischen von Elvira Bittner, Gaby van Dam
216 Seiten
mit Abbildungen
ISBN 978-3-404-60924-6

Laura ist fünfzehn und träumt von ihrer Zukunft, als sie erfährt, dass sie eine seltene Form von Krebs hat. Nach einer intensiven Behandlung gilt sie als geheilt und greift ihr Leben wieder auf, macht Abitur, beginnt zu studieren. Aber dann kehrt der Krebs zurück, die Prognose ist diesmal schlecht, die Ärzte geben ihr höchstens zwei Jahre. Laura lehnt eine erneute Behandlung ab, und entscheidet sich für Lebensqualität: Sie lässt jeden einzelnen Tag leuchten, den sie bewusst mit ihren Freunden und ihrer Familie verbringen wird. Lauras unendliche Kraft führt uns vor Augen, dass das Leben ein großes Geschenk ist.

Bastei Lübbe